General Textual Research
on Dissemination of Editions of
Marxist Classical Works

马克思主义经典文献传播通考

杨金海　李惠斌　艾四林　主编

《德国的革命和反革命》王右铭、柯柏年译本考

杨须爱　著

辽宁人民出版社

© 杨须爱　2020

图书在版编目（CIP）数据

《德国的革命和反革命》王右铭、柯柏年译本考 / 杨须爱著. —沈阳：辽宁人民出版社，2020.12

（马克思主义经典文献传播通考 / 杨金海，李惠斌，艾四林主编）

ISBN 978-7-205-09988-6

Ⅰ.①德… Ⅱ.①杨… Ⅲ.①《德国的革命和反革命》—恩格斯著作研究 Ⅳ.①A811.22

中国版本图书馆CIP数据核字（2020）第201149号

出版发行：辽宁人民出版社
地　　址：沈阳市和平区十一纬路25号　邮编：110003
电　　话：024-23284321（邮　购）　024-23284324（发行部）
传　　真：024-23284191（发行部）　024-23284304（办公室）
http://www.lnpph.com.cn

印　　刷：	辽宁新华印务有限公司
幅面尺寸：	160mm×230mm
印　　张：	21.75
字　　数：	260千字
出版时间：	2020年12月第1版
印刷时间：	2020年12月第1次印刷
责任编辑：	王　增
装帧设计：	晓笛设计工作室　舒刚卫
责任校对：	耿　珺
书　　号：	ISBN 978-7-205-09988-6
定　　价：	99.00元

马克思主义经典文献传播通考

编辑委员会

顾 问（以姓氏笔画为序）：

邢贲思　朱佳木　李　捷　宋书声　陈先达　赵家祥　柳斌杰
顾海良　顾锦屏

主　编：杨金海　李惠斌　艾四林
副主编：王宪明　李成旺　姜海波（常务）

编　委（以姓氏笔画为序）：

于向东　万资姿　丰子义　王　东　王树荫　王宪明　王峰明
王新生　王韶兴　方　红　艾四林　冯　雷　任　平　刘长军
刘同舫　汤志华　安启念　许静波　纪亚光　李　冉　李永杰
李成旺　李惠斌　李楠明　杨金海　肖贵清　吴晓明　佘双好
邹广文　沈红文　张兴茂　张秀琴　张树德　张雷声　张新平
陈金龙　陈学明　林进平　欧阳军喜　　　罗文东　金民卿
庞立生　房广顺　郝立新　胡大平　姜海波　姜　辉　姚　颖
贺　来　聂锦芳　柴方国　徐俊忠　郭建宁　唐正东　康沛竹
商志晓　梁树发　蒋仁祥　韩立新　韩庆祥　韩喜平　韩　震
靳书君　蔡乐苏　翟民刚　考普夫（德）　　黑克尔（德）
宫川彰（日）　　平　子（日）　　阿利夫·德里克（美）

出版委员会

主　任：张卫峰　杨建军

副主任：张东平　和　龑　杨永富

委　员（以姓氏笔画为序）：

刘建国　许科甲　李红岩　李援朝　杨永富　杨建军　杨贵华

张　洪　张卫峰　张东平　和　龑　武国友　柳建辉　徐　步

聂震宁　黄如军　蔡文祥　魏玉山

本丛书研究得到"教育部哲学社会科学研究重大专项资助"

总序

呈献给读者的这套"马克思主义经典文献传播通考",旨在立足于21世纪中国和世界发展的历史高度,对我国1949年以前马克思、恩格斯、列宁等重要著作的中文版本进行收集整理,并作适当的版本、文本考证研究,供广大读者特别是致力于深入研究马克思主义经典作家原著的读者阅读使用。计划出版100种,4年内陆续完成编写和出版工作。

一、"马克思主义经典文献传播通考"概念界定

"马克思主义经典文献传播通考"在我国学术界是一个全新的概念。之所以这样说,是因为过去从未有人用过这一术语,甚至未曾有过这一理念。在我国学术界,对中国传统经典文献的考据乃至通考性的整理研究并不鲜见,包括对儒、释、道等经典的通考性整理研究成果十分丰富,但对近百年来中文版马克思主义经典文献的考据以及整理性研究只是近年来才逐渐为人们所认识,至于在此基础上的通考性整理研究还几乎没有进入人们的视野。所以,首先有必要对这里所说的"马克思主义经典文献传播通考"这一概念

的含义进行说明。

第一,这里所说的"马克思主义经典文献",主要是指中文版的马克思、恩格斯、列宁的著作,斯大林的重要著作也适当列入。这些经典文献在中国的翻译传播,如果从1899年初马克思、恩格斯的名字和《共产党宣言》的片段文字传入中国算起,迄今已有120年时间,而且经典著作的翻译传播今天仍然在进行中。但为了工作方便,我们这里主要收集整理1949年以前的经典文献。原因是中华人民共和国成立后的经典著作翻译成果比较系统、完整,又使用比较标准的现代汉语,翻译术语也比较一致,在可见的时间内不需要进行深入的考证说明,同时我们人力有限,也无力做如此浩大的经典文献整理研究工作,只好留待后人去做。再则,这里所列入的主要是比较完整的经典著作文本,不包括片段译文文本,因为这些片段译文太过繁多复杂,我们也无力进行全面的整理研究。当然,个别十分重要的片段译文,也会在考据说明中论及,有的还会附上原文或部分原文。但总体说来,片段译文整理研究工作,也只能留待后人去作分门别类的整理研究了。

第二,这里所说的马克思主义经典文献"传播",主要是指上述经典文本的翻译、出版,有时也会涉及学习、运用这些著作及其社会影响的情况。这些经典文献在我国的片段翻译传播从清末就开始了。其中,中国资产阶级改良派、革命派等都做过一些工作,但那时人们只是把马克思主义作为西方学术思潮之一来介绍,并没有自觉地把它当作指导中国社会发展的思想来研究运用。真正自觉把马克思主义作为指导中国革命的思想是十月革命之后的事。毛泽东曾经说过:"十月革命一声炮响,给我们送来了马克思列宁主义。"①正是从这个意义上说的,是完全正确的。也正是在这个意义上说,李大钊是马克思主义中国化的第一人。在李大钊的引领下,五四新文化运动期间,马克思主义经典文献在中国的翻译传播形成了高潮。在这一时代大潮的推动下,1920年8月,陈望道翻译的《共产党宣言》完整中文译本在上海出版,这是我国历史上第一本完整的中文版马克思主义经典著作,从此开始了大量翻译马克思主义经典著作的历程。特别是1921年中国共产党成立后,我们党更加自觉地有组织、有计划地翻译经典著作。在土地革命战争、抗日战争、解放战争期间,在十分困难的条件下,这一工作始终没有停止。特别是在延安时期,于1938年5月5日马克思诞辰纪念日,中共中央成立了"马列学院",其主要任务之一就是翻译马列经典著作。以此为阵地,我们党所领导建立的马克思主义翻译和理论研究队伍做了大量工作,到1949年中华人民共和国成立前,主要的马克思主义经典著作中文文本基本上都出版了。同时,在国民党统治区和日伪军占领区,很多进步人士和出版机构特别是三联书店,为马克思主义经典著作的翻译出版作出了重要贡献。设在苏联的莫斯科外国文书籍出版局的中文部为翻译出版中文版马克思主义经典著作作出了特殊重要的贡献。我们这套丛书就是要系统地反映经典著作翻译传播的这一历史过程。同时,也适当反映学习、运用马克思主义理论的历史面貌。

第三,这里所说的马克思主义经典文献传播"通考",主要是指对上述经典文本的考据性整理和研究。文献考据或考证研究是中国学者作

---

① 毛泽东:《论人民民主专政》,载《毛泽东选集》第四卷,人民出版社1991年版,第1471页。

学问的优秀传统，也是中国学术的一个显著特点。比如古代的经学研究，一定要作相关的文字学、训诂学、版本学、辨伪学、音韵学等的考证研究。没有这些考证工作，得出的结论就靠不住。我们力求继承这个传统，同时，借鉴现代文献学研究方法，来从事马克思主义经典文献传播研究。按照古今文献考据方法，我们将深入考证研究马克思主义经典著作等文献传入中国的各个方面、各个环节，包括文本考据、版本考据、术语考据、语义考据、语用考据、辨伪考据、人物事件考证等。(1) 文本考据是对经典著作文本的翻译以及文本内容进行考证研究。如对《共产党宣言》1949年前多个中文版本的翻译情况进行考证并进行各个文本内容的比较研究，考证前人对有关重要思想理解的变化。(2) 版本考据是对经典著作等文献的出版性质和版次的考证研究。如《共产党宣言》的某个中文译本是否一个独立译本、是第几次印刷等，都要考证清楚。(3) 术语考据主要是对经典著作中的重要概念、术语以及人名、地名的考证研究。如"社会主义"这个概念在历史上曾经有多种译法，这就需要考证清楚。(4) 语义考据是对概念含义变化的考证研究。如对"社会主义"的理解在历史上曾经多种多样，需要考证清楚。(5) 语用考据是对概念的运用和发展的考证研究。(6) 辨伪考据是对有关文献的真假进行考证研究。如有的文章不是马克思写的，而被误认为是马克思写的，后来收入了《马克思恩格斯全集》中文第一版中，这就需要澄清。(7) 人物事件考证是对翻译者、传播者以及相关事件等进行考证，以期弄清经典文献翻译出版的来龙去脉。进一步讲，每一类考据又有很多种具体研究工作。如文本考据，包括中外文的文本载体形式研究、文本内容类别研究、文本收集典藏研究、文本整理利用研究、经典作家手稿研究、翻译手稿比较研究、文本研究的历史发展概况研究等。一句话，要做到"辨章学术，考镜源流"。这样，我们的文献考证工作才能做扎实。

同时，还力求借鉴西方解释学的方法，对有关重要概念作更深入的考证研究。既要对某一概念作小语境的考证，即上下文考证，又要作大语境考证，即对当时人们普遍使用此类术语的情况以及当时的历史文化背景作考证研究。进行这些考据工作很有意义，但绝非易事，这就要求我们掌握马克思主义经典著作的翻译史、传播史以及当时整个社会的语言文字环境，还要掌握外文，能够进行外文和中文的比较研究、各个中文版本的比较研究以及相关版本的比较研究。只有这样，才能准确把握经典作家思想的含义，对有关文本、译者的工作等作出公正合理的评价。

在这里，"通考"工作的两个方面即文献整理与考证研究是不可分割的。一方面要把这些文本整理出来，另一方面要把这些文本以及相关的问题考证研究清楚。文献整理是前提和基础，没有前期的文献收集整理就不可能进行深入研究；但考证研究又能够反过来促进文献整理，帮助我们进一步弄清文献之间的关系以及发现新文献，比较完整地再现经典文献的历史风貌。

第四，"马克思主义经典文献传播通考"是一个跨学科、跨专业、综合性、基础性的概念。总体上说，它是马克思主义学科的范畴，但也是文献学、传播学、翻译学、语言学、历史学、文化学、思想史等学科的概念。所以，要深化考证研究工作，需要各个学科的学者共同努力。我们这里只能为各个学科的研究做一些基础性工作。

还需要说明的是，正如大家所知道的，对任何概念的界定都有其局限性，它只能大致说明事物的本质、内涵，而不可能囊括一切。"马克思主义经典文献传播通考"这个概念也是如此，因为它涉及问题、学科太多，不可能十分精确，故而只能作上述大致说明。对这项工作内涵的理解，大家还可以进一步探讨。我们的想法是，"行胜于言"，无论如何，先把这一工作开展起来，在以后的工作中再逐步完善。

二、马克思主义经典文献传播通考何以必要

开展马克思主义经典文献传播通考这项工作之所以必要，是因为事出有因，且势在必然。总体而言，这是中国改革开放40多年实践发展的必然，也是马克思主义理论界乃至整个社会思想文化界深入研究探讨一系列重大理论问题的逻辑必然。

"问题是时代的呼声。"20世纪80年代和90年代初，伴随着改革开放的推进，人们对以往所理解的马克思主义基本理论、基本观点等提出了不少质疑。特别是在"什么是马克思主义""什么是社会主义"这些重大问题上，人们普遍感觉到过去没有弄清楚，需要重新加以理解。邓小平曾经说过："不解放思想不行，甚至于包括什么叫社会主义这个问题也要解放思想。"[1]他后来又强调说："什么叫社会主义，什么叫马克思主义？我们过去对这个问题的认识不是完全清醒的。"[2]于是，如何真正全面而准确地理解马克思主义、社会主义成为改革开放时代的大问题。围绕着这个重大时代课题展开了多方面讨论，形成了很多不同

---

[1]《邓小平文选》第二卷，人民出版社1994年版，第312页。
[2]《邓小平文选》第三卷，人民出版社1993年版，第63页。

观点。

为回答时代面临的课题，人们重新回到"经典文本"，力图把握马克思主义、科学社会主义最原初最本真的含义。这种情况反映到理论界，就提出了"回到马克思"的口号。由此很多学者发表了一系列文章、著作，讨论了各种解读马克思主义经典文本的方式，如"以马解马"即用马克思的话解读，"以恩解马"即以恩格斯的话解读，"以苏解马"即以苏联式马克思主义解读，"以中解马"即以中国化马克思主义解读，等等。这些讨论对人们从不同角度深化对马克思主义的认识发挥了积极作用，但是，问题依然没有被很好解决，因为对文本的理解各有不同，争论仍然不可避免。

随着探讨的深入，人们进一步追问起"文本翻译"问题。有人力图回到经典著作的外文文本即欧洲语言文本，认为中文版的"文本翻译"存在问题。例如，有人认为《共产党宣言》中的"消灭私有制"翻译错了，影响了对所有制改造的理解，这是我们在很长时期内追求"一大二公"社会主义所有制的根源所在，应当翻译为"扬弃私有制"，即对私有制既克服又保留。此种理解似乎可以为改革开放政策提供理论支撑，但也有对马克思主义经典著作的实用主义解读嫌疑，由此同样遭到了批评。

随着对经典文本翻译问题探讨的深入，"版本研究"被提上日程。人们发现在不同历史时期，翻译者对经典著作中重要术语的翻译是不同的，这表明中国人对马克思主义重要观点的理解是在不断变化、不断深入的。比如，在中华人民共和国成立之前，《共产党宣言》有6个完整而独立的中文译本，其中对"消灭私有制"的翻译均不完全相同。1920年陈望道译本是："所以共产党的理论，一言以蔽之，就是：废止私有财产。"1930年华岗译本是："所以共产党的理论可以用一句话来综结，就是：废止私有财产。"1938年成仿吾、徐冰译本是："在这个意义上，共产党人可以把自己的理论归纳在这一句话内：废除私有财产。"1943年8月博古译本是："在这个意义上，共产党人可以用一句话表示自己的理论：消灭私有财产。"1943年9月陈瘦石译本是："从这一意义上说，共产党的理论可用一句话概括：废除私产。"1949年莫斯科译本是："从这个意义上说，共产党人可以把自己的理论概括为一句话：消灭私有制。"可见，关于"消灭私有制"这一重要语句的译法有一个越来越准确的过程。原来译为"废止私有财产"等，只看到了这一观点的表象，只有译为"消灭私有制"才能抓住实质，即从经济制度上解决资本主义国家的社会问题。陈瘦石（当时生活在国民党统治下的知识分子）译为"废除私产"，很不准确，甚至有曲解，因为共产党人要废除的是私有财产制度，而不是简单废除包括私人生活资料在内的私产。由于人们在不同时期、不同社会条件下对《共产党宣言》理解不同，这就需要深入研究这部书的各个版本，并在此基础上进行历史性的文本比较研究。

经典著作"版本研究"深化的一个重要标志应当说是对《共产党宣言》版本的全面考证研究。1998年是《共产党宣言》发表150周年。为纪念这部不朽经典，也为更好理解马克思主义的本质要义，中央编译局和中央电视台联合制作了大型电视文献纪录片《共产党宣言》，笔者作为本片的主要撰稿人，和老专家胡永钦研究员一起对《共产党宣言》的中文版本第一次作了比较全面的梳理，发现这部书总共有12个独立而完整的中文译本，中华人民共和国成立前后分别有6个译本。①后来中国人民大学的高放教授又作了进一步研究，认为连同中国香港、台湾等地中文译本，《共产党宣言》共有23个中译本。②此后，学术界研究《德意志意识形态》《资本论》等经典著作版本的成果也越来越多。通过版本比较研究，人们对经典作家思想的理解越来越深。

对经典文本、翻译、版本研究的深入，又促使马克思主义"传播史"研究兴盛起来。人们发现，只孤立研究某一经典著作的文本、翻译、版本还不够，要深入把握中国人对马克思主义基本观点理解的变化，还需要研究马克思主义在中国传播的完整历史，包括马克思恩格斯列宁名字的翻译、经典著作的片段翻译、经典文本的完整翻译以及出版传播等。比如，关于马克思的名字翻译在历史上就有十几种，包括"马克司""马尔克斯""马陆科斯""马尔格士""麦喀氏""马儿克""马尔克""马克斯"等。通过研究传播史，才能把各个历史阶段的各种经典著作文本的关系弄清楚，通过对其中话语体系主要是概念体系的研究，从整体上弄清中国人100多年来对马克思主义、社会主义的重要概念、主要思想观点的理解。比如"社会主义"一词，在1899年2月发表的《大同学》一文中被译为"安民新学"，这是按照中国传统儒家思想对社会主义的理解；后来借用日文翻译术语，学术界广泛认同并接受了"社会主义"一词的译法，但对它的理解仍然很不相同。比如，孙中山理解

---

① 杨金海、胡永钦：《〈共产党宣言〉在中国的翻译、出版和传播》，载《科学社会主义》1998年"纪念《共产党宣言》发表一百五十周年"特刊；又见杨金海：《〈共产党宣言〉与中华民族的百年命运》，载《光明日报》2008年7月3日。

② 高放：《〈共产党宣言〉有23种中译本》，载《光明日报》2008年10月16日。

的社会主义和后来共产党人理解的社会主义就很不相同。实际上，直到今天我们学术界乃至整个思想界对社会主义的理解还在深化。传播史研究就是要研究这种变化发展的历史，从中发现规律性的东西，澄清人们在一些重大理论问题上的模糊认识，特别是要避免重复劳动。因为有很多现在争论的问题在历史上曾经出现过，有的早已解决，但由于人们不了解历史，常常旧话重提，造成重复劳动甚至新的思想混乱。传播史研究可以有效弥补这方面的不足。

中央编译局的学者们在马克思主义传播史研究方面做了大量工作。从20世纪50年代开始，由于翻译马克思主义经典著作的需要，编译局前辈学者就在不断研究梳理前人的翻译成果，并开展了马克思主义传播史方面的初步研究和宣传普及工作。1954年，中央编译局举办了"马列主义在中国的传播"展览，之后编辑了《马克思列宁主义著作在中国的传播》一书；1957年，为纪念十月革命胜利40周年，又与北京图书馆（即现在国家图书馆前身）合作主办展览；1963年，中央编译局专家丁守和、殷叙彝出版了《从五四启蒙运动到马克思主义的传播》一书；1983年，为纪念马克思逝世100周年，举办了"马克思恩格斯著作在中国"展览，之后编辑整理并由人民出版社出版了《马克思恩格斯著作在中国的传播》一书；1998年，举办了"《共产党宣言》发表一百五十周年"展览，并与中央电视台合作创作了两集文献纪录片《共产党宣言》，笔者为主笔；2011年，为庆祝中国共产党成立90周年，建立了我国第一个"马克思主义传播史展览馆"，创作了8集文献纪录片《思想的历程》，并由中央编译出版社出版《思想的历程——马克思主义在中国的百年传播》一书，笔者为总撰稿；2018年，为纪念马克思诞辰200周年,在国家博物馆举办"真理的力量——纪念马克思诞辰200周年"主题展览。2018年,根据中央机构改革方案,中共中央编译局与中共中央党史研究室、中共中央文献研究室合并成立了中共中央党史和文献研究院,但中央编译局的牌子仍然保留,以便继续用该名出版马列著作,有关专家学者仍然奋斗在马克思主义传播史研究的前沿阵地。由笔者牵头、一批中青年学者参加承担的国家社科基金重点项目"马克思主义传播史研究"正在进行,预计2019年下半年将出版《马克思主义传播史(中国卷)》两卷本。

我国各高校、科研机构以及有关学者在马克思主义传播史研究方面作出了重要贡献。1955年,苏联学者柯托夫的《马克思主义在俄国的传播》一书由于深翻译,在时代出版社出版;次年,苏联学者巴特里凯也夫的《俄国现代无产阶级的出现——马克思主义在俄国的传播》由孟世昌翻译,在上海人民出版社出版。受苏联专家的影响,中国学者也开始研究马克思主义传播问题。比如,北京大学的黄楠森教授等于20世纪50—60年代,就开始研究马克思主义哲学史,其中包括马克思主义传播史内容,70年代初编成油印本。改革开放后,他与施德福、宋一秀教授一起正式出版了三卷本的《马克思主义哲学史》;后来黄楠森又与庄福龄、林利一起主编了八卷本《马克思主义哲学史》,其中第四卷讲马克思主义哲学在俄国的传播与发展,第七卷讲马克思主义哲学在中国的传播和发展。北京大学的林代昭、潘国华于1983年编辑了《马克思主义在中国——从影响传入到传播》,作为"中国近代思想和文化史料集刊"出版。中国人民大学的林茂生于1984年出版了《马克思主义在中国的传播》一书。中国社会科学院近代史研究所的唐宝林于1997年出版了《马克思主义在中国100年》，后来又再版，影响很大。此外，还有其他学者发表了若干关于马克思主义传播史的著作和文章。如姜义华在1983年《近代史研究》第1期发表《马克思主义在中国的初期传播与近代中国的启蒙运动》一文；高军在1986年完成《五四运动前马克思主义在中国的介绍与传播》一书，由湖南人民出版社出版；王炯华于1988年出版《李达与马克思主义哲学在中国》；桂遵义于1992年出版《马克思主义史学在中国》等。

进入21世纪后，我国学者在马克思主义传播史方面的研究成果更多，视野更广阔，特别是深化了分门别类的研究。一是加强早期传播的研究。如王东等于2009年出版《马列著作在中国出版简史》；田子渝于2012年出版《马克思主义在中国初期传播史（1918—1922）》；方红于2016年出版《马克思主义在中国的早期翻译与传播》等。二是加强分支学科传播史的研究，包括马克思主义哲学、经济学、法学、新闻学、文艺理论、党建理论、宗教理论等传播史研究。如谈敏于2008年出版《回溯历史——马克思主义经济学在中国的传播前史》；庄福龄于2015年出版《中国马克思主义哲学传播史论》；胡为雄于2015年出版《马克思主义哲学在中国传播与发展的百年历史》；文正邦于2014年出版《马克思主义法哲学在中国》；张小军于2016年出版《马克思主义法学理论在中国的传播与发展（1919—1966）》；丁国旗于2017年出版《马克思主义文艺理论在中国》等。三是加强地方传播史研究。如淮北市委党史研究室于2004年出版《中国共产党淮北地方史》第一卷，专门用一节讲述了"马克思主义在淮北的传播"；闫化川于2017年出版《马克思主义是怎样生根中国的——马克思主义在山东早期传播研究》；2017年，黄进华出版《马克思主义在哈尔滨传播的历史经验和现实启示》。四是加强对马克思主义翻译家和理论家的研究。如叶庆科于2006年出版《杨匏安：我国传播马克思主义的先驱》；郭刚于2010年出版《中国早期马克思主义的传播——梁启超与西学东渐》；笔者主编的《姜椿芳文集》《张仲实文集》分别于2011年、2015年问世，其中包括对姜椿芳、张仲实两位马克思主义翻译大家所作贡献的研究介绍；西南财经大学经济学院和马克思主义经济学研究院编《陈豹隐全集》于2013年之后陆续出版；湖南常德市赵必振研究会对我国马克思主义传播的早期学者赵必振的文献进行整理编纂，于2018年出版《赵必振文集》。五是加强对经典文本解读史、概念史的研究。如王刚于2011年出版《马克思主义中国化的起源语境研究——20世纪30年代前马克思主义在中国的传播及中国化》；尹德树于2013年出版《文化视域下马克思主义在中国的早期传播与发展》。近几年来，一些学者还发表了一系列关于马克思主义概念史的文章，深化了传播史研究。

随着马克思主义传播史研究的深化，系统性的马克思主义"文献编纂"乃至"马藏编纂"工作被提上日程。人们越来越发现，要完整把握马克思主义精髓，特别是要完整把握100多年来中国人对马克思主义理解的情况，需要系统整理马克思主义经典文献。在经典文献典藏方面，中央编译局做了较多工作。由于工作需要，这里的专家学者收集整理了国内最丰富、最齐全的马克思主义经典文献，其中包括中华人民共和国成立后所有中文版的马克思主义经典文献，以及各种外文版的马克思主义经典文献，也包括中华人民共和国成立前的不少经典著作文本文献。国家图书馆、上海图书馆等也拥有丰富的马克思主义经典文献典藏。但即使如此，也不能够满足马克思主义经典文本、版本以及传播史研究的需要，因为这些文献典藏总的来说具有零散性，特别是早期文献，分散珍藏在不同图书馆和有关机构的资料室，人们使用起来很不方便。为此，近些年来不少学者把文献考据研究与文献编纂工作紧密结合起来，推出不少成果。如吕延勤主编《马克思主义在中国早期传播史料长编（1917—1927）》（上、中、下卷），2016年由长江出版社出版；田子渝主编《马克思主义在中国早期传播著作选集（1920—1927）》三卷本，于2018年由湖北人民出版社出版。这些经典文献整理出版大大方便了马克思主义传播的考据研究。但目前的文献整理出版工作仍然有局限性，十月革命之前和大革命之后的经典文献整理出版较少。

于是，学者们提出应当编纂"马藏"。大家知道，中国历史上各个主要学派都有自己的典藏体系，儒家有"儒藏"，佛家有"佛藏"，道家有"道藏"。马克思主义作为在近现代中国影响最大的思想体系，也应当而且能够建立自己的典藏体系。顾海良教授是这方面的领军人物，他领导的北京大学《马藏》编纂工程于2015年3月启动，已经取得初步成果，于2017年5月4日发布出版第一批书共5卷，370万字。他认为，《马藏》编纂工作的任务是"把与马克思主义发展有关的文献集大成地编纂荟萃为一体"，这是很正确的。但这项工作太复杂庞大，需要众多学者一起来做才有可能最终完成。

最近几年，笔者根据中央编译局马克思主义文献典藏情况，围绕"马藏"体系建立也提出了一些想法。笔者认为，"马藏"体系应当包括三个层次：一是核心层，即马克思、恩格斯、列宁等经典作家的手稿以及最初发表的文献；二是基本层，即《马克思恩格斯全集》历史考证版即原文版（亦称MEGA版）、《列宁全集》俄文版等经典著作的外文版本，《马克思恩格斯全集》中文第一、二版，《列宁全集》中文第一、二版，中国化马克思主义经典著作；三是外围层，包括经典著作各种版本的选集、文集、专题读本、单行本，以及研究马克思主义经典的代表性著作。这些经典文献有上千卷，可以与中国历史上任何典藏系列（如儒藏、道藏、佛藏）相媲美。①顺便说一句，"马藏"体系的建立将意味着中国现代文化典藏基础的确立，它和中国传统文化典藏一起构成中华文化的典藏体系，其意义远远超出了马克思主义经典著作文本和传播史研究本身。根据这个想法，我们不同单位或部门的学者应当根据自己的工作实际开展工作。"马藏"体系的核心层、基本层实际上一直是由中央编译局在做的，也比较完善了。我们今天最需要做的就是"补短板"，即把外围层中的各种零散的历史性的经典文本文献收集整理起来，供大家作历史性研究之用。这些历史性的经典文献也很多，所以应当首先把中华人民共和国成立前比较完整的经典著作文本整理出来，以供马克思主义经典文本、版本、传播史考据等研究之用。

于是，我们的"马克思主义经典文献传播通考"丛书也就应运而生了。可见，开展这项工作，不是我们一时激动的产物，而是我国学术界马克思主义理论研究逐步深化的逻辑必然，做好这项工作也是当务之急。这项工作做好了，不仅有助于马克思主义经典著作翻译和文本、版本、传播史的研究，也能够为建立完整的"马藏"体系提供历史上的各种基础文本，还有助于整个中国现代思想文化的研究和建设。

---

① 杨金海：《马克思主义发展史学科群建设之思——马克思主义传播史研究视角》，载《北京行政学院学报》2018年第1期。

三、马克思主义经典文献传播通考何以可能

今天进行马克思主义经典文献传播通考是否可行？回答是肯定的。如果放在20年前，做这项工作几乎是不可能的。因为那时大家还没有对马克思主义理论进行深入的文本、版本、传播史、概念史、解读史等考据研究的概念，更没有建立"马藏"的想法，所以，也就不可能有此思想动力。这是从主观上讲的。从客观上看也是如此。当时的研究还很不够，也还没有今天这样发达的信息技术，所以要弄清中华人民共和国成立前究竟有多少经典著作文本已经翻译出来、藏在何处，是很困难的，就更不用说把各种经典著作的不同文本收集起来并整理出版了。

经过长期的积累，特别是近几十年的经典著作研究，今天我们已经具备了进行马克思主义经典文献传播通考的基本条件。

一是越来越多的人意识到经典文献考据研究的重要性，不仅把马克思主义作为意识形态来研究，而且进一步把马克思主义作为科学的学术体系乃至"新国学"之重要内容来研究。长期以来，在我国有一种不正确的认识，就是认为马克思主义是一种意识形态，没有学术性，甚至不是学问。实际上，意识形态也有科学与非科学之分。马克思主义是一种科学的意识形态，由此决定了它具有科学性，完全可以作为学术来研究。之所以有人认为它不具有学术性，一方面，是因为这些人不懂马克思主义；另一方面，是因为我们马克思主义学界在学术、文化层面研究马克思主义不够，有分量的学术成果不多。要克服这一缺陷，就要努力借鉴其他学科的研究方法，包括借鉴我国传统的学术文化研究方法，拿

出可以与其他学科相媲美的学术成果来。例如建立"马藏"体系就是很好的学术性工作。2014年在成中英先生八十大寿庆祝会上,笔者尝试性地提出"新国学"概念。所谓"新国学",就是包括马克思主义学说在内的中华学术体系,是当代整个中华文化的基础。我们以往所说的"国学"实际上是"老国学",即以儒、释、道为主的中国传统学术体系,今天这样讲还说得过去,但实际上已经不准确了,再过若干年就更不科学了,因为我们今天还有马克思主义学说。毫无疑问,自五四新文化运动以来,马克思主义在我国已经逐步成为中华学术体系的重要组成部分,可以与传统的儒、释、道等相媲美,因此不能把它排斥在国学之外。类似情况,在历史上是有过先例的。大家知道,佛学是西汉时传入中国的,是外来文化,但2000年后的今天,谁还能说它不是中国文化之一部分呢?马克思主义也是这样,况且它比佛学的作用要大得多,它传入中国才100多年,就深刻改变了中华民族的命运,也深刻改变了中国传统文化,已经成为当今中华文化的重要组成部分乃至核心部分。随着时间的推移,将来我们的国学体系一定会把"马学"加进来,形成"儒、释、道、马"并驾齐驱、以"马"为魂的繁荣发展局面。当然,"马学"作为"新国学"的重要组成部分并为人们所接受,还需要努力构建自己的学术体系。比如要借鉴中国传统学术文化研究的方法,像整理编纂《四库全书》那样,把马克思主义"经""史""子""集"等都整理出来,形成蔚为壮观的经典体系、学术体系,供后人研究之用。此外,我们对马克思主义的各种研究也要具有深厚的学理性。这样,"马学"作为科学的学术体系才能够完善起来。"知难行易",应当说经过这些年学界同仁的共同努力,已经有越来越多的人意识到马克思主义经典文本整理和考据工作的重要性。这就为顺利推进这项工作奠定了思想基础。

二是这些年有关马克思主义经典文本整理研究的成果越来越多，使得我们基本知道了有哪些经典文本、版本及其传播、珍藏等情况。特别是近几年来，这些研究成果每年都在成倍地增长。很多深藏密室的历史文献被挖掘出来，包括一些经典文本、马克思主义经典著作翻译家、出版家、教育家以及取经潮、取经路线、传播方式等，成为学界研究的热点。与之相伴随，马克思主义经典著作原文版、手稿的收集整理和深度研究成果也越来越多。中央编译局的学者在这方面的成果较多。笔者在经典文献研究方面也做了一些工作，如与冯雷共同主编了37卷"马克思主义研究资料"丛书；与李惠斌主编了40卷"马克思主义经典著作研究读本"丛书。王学东主编了64卷"国际共产主义运动历史文献"丛书。这三套丛书均由中央编译出版社出版。清华大学艾四林主编了20卷"马克思主义经典著作导读"丛书。北京大学聂锦芳主编了12卷"重读马克思——文本及其思想"丛书。其他单位学者在这方面的成果也越来越多。这些经典文献的收集整理和相关大型丛书的编辑出版，以及学术界同仁的大量相关研究成果的发表，为我们推进马克思主义经典文献考据工作提供了丰富资料。

三是马克思主义经典文本考据研究队伍日益壮大，经验日益丰富，方法不断更新。不仅马克思主义理论界很多学者在从事这方面工作，而且其他各界学者也参与进来，包括翻译界、历史学界、民族学界、宗教学界、文学艺术界等方面的学者近些年来都在积极挖掘整理、考据马克思主义的有关历史文献，使得马克思主义经典文本考据研究逐渐成为

"显学"。自2004年中央马克思主义理论研究和建设工程实施以来，培养了一支老、中、青结合的马克思主义学术队伍。各个大学马克思主义学院相继建立，各级社会科学院的马克思主义研究机构日益建立和完善，党和政府、军队研究机构里马克思主义理论研究队伍不断扩大，社会思想文化界对马克思主义理论的研究、宣传和普及工作在加强，这些都大大加速了马克思主义学术队伍培养和学科建设的步伐。特别是近年来，一批优秀的中青年马克思主义学者茁壮成长。他们思维敏捷，年富力强，外语水平很高，知识结构新颖，研究方法现代，不仅能够借鉴中国传统的考据方法，也能够借鉴西方解释学方法等进行研究，越来越具备了中外比较研究、历史比较研究的能力，由此，成为经典文本考据研究的中坚力量。

四是当今发达的信息技术为我们查找、收集、研究经典文本文献提供了快捷便利的条件。进行深入的经典文献考证，需要掌握大量国内外文献资料。比如要用到马克思手稿，而原始手稿的大约三分之二珍藏在荷兰皇家科学院国际社会历史研究所档案馆，三分之一珍藏在俄罗斯国家社会政治史档案馆；要考证经典文本的翻译，还会用到日文版经典著作文本，而这些大多珍藏在日本，个别文本分散珍藏在我国各地的图书馆。要大量使用这些资料在过去几乎是不可能的，但是在今天，通过网络信息技术，就可以比较好地解决这些问题。再者，随着我国现代化事业的推进，我们的经济实力越来越强，在马克思主义经典文本研究方面的投入越来越多。这些物质力量的增强为我们开展这样大规模的整理编纂工作提供了保障。

总体而言，经过马克思主义学界同仁的长期努力，中国已经成为当今世界最大的马克思主义经典著作翻译和研究国家。特别是近些年来，我国学者关于经典文本考据研究的理念越来越新、成果越来越多、队伍越来越强、保障条件越来越好。随着马克思主义学院的建立，马克思主义理论教学和科研工作越来越受到重视，学科体系建设越来越完善，我们的研究成果也越来越有用武之地。这些都为我们深入开展大规模的经典文献整理和研究提供了现实可能性。

四、"马克思主义经典文献传播通考"丛书编写的思路和原则

马克思主义经典著作是学习和研究马克思主义理论的基础文本，历来为人们所重视。在我国马克思主义传播史上，曾经翻译出版过很多种经典著作的中文本。比如，《共产党宣言》总共有至少12个完整的中文译本；《资本论》在1949年以前也有好几个中文译本。这样说来，光是1949年以前翻译出版的经典著作文本或专题文献文本就有上百种。这些不同的中文译本反映了中国人在不同历史时期对马克思主义经典著作理解的不同水平。

编辑这套丛书的直接目的，是要把1949年以前的主要经典著作文本原汁原味地编辑整理出来，并作适当的考证说明，供大家作深入的历史比较研究、国际比较研究之用；从更长远的目的看，是要为建构完整的中国马克思主义典藏体系、学术体系、话语体系乃至为建构现代中华文化体系做一些基础性工作；最终目的，则是要通过历史比较，总结经验，澄清是非，廓清思想，统一认识，破除对马克思主义错误的或教条

式的理解，全面而准确地把握马克思主义理论精髓，弘扬马克思主义精神，继承马克思主义理论，在此基础上深化对中国化马克思主义的理解和研究，为推进当代中国马克思主义、21世纪马克思主义，确保科学社会主义伟大事业长久发展提供科学的理论支撑。

本丛书体现如下特点，这也是丛书编写工作所力求遵循的原则：第一，体现历史性和系统性。本丛书主要收集1949年以前的经典著作中文译本，对1949年以后个别学者的译本也适当收入。中华人民共和国成立后由中央编译局翻译出版的经典著作，由于各大图书馆都可以查到，且各种译本变化不大，故不在收录范围。对所收集的历史文献力求系统、完整，尽可能收集齐全1949年以前经典著作的各种译本，按照历史顺序进行编排。对同一译本的不同版本，尽可能收集比较早且完整的版本。对特别重要的片段译文作为附录收入。第二，突出文献性和考证性。力求原汁原味地反映各种经典著作的历史风貌。为此，采取影印形式，将经典著作的文本完整地呈现给读者。同时，要对文本的情况进行适当的考证研究，包括对原著者、译者、该译本依据的原文本、译本翻译出版和传播的情况及其影响等作出科学说明。这些考证研究要有充分的史料根据，经得起历史检验。要力求充分反映国内外有关研究成果，特别是要充分反映我国改革开放以来在经典著作文本、版本研究方面所发现的新文献、取得的新成果。第三，力求权威性和准确性。一方面，所收集的经典著作文本力求具有权威性和准确性。力求收集在当时具有权威性的机构出版的、质量最高的经典译本，避免采用后人翻印的、文字错误较多的文本。另一方面，考证分析所依据的其他文献资料，也力求具有权威性和准确性。要选择国内外在该研究领域最具权威性的专家学者的最具代表性的观点和最有影响力的文章。再者，对文本有关问题的阐述，比如，对人名、地名、术语变化的说明，或对错字、漏字等印刷错误的说明等，要具有权威性和准确性。第四，力求做到史论结合、论从史出。本丛书的主要任务是对经典文本以及相关问题进行历史性的考证梳理，但考证不是目的，而是手段，根本目的还是要深化对马克思主义基本理论和基本观点的全面的、准确的理解，并最终用以指导实践。所以，在考证研究的同时，要始终牢记最终目标，以便从历史文献的分析研究中得出令人信服的科学结论。所以，在每一经典文本的考证说明中，都既要说明经典文本文献的来龙去脉以及考证梳理的情况，又要从中得出若干具有启发性的结论，以帮助读者正确认识经典著作中的有关重要思想，特别是要在统一认识、消除无谓争论上下功夫。这样，该丛书就不仅能够为读者提供原始的经典著作文本文献，还能够为读者进一步研究这些文本提供尽可能丰富的、具有权威性和准确性的相关文献资料，并提供尽可能中肯的观点和方法，从而能够使丛书成为马克思主义典藏的重要组成部分而流芳后世。

基于上述考虑，本丛书采取大致统一的编写框架。除导言外，各个读本均由四个部分组成。一是原著考证部分，其中包括对原著的作者、写作、文本主要内容、文本的出版与传播情况的考证性介绍；二是译本考证部分，包括对译本的译者、翻译过程、译本主要特点、译本的出版和传播情况的考证梳理；三是译文考订部分，包括对译文的质量进行总体评价，对有关重要术语进行比较说明，对错误译文、错误术语或错误印刷进行查考、辨析和校正性说明；四是原译文影印部分，主要收入完整的原著译本，同时作为附录适当收入前人关于该书的片段译文。

通过这样的考证研究,力求凸显这套丛书的编辑思路,即对经典著作的文本、版本有一个建立在考据研究基础上的总体性认识。每一本书都要能够回答这样一些问题:如这本书是什么,它在马克思主义发展史上的地位如何,它在世界上的传播情况怎样,它是什么时候传播到中国的;该中文本的译者是谁,译本的版本、传播、影响、收藏情况怎样;该译本中的重要概念是如何演化的,中国人对这些概念的理解过程怎样,对我们今天的理论研究和实践探索特别是对解决今天有关重大理论问题的争论有何启示,等等。这些问题回答好了,就能够帮助读者更深入地理解经典著作中的思想观点,并能够从文本的历史比较、国际比较中把握中国化马克思主义发展的思想历程,从而为进一步深化马克思主义理论研究提供深厚的思想资源和学理支撑。

"日月光华,旦复旦兮。"我们是怀着一种迎接中华民族伟大复兴的历史使命感、对马克思主义学术文化的深深敬畏之情来做这项工作的。一是敬畏经典。近百年来,为振兴中华民族,为推进中国思想文化的现代化,无数志士仁人历经千辛万苦把马克思主义真经取回来,并通过翻译研究形成了汗牛充栋的马克思主义经典文献,由此奠定了中国现代文化的典藏基础,为实现中华文化从传统形态向现代形态转化作出了巨大贡献。我们面前的这些文献,正是在马克思主义传播过程中形成的"马藏"中的重要经典文本。拂去历史尘埃,整理、考证和再现这些经典文献的历史原貌,发掘其中的深厚文化意蕴,敬畏之心油然而生。能够通过我们的工作使这些闪耀着历史光芒的典籍和伟大思想更好地传承下去,为中国现代文化体系的建设打下坚实的典藏基础,正是本丛书作者和编者的共同期愿所在。二是敬畏先驱。近百年来,一代又一代翻译家和理论家薪火相传，把马克思主义经典引进中国，特别是在民主革命时期，很多翻译工作是在十分困难和危险的条件下进行的，有不少先辈为此贡献了一生乃至宝贵生命。他们的事迹可歌可泣，他们的艰辛堪比大唐圣僧玄奘西天取经，他们的历史功绩和伟大精神将在历史的天空熠熠生辉！能够通过我们的这项工作，让一代代后人记住这些历史人物和历史故事并将先辈们的宝贵精神传承下去，我们将备感荣幸。三是敬畏责任。面对百年来形成的浩如烟海的马克思主义经典文献需要研究整理，面对百年来一批批可敬可爱的译介者需要研究介绍，面对百年来马克思主义中国化的伟大历程需要梳理继承，我们需要做的工作太多太多。由此，不论是作者还是编者，都不能不对自己所从事的这项工作产生出由衷的敬畏之情。唯有通过努力，精心整理好这些文献，为最终形成完整的中国特色马克思主义典藏体系作一点贡献，为马克思主义学说在中国乃至世界千秋万代薪火相传做一点铺路工作，才能告慰马克思主义经典作家，告慰这些理论先驱和翻译巨匠们！

2018年是马克思诞辰200周年，《共产党宣言》发表170周年；2019年是中国先进分子自觉选择马克思主义作为观察中国和世界命运之思想武器100周年；2020年是《共产党宣言》第一个完整的中文译本问世100周年；2021年是中国共产党成立100周年，这一个个光辉的历史节点展现出马克思主义在中国发展的强大生命力。在这个新时代的新时期，陆续出版大型丛书"马克思主义经典文献传播通考"，对推进马克思主义理论研究和建设工作，有着特殊重要的意义。

需要说明的是，对于经典文本的研究，往往会有仁者见仁、智者见智的情况。所以，尽管我们在组织编写工作中努力体现上述编写思路、原则和精神，书中的观点也不一定都很成熟，不可能与每一位读者的观点完全一致。加之每位作者研究角度不同，水平各异，每一本书的结构、篇章、内容、观点都不尽相同，其权威性也不尽一致，其中很可能有疏漏和错误之处，谨请读者批评指正。

该丛书在设计、编写和出版过程中，得到了各方面的大力支持。清华大学马克思主义学院将这项工作列入重要议事日程，作为该院马克思主义传播史研究中心重大项目，艾四林院长以及各位同事对此项工作给予大力支持。中共中央党史和文献研究院（中央编译局）十分重视对马克思主义传播史的研究，对此项研究给予各个方面的支持。国家出版基金将该丛书列入资助项目，辽宁省委宣传部将此项目列入文化精品扶持项目。辽宁出版集团和辽宁人民出版社在丛书的选题策划和编辑出版中做了大量工作。在编写过程中，中共中央党史和文献研究院（中央编译局）信息资料馆、国家图书馆、上海图书馆、清华大学图书馆、北京大学图书馆、国家博物馆等单位给予鼎力支持。本丛书中汲取了我国学者大量的研究成果。该项目顾问、我国马克思主义理论界德高望重的陈先达教授、赵家祥教授等专家对丛书的编写工作给予热情指导，编委会成员和各位作者为丛书的编写付出了辛勤劳动。

谨在此一并致以衷心的谢意！

杨金海

2019年5月5日于清华大学善斋

目录 CONTENTS

001　总　序 / 杨金海

001　导　言

007　《德国的革命和反革命》原版考释
008　　一、写作及出版背景
011　　二、各版本说明
017　　三、《德国的革命和反革命》内容简介

025　《德国的革命和反革命》王右铭、柯柏年译本考释
026　　一、译介背景
028　　二、译者介绍
039　　三、编译过程及出版情况

045　《德国的革命和反革命》王右铭、柯柏年译本译文解析
046　　一、术语考证
054　　二、观点疏正
070　　三、译文校释

081　结　语

088　参考文献

091　原版书影印

314　后　记

导言

《德国的革命和反革命》（以下简称"革命"）原是恩格斯1851年10月至1852年11月间在美国《纽约每日论坛报》中《德国》栏目发表的一组文章，标题为"革命和反革命"，发表时的署名人为马克思，直到1913年马克思与恩格斯的来往书信公开后，人们才知道此文的真实作者是恩格斯。这组文章是恩格斯总结德国1848—1849年革命经验，阐述无产阶级革命斗争理论的重要文献，但在马克思、恩格斯生前，除了开头几篇被《纽约晚报》《德意志总汇报》转载之外，整组文章未出版过单行本。直到1896年，马克思的女儿爱琳娜·马克思-艾威林才将这组文章按原文字编辑成单行本书籍出版。正因为此，马克思、恩格斯生前未对《革命》留下论述，但这并未影响后人对这部重要文献的关注、重视。

　　列宁指出，马克思1851年8月至1862年在《纽约每日论坛报》发表的大量文章中，①"革命"是特别出色的一组文章。②基于这样的认识，他在《马克思主义和起义》《局外人的意见》等文中，援引"革命"关于武装起义的相关重要论述时强调，马克思把"武装起义是受特殊规律支配的一种特殊的政治斗争形式"的"真理说得非常清楚"。③同时，他对这部文献中阐明的德国资产阶级在革命中不能起领导作用的思想，以

---

① 列宁在写作《卡尔·马克思》一文时尚不知道《德国的革命和反革命》的真正作者是恩格斯。
② 《列宁全集》第二十六卷，人民出版社1988年版，第85页。
③ 《列宁全集》第三十二卷，人民出版社1988年版，第373、374页。

及关于革命斗争策略的总结,同样十分重视,并加以继承和发展。例如,在分析1905—1907年俄国革命的性质和动力,以及进一步阐发无产阶级在资产阶级民主革命中必须掌握领导权的思想时,列宁不止一次地提到恩格斯在"革命"中阐明的这一思想;在论述无产阶级的革命斗争策略时,同样多次强调恩格斯在《革命》中的重要论述:在斗争中,革命的阶级和它的政党要坚决、勇敢并具有自我牺牲精神,而且要善于实行果断的攻击;"在革命中常常有这样的时候,那时不经过斗争而把阵地交给敌人,会比在斗争中遭受失败要更加使群众感到沮丧",[①]等等。

同时,世界上其他一些知名马克思主义学者也对"革命"的历史影响给予高度评价。例如,英国当代马克思主义史学家埃里克·霍布斯鲍姆在考察马克思和恩格斯著作的"命运"时指出,恩格斯的《德国的革命和反革命》作为英国在"二战"前出版的"马克思主义经典"书籍之一,不断被其他国家的马克思主义者译为多种文字出版,对马克思主义正统思想在国际上的传播发挥了应有作用;[②]原联邦德国马克思主义史学家海因里希·格姆科夫认为,《德国的革命和反革命》是"恩格斯直接总结1848—1849年革命经验的最后一部理论作品",列宁在日后发展自己的革命理论时,全面吸收了恩格斯这部著作的基本思想。[③]

在德国1848—1849年革命期间,马克思和恩格斯已在他们创办的《新莱茵报》上发表一系列分析德国革命和其他国家革命运动的文章。

[①] 《列宁全集》第十六卷,人民出版社1959年版,第384页。
[②] [英]埃里克·霍布斯鲍姆:《如何改变世界:马克思和马克思主义的传奇》,吕增奎译,中央编译出版社2017年版,第194、195页。
[③] [德]海因里希·格姆科夫等:《恩格斯传》,易廷镇、侯焕良译,生活·读书·新知三联书店1975年版,第218、219页。

"革命"实际上是马克思和恩格斯研究德国1848—1849年革命的总结性作品,理论贡献突出。

第一,使历史唯物主义的基本原理进一步发展和具体化。恩格斯通过对德国1848—1849年革命事例的分析,进一步证明了社会经济基础在历史发展过程中的决定性作用,"分析社会的经济基础对于了解政治历史和社会思想历史的必要性",①以及革命的一个规律:革命反映人民的迫切需要和要求,腐朽的社会制度、政治制度则不让这些需要和要求得到满足。

第二,丰富和发展了马克思主义革命学说。恩格斯通过总结德国1848—1849年革命的经验,阐明无产阶级在资产阶级革命中发挥领导作用以及夺取领导权的重要性,无产阶级的斗争策略;通过分析泛斯拉夫主义产生的社会条件、本质及其对德国革命的影响,从而阐明社会革命是解决民族问题之关键的思想。同时,发展了马克思关于革命是"历史的火车头"的思想,指出旧的复杂的社会机体中阶级对抗的迅速而剧烈的发展,"使革命成为社会进步和政治进步的强大推动力",会"使一个民族在这种剧烈的动荡时期5年就走完在普通环境下100年还走不完的途程"。②

第三,奠定了马克思主义关于武装起义学说的基础。恩格斯在"革命"中首次提出了这样一个原理:"起义也正如战争或其他各种艺术一

---

① 《马克思恩格斯全集》第八卷,人民出版社1965年版,"第八卷说明"第X页。
② [德] 恩格斯:《德国的革命和反革命》,中共中央马克思恩格斯列宁斯大林著作编译局编译,人民出版社2016年版,第38页。

样，是一种艺术"，同时阐明它要遵守的一些必要规则。①这为列宁后来系统阐发马克思主义武装起义学说奠定基础。

第四，对研究其他国家的革命、对错综复杂的历史事件进行马克思主义的研究提供了典范。"革命"以历史唯物主义的方法和无产阶级的立场，清晰描绘了德国1848—1849年革命所处的国内与国际环境，准确分析了德国当时的社会经济条件及这些条件对革命运动的影响，各阶级在革命的各个阶段所起的作用，从而深刻揭示了革命失败的原因。②恩格斯展现的研究一国革命的这一范例，对以列宁、毛泽东等伟人为代表的众多后世马克思主义者产生深远影响。

"革命"1930年传入中国，至今已有90年，是在中国传播范围最广、最有影响的马克思主义经典著作之一。其在中国传播期间共出现5个完整的中译本，王右铭、柯柏年译本是第2个中译本，也是新中国成立前传播范围最广的一个译本。在延安时期，"革命"就被列为在中国重点传播的马克思主义书籍，王右铭、柯柏年译本因而被多次再版或重印，在各解放区和国统区广泛传播。新中国成立初期，这个译本又被人民出版社数次再版、重印，大量发行，在马克思主义经典著作中国传播史上留下浓墨重彩的印记。

就此而言，这个译本是在什么样的背景下编译的、相比较其他几个译本具有什么样的特点（尤其是在术语翻译、语义表达方面）、对第3个中译本及其后几个译本产生了怎样的影响、对马克思主义理论在中国的

---

① [德]恩格斯:《德国的革命和反革命》，中共中央马克思恩格斯列宁斯大林著作编译局编译，人民出版社2016年版，第104页。

② 参见《马克思恩格斯全集》第八卷，人民出版社1965年版，"第八卷说明"第X页。

传播与发展发挥了怎样的作用等，都值得今天的人们，尤其是研究者作出回答。然而，关于这些问题，目前尚无专题性研究成果问世，不能不说是一个缺憾，本书正是基于弥补这个缺憾而作。而关于这项研究更为重要、深远的意义，"马克思主义经典文献传播通考"主编杨金海教授已在本书的《总序》部分作了精当阐释，笔者不再赘述。

本书共包含四部分内容。第一部分：对"革命"一书的原版进行考释，力求搞清楚其写作及出版的背景、在世界上传播的情况及主要版本、主要思想内容等，为研究王右铭、柯柏年译本奠定基础。第二部分：对王右铭、柯柏年译本产生的过程进行考证，力求搞清楚这个译本产生的背景、译者翻译此书的来龙去脉、出版与传播的基本情况。第三部分：对王右铭、柯柏年译本的译文进行解析及必要考证，通过综合运用对校、本校和理校等方法，力求搞清楚王右铭、柯柏年译本中主要术语、观点翻译的准确程度与存在的问题；同时，依据最新中译本校译全文，特别是标点符号、日期、专有名词、排印等内容，发现其中存在的疏漏、错误之处，并就如何改进这些问题提出建议。第四部分，即结语，依据上述研究，对王右铭、柯柏年译本的贡献与不足作出总体评价，对研究中发现及解决的问题作出总结。

《德国的革命和反革命》原版考释

1848—1849年，史称"欧洲大革命"的资产阶级民主革命运动席卷西欧。1848年初，意大利劳苦大众反抗封建统治的起义拉开革命的序幕，法国"二月革命"紧随其后爆发，同年3月德国革命爆发。德国革命的主要任务是推翻封建专制制度，结束国家分裂的局面，建立统一的资产阶级立宪制国家。马克思和恩格斯密切关注并亲身参加这场革命，在他们创办的《新莱茵报》上发表了一系列分析各国革命形势的文章，运用他们在《共产党宣言》中阐明的科学理论指导德国工人阶级的革命斗争。《德国的革命和反革命》写作于德国革命失败后，是他们对革命期间通过《新莱茵报》发表的关于德国革命加理论文章的总结性作品。

一、写作及出版背景

《德国的革命和反革命》原为一组通讯文章，写于1851年8月17日至1852年9月23日间，用英文写成，分19节不定期登载于1851年10月25日至1852年10月23日间的美国《纽约每日论坛报》[①]《德国》栏

[①] 美国《纽约每日论坛报》，即美国报纸 New-York Daily Tribune，1841—1924年出版。由美国著名记者、政治活动家霍勒斯·格里利创办，19世纪50年代中期以前是美国辉格党左翼的机关报，后来成为共和党的机关报。19世纪40—50年代，该报坚持进步，反对奴隶制。参与该报工作的有许多著名的美国作家和记者，深受空想社会主义思想影响的查理·德纳这一时期担任该报编辑。马克思从1851年8月开始为该报撰稿，一直到1862年3月，达10年以上。寄给《纽约每日论坛报》的大量文章，很大一部分是恩格斯应马克思的请求而代写的。马克思和恩格斯给《纽约每日论坛报》写的文章，涉及国际和国内政治、工人运动、欧洲各国的经济发展、殖民地扩张、被压迫国家和附属国的民族解放运动等多方面的重要

目,标题为"革命和反革命",发表时用罗马数字标明篇序。

这组文章实际上是马克思应当时美国《纽约每日论坛报》编辑查理·德纳的约稿,而委托恩格斯执笔撰写的。查理·德纳信奉傅立叶的空想社会主义思想,他在1848年德国革命爆发后到过德国,与马克思见过面,对马克思的卓越才华留下深刻印象,了解此时的马克思"在德国新闻记者中所占的重要地位",同时基于德国革命时期大量移民至美国的德国读者的兴趣[①],他从1851年8月起,邀请马克思担任《纽约每日论坛报》的国外记者,主撰关于德国革命的系列评论文章[②]。马克思当时正忙于经济学研究(撰写《政治经济学批判》),难以分身,而且他的英文水平当时还不足以为英文报纸撰写文章,于是致信恩格斯让其代笔。他在给恩格斯的一封信中讲,"如果你能用英文写一篇关于德国局势的文章,在星期五早晨……以前寄给我,那将是一个良好的开端"[③];一周后,在给恩格斯的另一封信中又讲,"至于《纽约论坛报》的事,我由于搞政治经济学忙得要命,现在需要你的帮助。请你写一些关于1848年以来的德国的文章,要写得俏皮而不拘束。这些先生们在外国栏中是非常大胆的"[④]。恩格斯欣然应允。

在写作过程中,恩格斯利用了《新莱茵报》合订本(其中包含他和

问题。在欧洲的反动年代,马克思和恩格斯利用这家销路很广的美国进步报纸,通过具体材料揭露了资本主义社会的弊病以及它所固有的不可调和的矛盾,阐明了资产阶级民主的局限性。参见《马克思恩格斯文集》第三卷,人民出版社2012年版,第1098页。

① [苏联]李阿萨诺夫:《马克思恩格斯合传》,李一氓译,江南书店1929年版,第124页。
② [英]戴维·麦克莱伦:《马克思传》(第四版),王珍译,中国人民大学出版社2016年版,第274页。
③《马克思恩格斯全集》第二十七卷,人民出版社1972年版,第316页。
④《马克思恩格斯全集》第二十七卷,人民出版社1972年版,第332页。

马克思在德国1848—1849年革命期间发表的相关文章)和马克思提供的一些资料,并经常与马克思交换意见。每篇文章完成后,在邮寄给《纽约每日论坛报》编辑查理·德纳之前,都先寄给马克思审读、完善。文章发表时的署名则为卡尔·马克思。直到1913年马克思与恩格斯的来往书信发表后,人们才知道这组文章的真正作者是恩格斯。恩格斯当时还打算写一篇结束语,即这组文章的第二十节,可惜因故未能完成[①]。

恩格斯写作这组文章时,欧洲大革命的风暴已经平息,反动势力在整个欧洲巩固了自己的统治。1851年12月2日,路易·波拿巴发动政变,结束了法兰西第二共和国,建立专制体制,成为欧洲除沙皇制度以外的又一个反动势力堡垒,成为国际冲突和军事冒险的策源地。在1849年上半年,即德国、匈牙利和意大利的革命运动失败后的头几个月,还存在着重新爆发革命的前景,但在波拿巴政变之后,反革命势力的地位得到了巩固。在这种情况下,恩格斯认为,首要的任务是认真分析形势,从理论上深刻总结革命的经验,找出革命失败的原因,并制定工人运动在欧洲反动时期的战略、策略,为未来的革命斗争作准备[②]。

在写作这组文章之前,恩格斯在《新莱茵报·政治经济评论》上已经发表过评论1848年德国革命的连载文章《德国维护帝国宪法的运动》(写于1849年8月至1850年2月间)、《德国农民战争》(写于1850年夏、秋)等。在这组文章中,恩格斯运用唯物史观科学阐明德国革命的前提、性质、动力、发展进程和失败的原因,以及德国、欧洲各阶级在革命中的态度和作用。也正是在这项研究中,恩格斯得出了一系列关于欧

[①]《马克思恩格斯全集》第十一卷,人民出版社1995年版,第807页。
[②]《马克思恩格斯全集》第十一卷,人民出版社1995年版,"前言"第1页。

洲大革命的政治上、理论上的重要结论。

在马克思、恩格斯生前，这一组文章没有出版过单行本，"只有开头的几篇曾被译成德文在美国的德文报纸《纽约晚报》以及柏林出版的《德意志总汇报》上转载过"①，直到1896年，马克思的女儿爱琳娜·马克思-艾威林才编辑出版了这组文章的第一个单行本。

二、各版本说明

1896年4月，马克思的女儿爱琳娜·马克思-艾威林使用原文字完成这组文章的编辑，于同年在英国出版单行本，书名为"革命和反革命或1848年的德国"。在编辑时，她给每篇文章分别加了标题，并写了此书的"编辑说明"。成为恩格斯《德国的革命和反革命》的第一个版本。这个版本包括20节内容，也即20篇文章，其中第二十篇文章是收录文章《最近的科隆案件》，其并非《纽约每日论坛报》《德国》栏目登载的标题为"革命和反革命"的连载文。之所以收录此文，爱琳娜·马克思-艾威林是将其作为恩格斯原打算写但未写就的《革命与反革命》的结束语。

爱琳娜·马克思-艾威林给这组文章加的标题及这些文章在《纽约每日论坛报》发表的时间分别是："一 革命前夕的德国"（1851年10月25日）、"二 普鲁士邦"（1851年10月28日）、"三 德国其他各邦"（1851年11月6日）、"四 奥地利"（1851年11月7日）、"五 维

---

① 《马克思恩格斯全集》第十一卷，人民出版社1995年版，第807页。

也纳起义"（1851年11月12日）、"六 柏林起义"（1851年11月28日）、"七 法兰克福国民议会"（1852年2月27日）、"八 波兰人、捷克人和德意志人"（1852年3月5日）、"九 泛斯拉夫主义。石勒苏益格-荷尔斯泰因的战争"（1852年3月15日）、"十 巴黎起义。法兰克福议会"（1852年3月18日）、"十一 维也纳起义"（1852年3月19日）、"十二 对维也纳的攻击。对维也纳的背叛"（1852年4月9日）、"十三 普鲁士制宪议会。国民议会"（1852年4月17日）、"十四 秩序的恢复。议会和议院"（1852年4月24日）、"十五 普鲁士的胜利"（1852年7月27日）、"十六 国民议会和各邦政府"（1852年8月19日）、"十七 起义"（1852年9月18日）、"十八 小生意人"（1852年10月2日）、"十九 起义的终结"（1852年10月23日）和"二〇 最近的科隆案件"（1852年12月22日）①。

在"革命"第一个单行本出版的同年，卡·考茨基翻译的德文本也得以出版②。这个德文译本，是卡·考茨基完全按照爱琳娜·马克思-艾威林编辑的版本翻译的，包括爱琳娜·马克思-艾威林写的"编辑说明"和正文20节内容。

1900年，马克思的女儿劳拉·马克思·拉法格将"革命"译为法文出版，翻译时的底本同样是爱·马克思-艾威林编辑出版的版本。

1899年，"革命"的前三节在德国柏林出版俄文本。1900年，第一个完整的俄文译本在英国伦敦出版。这两个俄文版本同样均依据爱·马克思-艾威林编辑出版的版本翻译。1905年第一次俄国革命爆发后，"革

---

① 《马克思恩格斯全集》第十一卷，人民出版社1995年版，目录第1、2页，正文第3页。
② 《马克思恩格斯全集》第八卷，人民出版社1961年版，第649页。

命"多次出版俄文版。列宁曾讲,《德国的革命和反革命》包含的19篇文章,"在马克思和恩格斯去世后译成德文重新出版（俄译文收入由巴扎罗夫和斯捷潘诺夫翻译的两个文集,后来又有1905—1906年阿列克谢耶娃的以及公益、新世界、普及丛书和铁锤等出版社出版的共5种单行本）"①。苏联成立后,苏共中央马克思列宁主义研究院也先后多次修订出版"革命"的俄文译本。

20世纪以来,先后出版的历史考证版第1版、第2版《马克思恩格斯全集》,均包含《德国的革命和反革命》,但其中再未将《最近的科隆案件》作为第二十篇文章。与此同时,欧洲、亚洲、北美洲、南美洲等地区的许多国家,也用本国主要语言文字翻译出版了《马克思恩格斯全集》,如德语、英语、法语、俄语、西班牙语、葡萄牙语、塞尔维亚语、波兰语、日语、汉语等。这些各种文字版的《马克思恩格斯全集》无一例外地收录了《德国的革命和反革命》。例如,德文版《马克思恩格斯全集》第八卷（第3—108页）、俄文第1版《马克思恩格斯全集》第六卷（第13—109页）、俄文第2版《马克思恩格斯全集》第八卷（第3—113页）和日文版《马克思恩格斯全集》第八卷（第3—103页）等②。

20世纪30年代,《德国的革命和反革命》传入中国,至今已有90年。据笔者考证,"革命"在中国传播的90年间,出现5个完整的译本。

1930年5月30日,刘镜圆翻译的《德国的革命和反革命》在（上

---

① 《列宁全集》第二十六卷,人民出版社2017年版,第85页。
② 北京图书馆马列著作研究室编:《马克思恩格斯著作中译文综录》,书目文献出版社1988年版,第57页。

海）新生命书局出版，书名译为"革命与反革命"，又名"一八四八年的德国"，成为此书的第一个中译本。从刘镜圆写的"译者序言"可知，这个译本根据卡·考茨基1896年翻译出版的德文本和当时在苏联出版的俄文单行本翻译。这个译本的封面上印有英文书名"Revolution and Counter-Revolution（or Germany in 1848）"的字样。书的形式为32开平装，竖排，使用简化汉字，包含20节内容，正文前有"译者序言""编辑者言"（爱琳娜·马克思-艾威林编辑此书第一个单行本时写的说明），但卡·考茨基写的德文版序言"因为对于中国读者没有大的兴趣，故未译出"[①]。其后此书在新生命书局三次再版，版式、字体、内容等与1930年的版本完全相同，其中第三次再版时间为1936年5月10日。从版权信息来看，"革命"中译本三次再版的印刷数量共5000册[②]。

1939年3月，王右铭、柯柏年合作翻译的第二个中文译本在（上海）生活书店出版，书名译为"德国的革命与反革命"。从这个译本的行文注释等信息推断，其很有可能根据爱·马克思-艾威林编辑的英文版本翻译，同时参考了刘镜圆翻译的第一个中译本。书的形式为32开平装，横排，采用简化汉字。与刘镜圆译本不同的是，该译本除了正文20节内容之外，还附录3篇恩格斯的相关文章。同年4月，该译本在（延安）解放社重印，内容、版式等均未变动，但译者改为王石巍、柯柏年。1949年，该译本先后在（北平）解放社、（上海）解放社、（天津）解放社、山东新华书店、东北新华书店等机构多次重印，但译者再次改为"柯柏年等译"。新中国成立后，人民出版社也多次再版该译本。

---

① [德] 恩格斯:《革命与反革命》，新生命书局1930年版，刘镜圆译，"译者序言"第16页。
② [德] 恩格斯:《革命与反革命》，新生命书局1936年版，刘镜圆译，版权页。

1961年10月，中央编译局翻译的中文第1版《马克思恩格斯全集》第八卷由人民出版社出版，其中收录《德国的革命和反革命》全文，成为《德国的革命和反革命》的第三个完整中译本。这个译本是中央编译局在王右铭、柯柏年译本的基础上，根据俄文第2版《马克思恩格斯全集》和恩格斯的原著文字校译而成。相比王右铭、柯柏年译本，这个中译本有如下主要变化：首次将书名译为"德国的革命和反革命"；正文只包含恩格斯在《纽约每日论坛报》《德国》栏目发表的标题为"革命和反革命"的19篇连载文章；大多数文章的标题有了新的译名。这个译本其后于1962年2月由人民出版社出版单行本，书的形式为大32开平装本，横排，共计（2+271）页，正文部分和附录文章中的第一篇，根据中文第1版《马克思恩格斯全集》的译文排印，附录文章中的第二篇、第三篇根据1958年1月出版的中文版《马克思恩格斯文选》（两卷集）中的译文排印，书后附注释42条。1972年5月由人民出版社出版的中文第1版《马克思恩格斯选集》，在第一卷收录《德国的革命和反革命》全文，译文就是这个译本。

1995年6月，中文第2版《马克思恩格斯选集》出版，其中第一卷仍然全文收录《德国的革命和反革命》，但译文、翻译的底本均发生变化，故而成为"革命"的第四个完整中译本。这个译本是中央编译局在第三个完整中译本的基础上，根据历史考证版《马克思恩格斯全集》第一部分第十一卷重新校订后形成的，译文仍然包括19节内容。同时，这个译本编入中文第2版《马克思恩格斯全集》第十一卷，1995年6月出版。这个译本与第三个中译本相比，一些术语的译法、注释等发生明显变化。例如，第九节的译名，由"泛斯拉夫主义。什列斯维希-霍尔施坦的战争"变为"泛斯拉夫主义。石勒苏益格-荷尔斯泰因的战争";第十八节的译名,由"小资产阶级"改为"小生意人";文后注释由40条增加到57条。

2004年,中共中央实施马克思主义理论研究和建设工程后,中央编译局对《德国的革命与反革命》的译文和资料,根据国际马克思恩格斯基金会正在编撰的MEGA2中收录的原文字版本和第一个英文版本再次审核和修订,编入2009年12月出版的《马克思恩格斯文集》十卷本第二卷,成为《德国的革命和反革命》的第五个完整中译本。这个译本仍然包含19节内容。相比较第四个中译本,这个译本对一些术语进一步校订,同时增加了一些注释。例如,对第十八节的译名,第四个中译本中的译名为"小生意人",文集则又校订为第三个中译本采用过的"小资产阶级";文后注释调减为54条(第四个中译本的注释为57条)。这个译本其后被全文收录于2012年9月出版的中文第3版《马克思恩格斯选集》第一卷。其后,这个译本在2016年12月出版单行本。单行本共(2+5+148)页,目录前有"编辑说明",目录与正文之间有"编者引言",正文后有注释、人名索引,正文中还有插图2幅、译者作的页下注释若干。

"革命"在中国传播的译本版本,除上述5个完整的中译本之外,还有一些中文节译本、外文本出版。据笔者目前掌握的史料可见,1944年,苏联外国文书籍出版局出版的中文版《马恩列斯论游击战争》一书,节译了此书的第十七节"起义";1961年7月,中国人民解放军军事科学院根据俄文版翻译的《马克思恩格斯军事文选》第一卷,也节译了此书的第十七节"起义";1977年,(北京)外文出版社出版该书的英文版本。

三、《德国的革命和反革命》内容简介

《德国的革命和反革命》是恩格斯运用唯物史观全面研究德国1848—1849年革命的著作。全书包括19节内容，可归纳为五大部分。

第一部分：包含1节内容，即第一节"革命前夕的德国"。恩格斯运用唯物史观总体性地分析了德国的社会结构、各阶级的社会地位及他们在革命中的态度和作用，从而阐明德国革命必然爆发和必然失败的根本原因。

关于德国当时的社会状况，恩格斯指出，德国的分裂状态，使其没有形成像伦敦或巴黎那样的工业中心城市，"作为一切政治组织的基础的人民，其各个阶级的构成比任何别的国家都更为复杂"[①]，"国民的大部分既不是贵族，也不是资产阶级，而是城市里的小手工业者小商人阶级和工人，以及农村中的农民"[②]。不同阶级的特性及其在革命中的作用和态度，使得德国革命呈现出分散、复杂、混乱的特点，因此斗争成为不相联系的格斗，耗费了大量的精力、鲜血和资本。

关于应该如何总结德国革命爆发与失败的原因，恩格斯指出，"这些原因不应该从一些领袖的偶然的动机、优点、缺点、错误或变节中寻

---

① [德]恩格斯：《德国的革命和反革命》，中共中央马克思恩格斯列宁斯大林著作编译局编译，人民出版社2016年版，第5页。
② [德]恩格斯：《德国的革命和反革命》，中共中央马克思恩格斯列宁斯大林著作编译局编译，人民出版社2016年版，第8页。

找,而应该从每个经历了动荡的国家的总的社会状况和生活条件中寻找"①;不能把革命的发生归咎于少数人的恶意煽动,"任何地方发生革命动荡,其背后必然有某种社会要求,而腐朽的制度阻碍这种要求得到满足"②。也就是说,1848年在德国突然爆发的革命运动,"不是个别人活动的结果,而是德意志民族的要求和需要的自发的不可遏止的表现"③。

第二部分:包含3节内容,即第二节"普鲁士邦"、第三节"德国其他各邦"和第四节"奥地利"。恩格斯通过分析普鲁士、德国各邦和奥地利的具体经济状况和阶级关系,阐明整个德国都存在反对封建专制的革命趋势与任务。

恩格斯满怀洞见地指出,1847年底的普鲁士和德国其他小邦,"资产阶级已经认识到自己的力量,决定不再忍受封建官僚制度用来束缚他们的商业事务、工业生产能力和他们作为一个阶级而进行的共同行动的枷锁;一部分土地贵族已变成了纯粹市场商品的生产者,因而他们同资产阶级利害相同、休戚与共;小资产阶级很不满意,埋怨捐税,埋怨对他们的业务设置的种种障碍";"农民在一些地方饱受封建的苛捐杂税的盘剥,在另一些地方则备受放债人、高利贷者和律师们的压迫;城市工人普遍不满,他们对政府和大工业资本家同样憎恨,并且深受社会主义

---

① [德]恩格斯:《德国的革命和反革命》,中共中央马克思恩格斯列宁斯大林著作编译局编译,人民出版社2016年版,第4页。
② [德]恩格斯:《德国的革命和反革命》,中共中央马克思恩格斯列宁斯大林著作编译局编译,人民出版社2016年版,第4页。
③ [德]恩格斯:《德国的革命和反革命》,中共中央马克思恩格斯列宁斯大林著作编译局编译,人民出版社2016年版,第4页。

和共产主义思想的感染。总之，反对政府的群众是由各种各样的成分组成的，它们的利益各不相同，但或多或少都受资产阶级领导"①。在奥地利，对封建政府也"没有一个阶级感到满意"，同普鲁士和德国其他小邦一样，"奥地利也在缓慢地但确定无疑地走向伟大的变革"②。也就是说，在"1848年初，德国已处在革命的前夜，即使没有法国二月革命的促进，这次革命也是一定要爆发的"③。恩格斯通过这些分析同时阐明，德国革命的性质只能是资产阶级民主革命，要解决的主要矛盾是人民大众与封建势力的矛盾。

第三部分：包括5节内容，即第五节"维也纳起义"、第六节"柏林起义"、第十一节"维也纳起义"、第十七节"起义"和第十九节"起义的终结"。恩格斯全面介绍了德国人民起义的英勇斗争过程，同时阐发了武装起义的"艺术"，发展了马克思关于革命是"历史的火车头"的思想。

恩格斯在介绍维也纳、柏林的人民起义及武装斗争时指出，这次革命的一个特点是工人阶级作为主导力量登上历史舞台，表现出革命的彻底性、坚定性。同时批评资产阶级民主派的革命的盲目性、空想性和动摇性；揭露了资产阶级在革命中的叛卖行为，以及他们内部勾心斗角、争权夺利的丑恶行径。

---

① [德] 恩格斯：《德国的革命和反革命》，中共中央马克思恩格斯列宁斯大林著作编译局编译，人民出版社2016年版，第26—27页。
② [德] 恩格斯：《德国的革命和反革命》，中共中央马克思恩格斯列宁斯大林著作编译局编译，人民出版社2016年版，第34页。
③ [德] 恩格斯：《德国的革命和反革命》，中共中央马克思恩格斯列宁斯大林著作编译局编译，人民出版社2016年版，第4页。

关于武装起义的"艺术",恩格斯指出,"起义也正如战争或其他各种艺术一样,是一种艺术,它要遵守一定的规则,这些规则如果被忽视,那么忽视它们的政党就会遭到灭亡"。并具体地说明了革命政党在举行武装起义时必须遵循的一些规则:"第一,不要玩弄起义,除非你有充分的准备应付你所玩弄的把戏的后果。起义是一种用若干极不确定的数进行的演算,这些不确定数的值每天都可能变化。敌人的战斗力量在组织、训练和传统的威望方面都占据优势;如果你不能集中强大的优势力量对付敌人,你就要被击溃和被消灭。第二,起义一旦开始,就必须以最大的决心行动起来并采取进攻。防御是任何武装起义的死路,它将使起义在和敌人较量以前就遭到毁灭。必须在敌军还分散的时候,出其不意地袭击他们;每天都必须力求获得新的胜利,即便是不大的胜利;必须保持起义的最初胜利给你造成的精神上的优势;必须把那些总是尾随强者而且总是站在较安全的一边的动摇分子争取过来;必须在敌人还没有能集中自己的力量来攻击你以前就迫使他们退却;用迄今为止人们所知道的最伟大的革命策略家丹东的话来说,就是要:勇敢,勇敢,再勇敢!"①恩格斯的上述精辟论述,为列宁完成马克思主义的武装起义学说奠定基础。

关于对马克思关于"革命是历史的火车头"的思想的发展,恩格斯指出"不同阶级的联合,虽然在某种程度上向来是一切革命的必要条件,却不能持久,一切革命的命运都是如此。在战胜共同敌人之后,战胜者之间就要分成不同的营垒,彼此兵戎相见。正是旧的复杂的社会机

---

① [德]恩格斯:《德国的革命和反革命》,中共中央马克思恩格斯列宁斯大林著作编译局编译,人民出版社2016年版,第102—103页。

体中阶级对抗的这种迅速而剧烈的发展，使革命成为社会进步和政治进步的强大推动力；正是新的党派的这种不断的迅速成长，一个接替一个掌握政权，使一个民族在这种剧烈的动荡时期5年就走完在普通环境下100年还走不完的途程"①这一段文字深刻分析了革命在一个民族历史发展中的巨大推动作用。

第四部分：包括3节内容，即第八节"波兰人、捷克人和德意志人"、第九节"泛斯拉夫主义。石勒苏益格-荷尔斯泰因的战争"和第十四节"秩序的恢复。议会和议院"。恩格斯通过回顾数百年间德意志民族和其他民族的关系，分析了泛斯拉夫主义产生的社会条件、本质及其对德国革命的影响，阐明社会革命是解决民族问题的关键之论断。

恩格斯首先对德国各立宪派政府和自由派政府站在反动势力一边镇压波兰人和捷克人的革命运动，到处挑起民族仇恨，使各民族之间不能得到谅解和共同行动的行径作了严厉批判。同时指出，泛斯拉夫主义究其本质，是"反历史的运动，其目的无非是要使文明的西方屈服于野蛮的东方，城市屈服于乡村，商业、工业和文化屈服于斯拉夫农奴的原始农业"②；泛斯拉夫主义者的理论和追求，正中沙俄——这个18世纪中叶欧洲的反革命堡垒时刻觊觎欧洲斯拉夫人生活区域领土的下怀；"波西米亚和克罗地亚的泛斯拉夫主义者有的是自觉地、有的是不自觉地为俄国的直接利益服务；他们为了一个民族的幻影而出卖了革命事业，而

---

① [德]恩格斯：《德国的革命和反革命》，中共中央马克思恩格斯列宁斯大林著作编译局编译，人民出版社2016年版，第36页。
② [德]恩格斯：《德国的革命和反革命》，中共中央马克思恩格斯列宁斯大林著作编译局编译，人民出版社2016年版，第54页。

这个民族的命运至多也不过同俄国统治下的波兰民族的命运一样"①。正是从这里开始，马克思恩格斯对革命的民族运动与反革命的民族运动作了明确区分②，对民族主义的双重性作了清晰的辨别，"对其消极性做了严厉鞭挞和批判，而将它的积极因素在实践上加以借助，在理论上吸纳改造，使其成为马克思主义民族理论的重要内容"③。

第五部分：包括7节内容，即第七节"法兰克福国民议会"、第十节"巴黎起义。法兰克福议会"、第十二节"对维也纳的攻击。对维也纳的背叛"、第十三节"普鲁士制宪议会。国民议会"、第十五节"普鲁士的胜利"、第十六节"国民议会和各邦政府"和第十八节"小生意人"。恩格斯具体分析了德国资产阶级、小资产阶级、工人阶级和农民阶级的特性及发展状况、在革命中的表现，阐明了德国1848—1849年革命失败的必然性。

恩格斯指出，德国资产阶级有着鲜明的二重性：一方面他们有发展资本主义的强烈要求，能够和反对封建专制的党派或阶级暂时团结起来进行斗争，推进革命。但另一方面，革命胜利之后，也即他们一旦得到胜利的果实，就会马上调转枪口对准昨天的革命同盟军，走向反革命。而为了打击革命群众，他们会与封建贵族、官僚势力联手。所以，德国资产阶级在革命中不能起领导作用；小资产阶级则永远在资产阶级和无产阶级之间摇摆，他们迷信议会制度，不敢依靠人民和武装群众的支

---

① [德]恩格斯：《德国的革命和反革命》，中共中央马克思恩格斯列宁斯大林著作编译局编译，人民出版社2016年版，第55页。
② 杨须爱：《马克思主义民族殖民地理论的形成与发展》，载《民族研究》2014年第2期。
③ 王希恩：《批判、借助和吸纳：对马克思主义经典作家关于民族主义论述的再认识》，载《民族研究》2007年第5期。

持,每当在革命的紧要关头,就表现出政治上的短视、怯懦和动摇,出卖革命;农民阶级"没有任何主动性,总是尾随在参加起义的其他阶级的后面,在工人与小资产阶级之间摇摆",他们站在革命的哪一边"几乎总是由他们各自所处的不同的社会地位决定的",农业工人通常支持城市工人,小农则"倾向于和小资产阶级携手"[①];工人阶级才是革命的最彻底的真正的战斗力量,是"首先拿起武器与军队作战的主力",他们"代表整个民族的真正的被正确理解的利益"[②]。总之,由于资产阶级的软弱性、动摇性和对革命的叛卖行为,由于小资产阶级和农民阶级的动摇性,也由于无产阶级的力量还没有得到充分的发展,德国1848—1849年革命被资产阶级葬送便成为必然。

---

① [德]恩格斯:《德国的革命和反革命》,中共中央马克思恩格斯列宁斯大林著作编译局编译,人民出版社2016年版,第106页。

② [德]恩格斯:《德国的革命和反革命》,中共中央马克思恩格斯列宁斯大林著作编译局编译,人民出版社2016年版,第105、106页。

《德国的革命和反革命》王右铭、柯柏年译本考释

《德国的革命和反革命》在中国译介和传播的历史已有90年。王右铭、柯柏年译本是第二个中译本,也是新中国成立前在国内传播范围最广的马克思主义经典著作之一。

一、译介背景

王右铭、柯柏年翻译《德国的革命和反革命》一书,是他们在全面抗战爆发,奔赴革命圣地延安之后进行的。到达延安之初,王右铭(此时已改名为王思华)在中央党校和陕北公学担任政治经济学教员,柯柏年在陕甘宁边区政府所属的教育所工作。当时的延安,学习和研究马克思列宁主义理论已是全党同志,尤其是党的高级干部面临的重大而紧迫的任务。毛泽东当时强调,"我们党的马克思列宁主义的修养,现在已较过去有了一些进步,但是还很不普遍,很不深入。我们的任务,是领导一个几万万人口的大民族,进行空前的伟大的斗争。所以,普遍地深入地研究马克思列宁主义的理论的任务,对于我们,是一个亟待解决并须着重地致力才能解决的大问题。"[①]而学习和研究马克思列宁主义理论,最基本的途径是阅读马克思、恩格斯、列宁的著作。但当时,一方面翻译成中文的马克思、恩格斯、列宁著作还不是很多,许多重要著作

---

① 毛泽东:《中国共产党在民族战争中的地位》,《毛泽东选集》第二卷,人民出版社1991年版,第533页。

还没有翻译过来。另一方面，已经翻译过来的一些著作，译文质量也参差不齐，有必要重新翻译或校译。恩格斯的"革命"一书属于后者。

所以，马克思主义经典著作的翻译或重译，成为当时中国共产党人学习研究马克思主义理论面临的一个更为基本的、首先要加强的工作。这既包括尽快翻译那些还没有被译为中文的马克思、恩格斯、列宁著作，也包括重新翻译、校译那些已经翻译过来，但译文质量还需提高的著作。

客观地讲，翻译马克思主义经典著作是一项很难的工作，对翻译者的外语（主要是德语、俄语和英语）水平、文化层次，尤其是马克思主义理论修养的要求很高。当时的延安，有翻译外文书籍能力及经验，尤其是能够翻译马克思主义经典著作的人才不多，王右铭、柯柏年是其中的两位。20世纪20年代中期，20岁出头的王右铭在北平上大学时参加革命，后来留学法国、英国，在国外求学期间便开始研究、翻译马克思著作《资本论》。柯柏年虽未留过学，但自读小学起，英语就学得很好，在沪江大学、上海大学求学时就已开始翻译马克思主义书籍、文章，并加入中国共产党。他们两位都是从青年时代起，就因心怀在中国传播马克思主义的崇高使命而翻译马克思列宁主义著作的。面对当时身处延安的中国共产党人普遍地、深入地学习和研究马克思主义理论的紧迫任务，两位差不多前后奔赴延安，具有共同神圣使命的革命者，合作翻译马克思主义著作似乎是一种必然。

1938年5月，中共中央在延安成立马列学院，设立两部，其中一部为编译部，专事马克思主义著作的编译工作。柯柏年成为被调入马列学院编译部的首批工作人员之一。成立之初，编译部按照相关翻译出版计划，重点编译马克思、恩格斯和列宁的著作。当时，由于马列学院编译部工作人员不足,所以参加马克思主义著作翻译的人员除了本部门人员外,还包括当时在党内担任领导职务的一些同志,以及来自国统区的一些教授、学者。这成为他们二人合作翻译恩格斯《德国的革命和反革命》一书的契机。

二、译者介绍

1. 王右铭

王右铭(1904—1978),又名王慎明、王思华,笔名右铭,河北乐亭人,我国著名经济学家、统计学家,是马克思主义经济学说在中国最早的传播者之一和新中国统计工作的开创者之一。生前完成《大众〈资本论〉》《怎样研究〈资本论〉》《政治经济学教程》《〈资本论〉解说》《社会主义制度下的劳动》《关于我国过渡时期国家工业化与农业合作化的相互适应问题》等著作,和数十篇理论文章,在与柯柏年合作翻译《德国的革命和反革命》之前,已与侯外庐合作翻译《资本论》第一卷一书。

王右铭

1904年2月2日,王右铭出生在河北乐亭县王滩的一个地主家庭,家境殷实。他自幼聪颖好学,在家乡读完小学后,赴北京读中学。1924年中学毕业,考入天津南开大学。1925年,五卅惨案发生,他积极参加爱国学生运动,之后转入北京大学经济系读书。其间,结识了同乡李大钊，在其引导下，开始系统接触革命与共产主义思想，阅读马克思主义书籍，走上革命道路。

1926年，王右铭在中共地下党组织和一些进步教授、同学的支持下，离开北京大学前往法国里昂大学留学，主攻经济学。在法国完成学业后，为进一步深造，1929年初，他进入英国伦敦政治经济学院继续学习经济学，研究马克思的《资本论》。留学欧洲期间，王右铭接触了不少赴欧勤工俭学的中共党员和共青团员，与他们的交往，使王右铭的共产主义理想更加坚定。在英国求学期间，他就开始翻译《资本论》，并完成题目为"马克思主义与蒲鲁东主义"的博士论文。

1930年冬，王右铭回到了北平，应聘到北京大学任教，教授经济学课程。1931年秋，被国民政府聘任为教育部督学。王右铭有强烈的爱国心和民族自尊心，九一八事变发生后，东北沦陷，他对日本帝国主义的侵略行径无比愤慨，对南京政府的不抵抗政策十分失望，极为不满，愤然辞去国民政府教育部督学一职，重回北京大学任教。1932年，他前往北平中法大学任教，仍然教授经济学课程。期间，他参加了北平地下党组织领导的"左翼作家联盟""反帝大同盟""抗日救国会"等革命团体。之后，还被选为北平战区动员委员会委员。

在讲台上，王右铭积极向青年学生宣传马克思主义，号召学生为中华民族的救亡图存事业积极做贡献，影响深远。他传播的革命思想，影响了不少学生，许多人后来走上革命道路。为在中国进一步传播马克思主义，他与好友侯外庐合作，将他们在欧洲留学期间就开始对各自翻译的马克思著作《资本论》译文进一步校对，1932年8月首先完成《资本论》的第一卷上册（该译本包括上、中、下三册）的校译，同年9月在国际学社出版（署名人为：王慎明、侯外庐）①；1936年6月，他们二人合译的《资本论》第一卷合订本，以"世界名著译社"的名义出版，署名人为："右铭、玉枢"②，玉枢即侯外庐。1933—1934年间，他还积极联络、组织北平的"左翼"学者、作家成立"世界论坛社"，并任秘书长，编辑出版《世界论坛》杂志，传播马克思主义思想。

在北平从事革命活动时，他与中共负责统战工作的徐冰交往密切。1933年，北平的中共地下党组织遭到破坏，他利用自己的社会关系，竭尽全力帮助、营救被捕的中共党员。1934年冬，在从事情报工作时，由于叛徒告密，被国民党逮捕。被审讯时，他立场坚定、意志刚强，严守党的机密，国民党反动派拿他没办法，只好暂时关押起来。之后，他被地下党组织营救出狱，继续秘密从事革命活动。1935年12月9日，北平爆发声势浩大的"一二·九"学生运动，在运动中，他始终站在斗争前沿，支持学生罢课，帮助进步学生去敌占区从事抗日工作。

七七事变后，北平的革命形势日益危急，王右铭的身份此时也已暴露。根据中共地下党组织的指示和安排，他携带家眷离开北平，经中共山西省委负责人李葆华介绍，到达延安。延安火热的革命环境和身边同志们朝气蓬勃、艰苦朴素、奋发有为、团结紧张的风气，使他大受感染和振奋，随即投入火热的革命生活中。

到达延安之初，王右铭（此后改名为王思华）被分配到中央党校和陕

---

① ［德］马克思：《资本论》第一卷上册，王慎明、侯外庐译，国际学社1932年版，"译者的话"第1页。

② 侯外庐：《〈资本论〉译读始末》，见中共中央马克思恩格斯列宁斯大林著作编译局马恩室编：《马克思恩格斯著作在中国的传播》，人民出版社1983年版，第76页。

北公学担任政治经济学教员。当时这两所学校的学员文化程度参差不齐，他在教学中逐个了解学员的学习情况，有针对性地备课、授课。他的课讲得条理清楚、深入浅出、逻辑性强，深受学员欢迎。1938年6月，他加入中国共产党，正式成为党的一员。其后不久，他和柯柏年合作翻译的恩格斯著作《德国的革命和反革命》一书，在（上海）生活书店出版。

1940年，延安军政学院成立，王稼祥为首任院长，王右铭被抽调至该学院研究日本问题，并主讲政治经济学课程。此后不久，兼任中央宣传部所属的中国经济社社长，其间完成了《日本统治阶级内部裂痕》《日本财政的困难和枯竭》等多篇理论文章。1941年起，他担任中央研究院中国经济研究室主任[①]。期间，他响应毛泽东的号召，深入系统地研读马克思主义经典著作，同时也动员、要求研究室的同志们认真阅读，尤其是马克思的巨著《资本论》。他认为，当时已经出版中译本的《共产党宣言》《社会主义从空想到科学的发展》《雇佣劳动与资本》《价值、价格与理论》等经典著作，都是学习《资本论》的最好入门书籍，要求研究室的同志们学好、研究透这些经典著作的思想，以马克思主义政治经济学的基本原理、观点、方法为武器，来研究中国的经济问题。他还十分重视理论联系实际，经常带领同志们深入边区各地，如绥德、陇东等地开展经济发展问题的调查研究、举行讨论会，先后写出了《关于法币问题》《研究中国战时经济应该注意的几个问题》等重要理论研究文章，在《解放》《八路军军政杂志》等刊物上发表。

为了帮助广大革命干部、进步青年学习马克思的巨著《资本论》，

---

① 中央研究院由马恩列斯研究院改组而来，马恩列斯研究院则由马列学院改组而来。

这一时期他还结合在北京大学、中法大学任教期间的演讲稿，以及到延安后发表的文章，撰写了《大众〈资本论〉》一书，1938年在（上海）生活书店出版，1948年改名为"《资本论》解说"再版。此书在延安和各解放区多次再版，后来还被翻译成日文，在日本出版发行。

1943年，王右铭调任西北财经办事处计委副主任，后又调至陕甘宁边区政府物资局负责调查研究工作。其间，他对边区经济进行多次调查，提出许多发展边区经济的建议，受到时任边区政府主席林伯渠等领导同志的重视和采纳。抗日战争胜利后，党中央派出大批干部到东北地区开展工作，王右铭也被调往东北，先后担任辽西行署秘书长、辽北省政府秘书长兼民政厅厅长、黑龙江省人民政府秘书长、东北财政经济委员会常委兼东北统计局局长等职。在担任东北财政经济委员会常委兼东北统计局局长期间，他十分重视选拔、培养专门从事统计工作的知识分子和统计工作理论建设，亲自在统计干部培训班讲课，亲自负责《计划经济》（原名《国际经济》）月刊编辑部工作，亲自组织编译出版大量有关计划经济、统计理论的书籍，如《马克思列宁与统计》《为马列主义的统计理论而斗争》《新统计学概论》等。同时还撰写了《政治经济学教程》一书。这些书籍，后来都成为全国统计干部的重要学习资料。在他的领导下，东北地区率先建立国民经济主要部门的统计制度，通过开展国营工矿企业和私营工商业的普查，搜集整理历史和现实的经济统计资料，建立起东北地区统一的统计工作。

新中国成立后，在1951年召开的全国财经统计工作会议上，王右铭提出应成立中央统计局，统一领导全国统计工作的建议，被中央采纳。1952年8月，国家统计局成立，王右铭调任副局长。1961年6月起，担任国家统计局局长兼党组书记。1962年4月4日,《中共中央、国务院关于加强统计工作的决定》颁布后,王右铭随后领导起草《统计工作试行条例》、主持撰写《十三年来我国统计工作经验总结》,这两个重要文件,对后来全国的统计工作进一步正规化发挥了重要的指导作用①。1964年,王右铭当选为第三届全国人民代表大会代表。"文化大革命"期间,他受到错误批判,后得以平反,恢复工作。1978年2月,当选为第五届政协全国委员会委员。1978年7月23日,王右铭因病医治无效,在北京逝世,享年74岁。

王右铭一生追求进步、民主和科学,信仰和追随马克思主义,始终拥护中国共产党的领导,敢于坚持真理,勤恳为党、为人民工作。逝世后,他的革命人生、重要贡献获得了党和人民的高度评价:"王思华同志的一生,是革命的一生,战斗的一生,他为中国人民的伟大共产主义事业贡献了自己的全部力量。他是我党的好党员、好干部,也是我国知名的经济学家、统计学家。"②

2. 柯柏年

柯柏年(1904—1985),原名李春藩,笔名有马丽英、丽英、福英等,广东潮州人,是我国著名的马克思主义著作翻译家、外交家。生前翻译马克思主义著作多部,独著、合著、主编著作多部。中共党员在建党初期阅读的马列著作,一些都是柯柏年翻译的。毛泽东在延安时期曾

---

① 郑家亨:《统计大辞典》,中国统计出版社1995年版,第1255页。
② 《全国政协委员、原国家统计局党组书记、局长王思华同志追悼会在北京举行》,《人民日报》1978年7月27日。

讲，"翻译工作，要多请教柯柏年"，对柯柏年的翻译水平，业绩给予很高评价。中共中央组织部原部长张全景也曾在《求是》上撰文指出，柯柏年是延安时期知名的马列著作翻译专家。

1904年5月26日，柯柏年出生在广东潮州一个家境殷实的糖商家庭，自幼聪慧过人，在进入小学之前，就读完了《三字经》《千字文》"四书""五经"《朱子家训》等儒家传统蒙童经典，少年时代先后就读于潮州城南小学、汕头角石中学（美国教会所办学校），喜欢数学、物理、英语等科目，英语学得尤为出色。

1919年五四运动爆发，受其影响，在汕头读中学的柯柏年也投入到声势浩大的学生运动当中。他晚年回忆，那时"虽然年幼，所知不多，但满腔爱国热情，参加了当地的响应北京学生抗议巴黎和会把德国在山东的特权转给日本的爱国反日运动"①，同时参加各种有关新文化运动的集会，倾听演讲、辩论。1919年秋天，柯柏年不顾父亲反对（父亲希望柯柏年承袭父业，经营家族生意），在上海做生意的堂兄李春涛帮助下，转学至上海沪江大学中学部读书。父亲不给他寄钱，他就在学校教务处当抄写员，半工半读，维持学业，并自学俄语、德语。柯柏年从此有机会在上海这个新文化运动和当时马克思主义在中国传播的重镇，直接接触新思想、新文化。新文化运动是一个百家争鸣、思想极为活跃的文化革命运动，当时来自西方的各种思想、主义、学说形形色色。他回忆，那时"我这样一个初出茅庐的小青年，对这些闻所未闻的新思想当然感到十分新鲜，什么都想知道，什么都想吸收……经过一段时间学

---

① 柯柏年：《我译马克思和恩格斯著作的简单经历》，中共中央马克思恩格斯列宁斯大林著作编译局马恩室编：《马克思恩格斯著作在中国的传播》，人民出版社1983年版，第28页。

习、对比和研究，我终于选择了马克思主义"①。而这也成为柯柏年此后走上革命道路的人生转折点。

1923年，柯柏年升入沪江大学社会学系学习，之后不久，他便根据列宁的《帝国主义论》英译本翻译出中译文，在《民国日报》副刊《觉悟》杂志上发表。这得益于他的信仰和在沪江大学中学部读书时打下的基础。他回忆，在沪江大学中学部读书时，"为了研究马克思主义，我订了一份美国共产党的机关报《工人日报》及其星期增刊。我还向专门出版马克思主义著作的芝加哥科尔书局（Charles H.Kerr and Co.）购买了一批包括英译本《资本论》在内的书"，"每当定购的英文新书刊一到手，我就如获至宝，埋头苦读，急于寻找能解答我头脑中各个问题的答案。如有所得，我就赶着试译出来，投登在《民国日报》的副刊《觉悟》上，以飨其他渴望学习马克思主义的青年"②。

也正是因为翻译了列宁的《帝国主义论》和参加了当时的一次学潮，柯柏年在就读沪江大学后不久便面临被开除的境地。但幸运的是，这时他结识了公开身份为大学教授的中共早期领导人瞿秋白、张太雷等人，在他们的帮助下，转学到上海大学社会学系就读。而瞿秋白、张太雷当时在生活上也给予柯柏年诸多照顾。1924年1月，柯柏年经上海大学社会学系同学杨之华（后来成为瞿秋白妻子）介绍，加入中国共产党，并于其后当选为上海大学学生会执行委员，柯柏年由此正式走上革

---

① 柯柏年：《我译马克思和恩格斯著作的简单经历》，中共中央马克思恩格斯列宁斯大林著作编译局马恩室编：《马克思恩格斯著作在中国的传播》，人民出版社1983年版，第29页。

② 柯柏年：《我译马克思和恩格斯著作的简单经历》，中共中央马克思恩格斯列宁斯大林著作编译局马恩室编：《马克思恩格斯著作在中国的传播》，人民出版社1983年版，第29页。

命道路。

此时,孙中山已改组国民党,提出了"联俄、联共、扶助农工"的三大政策,以俄为师的风气渐盛。受此风气熏染,柯柏年1924年夏北上,赴北京参加国共两党举办的俄文补习班招生考试,其间投宿于堂兄李春涛家。李春涛此时已由上海赴北京,在数所大学任教,与毕业于日本京都大学,同时在北京的大学任教的同乡杜国庠同住一个四合院,因他们二人笃信马克思主义,故给他们居住的四合院起名"赫庐"。柯柏年在"赫庐"借宿期间,一方面准备考试,一方面着手翻译恩格斯著作《社会主义从空想到科学的发展》。译作完成后,译文首先在《觉悟》杂志上发表。其后,因俄文补习班停止招生,柯柏年听从李春涛建议,辍学返回家乡参加国民革命(李春涛和杜国庠也于此时返回广东参加国民革命)。返回家乡潮州之初,柯柏年受聘于杜国庠任校长的澄海中学。他在教书的同时,积极组织学生运动,宣传革命思想、马克思主义,并翻译马克思的名著《哥达纲领批判》,完成翻译后,将译稿寄给上海书店(当时上海书店的主持人徐梅坤,与柯柏年相熟),自费出版①。

1925年秋,柯柏年经人介绍,赴周恩来任主任的国民革命军东征军总政治部工作,任社会科副科长(负责农运、工运工作),后被周恩来委任为澄海县政治特派员。1926年夏,担任国民革命军第三军政治教官,并"协助张太雷编辑中共两广区委机关刊——《人民周刊》"②。

---

① 柯柏年:《我译马克思和恩格斯著作的简单经历》,中共中央马克思恩格斯列宁斯大林著作编译局马恩室编:《马克思恩格斯著作在中国的传播》,人民出版社1983年版,第30页。
② 李春泽、李珍军:《柯柏年传略》,政协潮州市文史资料征集编写委员会编:《潮州文史资料》第五辑(内部资料),1986年10月,第4页。

1927年1月，他节译的列宁著作《国家与革命》刊登在《岭东民国日报》副刊《革命》上，同时出版单行本。

1927年，四一二反革命政变发生后，国民党反动派在江苏、浙江、广东、安徽、福建等省相继以"清党"为名，大规模搜捕共产党员、革命群众。柯柏年也在此时受到追捕，在逃亡途中，得到他曾在澄海中学教过的学生黄若农及家人的帮助，逃过一劫。后与黄若农产生感情，结为夫妻，其后又在妻子家人的帮助下避难海外，投靠远在泰国的妻兄黄雄。1929年，柯柏年携妻辗转回到上海。柯柏年的名字也是这时由李春蕃改名而来，其后一直使用至逝世。

在上海与党组织取得联系后，柯柏年被安排到江苏省委上海闸北区第三街道支部，担任支部书记。这个支部不同于一般支部，成员主要由上海"华界"和租界内居住的中共地下党员组成，文化界人士占比很高。1930年，柯柏年加入成立不久的中国社会科学家联盟，即"社联"。在其后的近7年间，他又翻译了受到马克思、恩格斯赞扬但中国人还不太了解的德国工人哲学家约瑟夫·狄慈根的著作《辩证法的逻辑》，编写《社会问题大纲》一书。此外，还与吴念慈（杜国庠）、王慎明（王右铭）合编《新术语辞典》《经济学辞典》等工具书。

1937年，全面抗战爆发后，柯柏年奔赴延安。到达延安之初，他在陕甘宁边区政府所属的教育所工作。1938年5月5日，延安马列学院成立，柯柏年随后被调入该院编译部工作，专门从事马克思、恩格斯著作的翻译。不久，他与王右铭合作翻译的恩格斯著作《德国的革命和反革命》由（上海）生活书店出版。在马列学院工作期间，他还翻译了马克思著作《法兰西阶级斗争》《拿破仑第三政变记》，并与艾思奇、景林合译《马恩通信选集》。这些译著作为"马克思恩格斯丛书",先后由(延安)解放社出版。

1941年7月,马列学院改组为马恩列斯研究院,柯柏年接替陈昌浩担任该院西方革命研究室主任。之后,马恩列斯研究院改组为中央研究院,后来又改组为中央党校三部。原马列学院编译部几经变更,成为中宣部翻译室,柯柏年调入该部门从事列宁著作的翻译工作。中宣部翻译室当时的主要任务是把苏联选编出版的《列宁选集》十二卷集补译完,柯柏年当时负责第十一卷,即《马克思恩格斯及马克思主义》的翻译。"整风运动"期间,柯柏年还与吴黎平、张仲实、艾思奇等人受命编辑了《马恩列斯思想方法论》一书,经毛泽东审定后出版。此书当时在各大解放区大量印行,新中国成立前夕,被中央列为"干部必读书"。至此,柯柏年从事马克思主义著作翻译的生涯基本结束。

1944年,美军观察组和中外记者团进驻延安,中央军委成立外事组,柯柏年受命前往外事组工作,担任"高级联络官",负责与美国军官、外国记者的联络工作,向他们解释中共的政策。抗战胜利后,中央军委外事组升格为中央外事组,叶剑英任组长,柯柏年随叶剑英赴北京参加军事调处,在执行部工作。其间,又和他人合作编写工具书《美国手册》一书。

新中国成立后,柯柏年被任命为刚成立的外交部美澳司司长,并于其后兼任中国人民政治法律学会副主席①,另一位副主席为时任最高人

---

① 该会当时是总部设在布鲁塞尔的国际民主法律工作者协会的成员组织。

民法院院长沈钧儒。1954年,中、苏、美、英、法五国日内瓦会议召开,柯柏年作为代表团成员随周恩来参加会议。同年9月第一届全国人民代表大会召开之后,柯柏年被任命为驻罗马尼亚大使。1959年任期满后回国,不久担任国际关系研究所副所长。1962年,他被任命为驻丹麦大使。"文化大革命"开始后,被召回国。1971年,他遵照周恩来的指示,与龚澎、周南等人合作翻译澳大利亚记者内维尔·马科斯维尔的著作《印度对华战争》。1973年,被任命为中国人民外交学会副会长。1975年,柯柏年参与对外翻译《毛泽东选集》工作,主持译稿审核工作,他以高度的使命感、责任感以及几十年的译书、著书经验,逐字逐句核校译稿,高质量完成任务。1981年,被任命为国家外交史编辑委员会主任委员,同年被聘为国务院学位委员会法学组评议委员。1982年,受聘为刚成立的中国翻译工作者协会顾问。1985年8月9日,柯柏年因病医治无效,在北京逝世,享年81岁。

柯柏年一生追求光明与进步、民主与科学,20岁时便加入中国共产党,终生都在为振兴中华民族、实现共产主义理想而奋斗。他从学生时代起便开始翻译马克思主义经典著作,为马克思主义在中国的传播做出了不可磨灭的重要贡献。40岁时进入党的外交工作领域,为党在延安时期的外交工作、新中国的外交事业做出了卓越贡献。

三、编译过程及出版情况

王右铭、柯柏年合作翻译《德国的革命和反革命》一书,源自1938年5月中央在延安成立马列学院后,其下属部门编译部执行中宣部关于重点翻译马克思、恩格斯和列宁著作的指示。前文述及，当时，王右铭在中央党校、陕北公学担任政治经济学教员，柯柏年由陕甘宁边区政府教育所刚调入马列学院编译部，专门从事马克思、恩格斯著作翻译工作不久。他们二人均为延安当时为数不多的有马克思主义经典著作翻译经验、能力的人才。由于当时马列学院编译部人员不足，在党内担任领导职务的一些同志、延安的革命学校的一些教员等都加入到了马列著作的翻译中①，王右铭和柯柏年就是在这样的背景中开始合作翻译恩格斯《德国的革命和反革命》一书的。

马列学院编译部当时首先编译的是马克思、恩格斯的著作，经过研究，编译部"选定苏联马克思恩格斯列宁研究院1933年编辑出版的《马克思文选》英文版为翻译底本，结合个别外文单行本中的文章，以'马克思恩格斯丛书'的名义翻译出版"②。据柯柏年回忆，苏联1933年出版的《马克思文选》，"其中有些著作虽已有中译文，但需要改译；许多著作还没有译成中文，需要补译"③。而他进入马列学院编译部工作后，翻译的第一篇作品即为苏联1933年出版的英文版《马克思文选》中收录的《中央委员会致共产主义者同盟的信》一文④。

---

① 延安时期，中共中央和陕甘宁边区政府先后开办了中国人民抗日军政大学、陕北公学、青年干部训练班、鲁迅艺术学院、马列学院、中共中央党校、延安民族学院、职工学校、中国女子大学等。参见胡绳主编：《中国共产党的七十年》，中共党史出版社1991年版，第138页。

② 杨须爱：《马克思恩格斯列宁民族理论文献在中国的百年传播》，中国社会科学出版社2018年版，第154页。

③ 柯柏年：《我译马克思和恩格斯著作的简单经历》，中共中央马克思恩格斯列宁斯大林著作编译局马恩室编：《马克思恩格斯著作在中国的传播》，人民出版社1983年版，第31页。

④ 柯柏年：《我译马克思和恩格斯著作的简单经历》，中共中央马克思恩格斯列宁斯大林著作编译局马恩室编：《马克思恩格斯著作在中国的传播》，人民出版社1983年版，第32页。

从出版后的译文，尤其是文中出现的英文短语等信息来看，他们二人合作翻译"革命"时，采用的底本应该是爱琳娜·马克思-艾威林编辑的英文版本，同时很可能也参考了刘镜圆翻译的第一个中译本。1939年3月，他们二人合作完成的译本由（上海）生活书店出版，书名译为"德国的革命与反革命"。书的形式为32开平装本，横排，简化汉字排印，注释放在页面下方，用铅字印刷，全书共217页，其中正文和附录205页①。全书包括正文20节和3篇附录，正文中的第二十节是收录文《最近的科隆案件》，译名为"最近的科隆审判共产党案"。3篇附录文章的译名分别为："中央委员会致共产主义者联盟的信""共产主义同盟史""马克思与《新莱茵报》"。

王右铭、柯柏年译本《德国的革命与反革命》封面

相比较刘镜圆翻译的第一个中译本，王右铭、柯柏年译本发生如下变化：将书名译为"德国的革命与反革命"，增加了附录部分（刘镜圆译本仅包括20篇文章），一些文章的译名也发生变化，封面上除了书名，还注明了用阿拉伯数字标示的"马克思恩格斯丛书"的编号，页码也用阿拉伯数字表示，标注于页面的上方（偶数页标注在页面上

---

① 胡永钦、狄睿勤、袁延恒：《马克思恩格斯著作在中国传播的历史概述》，中共中央马克思恩格斯列宁斯大林著作编译局马恩室编：《马克思恩格斯著作在中国的传播》，人民出版社1983年版，第300页。

方左侧，奇数页标注在页面上方右侧），页眉用双横线标示，中间插入每节的名称。

1939年4月，此书作为"马克思恩格斯丛书"之第八种在（延安）解放社重印，但译者改为王石巍[①]、柯柏年。重印后，除封面设计有变动（增加了"马克思恩格斯丛书第八种"字样）之外，其余均未变动。

1949年2月，（北平）解放社重印此书，但译者署名再次修改，变为"柯柏年等译"。同时排版格式改为竖排，仍然是32开平装本，简体字排印。这个版本此后被解放社、新华书店、人民出版社等出版机构多次重印。1949年6月，山东新华书店重印此书，书的形式为竖排，32开平装，共267页，其中正文264页；1949年7月，（上海）解放社重印此书，书的形式为竖排，32开平装，书的扉页上增加了恩格斯头像；人民出版社也先后于1949年5月、11月重印此书。

王右铭、柯柏年译本《德国的革命与反革命》正文页

[①] 王石巍，又名王实味，（延安）马列学院编译部的首批工作人员之一。

《德国的革命和反革命》王右铭、柯柏年译本考释　　　　　　　　　　　　　　043

山东新华书店重印的《德国的革命与反革命》一书封面　　　山东新华书店重印的《德国的革命与反革命》一书版权页

　　从上述版本信息推断，新中国成立前，王右铭、柯柏年译本《德国的革命与反革命》一书在我国传播的范围很广。这是因为，一方面抗战时期，在（延安）解放社出版的"马克思恩格斯丛书"，随后都会被生活书店翻印，在解放区和当时国统区的一些城市销售。只是被翻印时，这些书的封面会删去"马克思恩格斯丛书"的编号，同时在书的封面上标注"生活书店经售"字样。但与同期在延安出版的其他"马克思恩格斯丛书"不同的是，王右铭、柯柏年译本"革命"最初便是在（上海）生活书店出版的，自然会更便于被生活书店各分支机构翻印、销售。当时的生活书店，已在全国和海外建立了庞大的发行网，在全面抗战爆发后的1938年、1939年两年内，生活书店的"分支店及办事处达52个，临时营业处3个，此外还有9个流动供应所。这些发行据点，遍及后方14个省份，除新疆、西藏、青海、宁夏四省区外，各省都有生活书店分支店或办事处，为大众供应精神文化食粮"，其中20个分店的所在地为："汉口，广州，上海，西安，重庆，长沙，成都，衡阳，桂林，兰州，贵阳，昆明，常德，曲江，南昌，赣州，金华（后改为办事处），梧州，香港，新加坡"①。另一方面，该书在新中国成立前夕，被新华书店、人民出版社多次翻印，且每次印刷的数量均较大。例如，1949年6月，山东新华书店再版此书时，首次的印行数量就达到了10000册。

---

① 《生活书店史稿》编委会编：《生活书店史稿》，生活·读书·新知三联书店2007年版，第116、117页。

《德国的革命和反革命》王右铭、柯柏年译本译文解析

确定底本是对译文进行解析的前提。王右铭、柯柏年译本《德国的革命与反革命》在中国尽管多次再版，译者署名两次变动，但译文未变，本书所选底本为1939年3月由（上海）生活书店出版及刊印的第1版。本书的术语考证、观点疏正和译文校释，综合采用对校、本校和理校三种方法。其中对读、对校译本采用中央编译局2016年版的单行本《德国的革命和反革命》，这也是权威中译本中最新的一个版本（后文简称"最新权威中译本"），必要时也参考刘镜圆1930年的译本。

一、术语考证

王右铭、柯柏年译本《德国的革命与反革命》的术语翻译，本书按照与最新权威中译本使用的译词是否一致、含义是否一致这两个标准，即依据对校法、理校法考量。按照这个标准，王右铭、柯柏年译本中的术语翻译可分为三种情况：（1）同一英文术语的汉译词一致，且基本含义一致。（2）同一英文术语的译词差别较大，但基本含义差别不大，可以"望文生义"。（3）同一英文术语的汉译词不一致，基本含义也不一致。下文详述这三种情况。

1. 术语的译词及基本含义均一致的情况

通过对读可见，王右铭、柯柏年译本中有大量术语的译词及含义与最新权威中译本一致，主要术语可以分为如下几类。

第一类：反映社会群体的术语，如"阶级""资产阶级""小资产阶级""无产阶级""统治阶级""被统治阶级""资本家""封建贵族""封建领主""农民""农民阶级""工人""人民"等。

第二类：反映社会发展阶段、政治制度及组织的术语，如"现代""封建制度""中央集权""宪法""政党""共产党""国家""帝国""独立国家""议会""国民议会""邦""军队""神圣同盟""委员会"等。

第三类：反映社会和政治运动、思想的术语，如"统治""政治""民主主义""自由主义""社会主义""共产主义""哲学""权力""利益""政策""舆论""出版自由""革命""反革命""革命运动""斗争""政治运动""战争""法国大革命"等。

第四类：反映人名、国名、地名的术语，如"马克思""傅立叶""圣西门""路易十六""德国""法国""英国""俄国""波兰""欧洲""普鲁士""维也纳""奥地利""柏林"等。

上述这些术语，许多是马克思主义革命理论的重要范畴。王右铭、柯柏年译本中包含的这些术语的译词、含义，至今未变，仍被最新权威中译本采用，也被其他一些中译本马克思恩格斯著作采用。而这也保证了王右铭、柯柏年译本在总体上正确地反映了恩格斯《德国的革命和反革命》的思想原貌。

2. 术语的译词有差别，但含义一致的情况

相比较前述的第一种情况，王右铭、柯柏年译本与最新权威中译本

中的术语的译词有差别，但含义基本一致的情况要多一些。粗略统计，这类术语在王右铭、柯柏年译本中占比最高，是三类情况中最多的一类。

这类术语又主要分两种情况：(1)人名、地名、河流、组织、事件、条约、著作等专有名词。(2)一般的名词和理论术语。下文以表格形式分类列举其中的一些，以示这些术语在两个不同译本中的区别与联系。

表1 两个译本中部分人名、地名、条约、著作等的差异性译词

序号	最新权威中译本译法	王右铭、柯柏年译本
1	爱琳娜·马克思-艾威林	伊琳诺·马克思·爱佛琳
2	拿破仑	拿破伦
3	弗里德里希-威廉四世	斐特力·威廉第四（Frederick William），或腓得力·威廉第四（Frederick William）
4	卡尔·福格特	孚格特（Karl Vogt）
5	路易·波拿巴	路易波拿巴特
6	巴伐利亚	巴华利亚（Bavaria）
7	符腾堡	乌尔头堡（Wurttemberg）
8	波西米亚	波黑米亚
9	克罗地亚	克鲁希亚（Croatia）
10	法兰克福	佛兰克府，或佛兰克府（Frankfort-on-the-Main）

续表

序号	最新权威中译本译法	王右铭、柯柏年译本
11	教堂	礼拜堂
12	易北河	爱而伯河（Elbe）
13	自由公理会	自由组合教会（Free Congregationalism）
14	拿破仑的大陆体系	拿破伦的大陆封锁政策
15	黑格尔的《法的哲学》	黑格尔底《法律哲学》

表2 两个译本中部分一般名词、理论术语等的差异性译词

序号	最新权威中译本译法	王右铭、柯柏年译本
1	君主制	帝制
2	起义	暴动
3	德意志人	日耳曼人
4	泛斯拉夫主义	大斯拉夫主义
5	背叛	叛变
6	各邦君主	各邦诸侯
7	自由农阶级	自耕农阶级
8	土地所有者	地主
9	农业工人	农业劳动者
10	地方长官	执事
11	将军	督军

续表

序号	最新权威中译本译法	王右铭、柯柏年译本
12	军官	官佐
13	大臣	阁员
14	动荡	骚动
15	腐朽	陈旧
16	压制	压迫
17	议员	代议士
18	国王	皇帝
19	（一个政党全部的）本钱	（一个政党底全部）政治资本
20	三头执政	三权政治的巨头
21	贫民	乞丐
22	前途	胜算
23	全国民	全民族
24	公爵	亲王

　　人名、地名、事件、条约、专著等专有名词虽然在两个译本中的译词不一样，但指代对象完全一样，即含义一致的情况，在王右铭、柯柏年译本中占比很高，粗略估计，百分之八十以上的专有名词的译法属于这种情况。当然也有少部分与最新权威中译本的译法完全一致。一般的名词和理论术语在两个译本中的译词不一致，但含义基本一致的情况也比较普遍，具体占比低于专有名词。

此外，还有一些助词、连词的使用不一致的情况。最新权威中译本中的"的"字，在王右铭、柯柏年译本中绝大多数译为"底"字，但偶尔也会译为"的"字；最新权威中译本中的"和"字，在王右铭、柯柏年译本中多数情况下译为"与"字。如最新权威中译本的书名是"德国的革命和反革命"，而王右铭、柯柏年译本的书名为"德国的革命与反革命"。若细究，"与"与"和"的意思在现代汉语中并不同。从词性上看，"与"字可作动词、介词、连词等，"和"字可作动词、形容词、介词和连词，二者有相同之处。但二者作为连词使用时，意思是不一样的。"和"用作连词时，表示关系为一体，而"与"用作连词时，表示关系为并列。此书的原版本名称为Revolution and Counter-Revolution (or Germany in 1848)，结合著作的整体思想来看，译为"德国的革命和反革命"比"德国的革命与反革命"更为恰当。当然，王右铭、柯柏年译本的书名译法相比较第一个中译本（1930年出版的刘镜圆译本）书名的译法（即"革命与反革命"），有明显的进步，至少反映的意思全面了。

总体而言，这类情况并不妨碍读者理解、学习恩格斯原著的基本思想和理论观点，包括恩格斯分析总结德国1848—1849年革命问题的视角、方法及重要结论等。

3. 术语的译词不一致，基本含义也不一致的情况

出现这种情况的主要是一些理论性、专业性比较强的术语。其中又主要有三类。

第一类：最新权威中译本中译为专业术语，但在王右铭、柯柏年译

本中是音译词。例如，最新权威中译本中的"独裁者"一词，在王右铭、柯柏年译本中译为"狄克推多"。根据发音来看，"狄克推多"显然属于dictator的音译①。这说明，译者当时很有可能还找不到一个合适的汉语词来翻译，所以才会用音译法翻译。但这类术语、译词在王右铭、柯柏年译本中很少。

第二类：术语的译词与最新权威中译本时而一致，时而不一致，译法和使用比较混乱。比较典型的是最新权威中译本中的"资产阶级""小资产阶级""民族"3个术语。其中"资产阶级"在王右铭、柯柏年译本中大多数情况下也译为"资产阶级"，但也有不少地方译为"中等阶级"（第12、13、36页）；"小资产阶级"在王右铭、柯柏年译本中大多数情况下译为"小商人"或"小商人阶级"，但不少地方也译为"小资产阶级"（第4、13、131、133页）；"民族"在王右铭、柯柏年译本中的译词则有多种，除了有时也译为"民族"之外，还译为"国民""国家""种族"等（第8、9、66—68、72页）。总体上看，这类术语在王右铭、柯柏年译本中也不多。

第三类：术语的译词在两个版本中都是唯一的，但不一致，基本含义也不一样。例如，"当权者"与"权力者"。王右铭、柯柏年译本把"当权者"译为"权力者"。就词语的本义而言，"当权者"包含在"权力者"之中，但在"权力者"中处于顶层，也即"当权者"相当于"统治者"，二者的意思显然不同。下文兹列两处原文，以便读者比较。

---

① [德] 恩格斯：《德国的革命与反革命》，王右铭、柯柏年译，生活书店1939年版，第6页。以下凡引此书，即在文中标注页码。

最新权威中译本包含"当权者"的原文为:

> 欧洲大陆上的革命剧的第一幕已经闭幕了。1848年大风暴以前的"过去的当权者",又成为"现在的当权者"了,而那些多少受人欢迎的短期掌权者,如临时执政者、三头执政、独裁者以及追随他们的议员、民政委员、军事委员、地方长官、法官、将军、军官、士兵等等,都被抛到异国,"赶到海外",赶到英国或美国去了。①

王右铭、柯柏年译本包含"权力者"的原文为:

> 欧洲大陆革命剧的第一幕已经闭幕了。一八四八年大风暴以前的"过去的权力者",又成为"现在的权力者"了。曾有一时多少受人欢迎的统治者,如临时执政,三头政治的巨头,狄克推多以及他们底尾巴如像代议士、民政委员、军事委员、知事、法官、将军、官佐、士兵等,都被驱逐到国外,或被"流放出洋"到英美两国。(第3页)

结合原文的小语境,即上下文来看,1848年大革命之前和之后,德国的"权力者"很多,但"当权者"显然仅指各邦或公国的国王及朝臣。而且,这个"当权者"显然是与"短期掌权者",如临时执政者、

---

① [德] 恩格斯:《德国的革命和反革命》,中共中央马克思恩格斯列宁斯大林著作编译局编译,人民出版社2016年版,第3页。

三头执政、独裁者对应的集团。总体而言，属于第三种情况的术语在王右铭、柯柏年译本中也不多。

术语的译词不一致，基本含义与最新权威中译本也不一致的这三种情况，均会影响读者全面、准确理解恩格斯原著的思想，尤其是一些细节性的论述和观点，甚至会出现错误理解。比如，若根据王右铭、柯柏年译本去解读恩格斯的"民族""民族国家"思想及相关的具体观点，是很难正确解读的。

二、观点疏正

恩格斯的《德国的革命和反革命》是在中国传播范围最广、被引用最多的著作之一。一方面，除了中央编译局编译的中文第1、2版《马克思恩格斯全集》收录此书外，中文第1、2版《马克思恩格斯选集》均在第一卷，和2009年出版的《马克思恩格斯文集》在第二卷收录此书全文。而且，此书在新中国成立前、后均出版过多个版本的单行本。同时，一些马克思主义经典作家的专题文选，如中国社会科学民族研究所选编的《马克思恩格斯论民族问题》（民族出版社1987年版）、中国社会科学院民族学与人类学研究所民族理论室选编的《马克思主义经典作家民族问题文选·马克思恩格斯卷》（社会科学文献出版社2016年版）等也节录了此书的主要篇章。由此可见，传播面不可谓不广。另一方面，此书是恩格斯运用唯物史观分析德国1848—1849年革命的结晶，验证了马克思主义唯物史观的正确性，科学总结了德国革命的经验和教训，丰富了唯物史观的基本原理，发展了马克思主义革命理论，在马克思主义发展史上具有重要地位。正因为此，此书被后世的许多理论工作者、研究者视为运用唯物史观、马克思主义阶级分析方法科学研究一国革命的典范之作，有很高的引用率。

通过与最新权威中译本对比可见，王右铭、柯柏年译本在传达恩格斯的基本思想、重要理论观点方面的总体信度是很高的，但在细节性的观点表述上也存在不少不准确、有歧义甚至错误之处。鉴于本书的篇幅限制，下文仅分类简列有代表性的几处例证。

1. 承载基本思想、重要理论观点的译文

这里选取被引用频率很高，且是恩格斯在此书中阐明几个最重要的理论观点的两处文字。

（1）恩格斯分析德国革命爆发和失败原因的重要观点的文字。王右铭、柯柏年译本中的译文是：

> 把革命归咎于少数煽动者之恶意的那种迷信时代，是早已过去了。现在每个人都知道，凡有革命骚动的地方，必有一种社会要求为背景，这种要求为陈旧的制度所阻挠，不能得到满足。这种要求也许还未被人民普遍地强烈地感觉到，足以保证立即得到胜利，但一切用暴力压迫它的企图，只有使它愈加有力，直到打破它底枷锁为止。所以，如果我们是被打败了，我们就只有再从头干起。幸而在这运动第一幕已完、第二幕未开的中间，我们有一个也许很短的休息时间，可以做一件很紧要的工作：研究这次革命必然爆发和失败的原因。这些原因我们

不应在几个领袖之偶然的努力、才干、过失、错误或叛变中去寻找，而应求之于每个经过了革命骚动的国家之一般的社会状况和生活条件。①

这段话，在刘镜圆译本（1930年）中的译文是：

在往昔的时代，人们总将革命归咎于少数煽动者的恶意。现在这种迷信时代，是早已过去了。现在凡人都知道凡有革命震动的地方，必有社会的要求为其背景，这种要求为陈旧的制度所阻，不能得到满足。这种要求或一时不为人民所普遍的和强烈的感觉，足以获得目前的胜利，但是凡企图用暴力压迫他的，只有使此要求伸张和扩大得快，直到打破那束缚他的锁链之日。假使我们被击败了，我们除了在从头干起外，更无其他办法。幸而在这运动的第一幕闭幕，第二幕未开的中间，我们有一个或者很短的休息时间，可以做一点十分必要的工作：研究这次革命勃发和其失败的原因。这些原因，我们不应当在少数领袖的偶然的努力、个人的才智，或其错误过失，或其背叛中寻找；而当研究这受过革命震动的国家的社会和生活状况。②

---

① [德] 恩格斯：《德国的革命和反革命》，中共中央马克思恩格斯列宁斯大林著作编译局编译，人民出版社2016年版，第4—5页。

② [德] 恩格斯：《革命与反革命》，刘镜圆译，新生命书局1930年版，第2、3页。

在中文第1版《马克思恩格斯全集》(1961年) 中的译文是：

> 把革命的发生归咎于少数煽动者的恶意的那种迷信时代，是早已过去了。现在每个人都知道，任何地方发生革命震动，总是有一种社会要求为其背景，而腐朽的制度阻碍这种要求得到满足。这种要求也许还未被人强烈地普遍地感觉到，因此还不能立即得到胜利；但是，如果企图用暴力来压制这种要求，那只能使它愈来愈强烈，直到最后把它的枷锁打碎。所以，如果我们被打败了，我们就只有再从头干起。值得庆幸的是，在运动的第一幕闭幕之后和第二幕开幕之前，有一个大约很短的休息使我们有时间来做一件很紧要的工作：研究决定这次革命必然爆发而又必然失败的原因。这些原因不应该从几个领袖的偶然的动机、优点、缺点、错误或变节中寻找，而应该从每个经历了震动的国家的总的社会状况和生活条件中寻找。①

在最新权威中译本（2016年，单行本）中的译文是：

> 把革命的发生归咎于少数煽动者的恶意那种迷信的时代，早已过去了。现在每个人都知道，任何地方发生革命动荡，其背后必然有某种社会要求，而腐朽的制度阻碍这种要求得到满

---

① 《马克思恩格斯全集》第八卷，人民出版社1961年版，第5、6页。

足。这种要求也许还未被人强烈地、普遍地感觉到，因此还不能保证立即获得成功；但是，任何人企图用暴力来压制这种要求，那只能使它越来越强烈，直到它把自己的枷锁打碎。所以，如果我们被打败了，那么我们除了从头干起之外再无别的办法。值得庆幸的是，在运动的第一幕闭幕之后和第二幕开幕之前，有一次大约很短暂的休息，使我们有时间来做一件很紧要的工作：研究这次革命必然爆发而又必然失败的原因。这些原因不应该从一些领袖的偶然的动机、优点、缺点、错误或变节中寻找，而应该从每个经历了动荡的国家的总的社会状况和生活条件中寻找。①

这段话出自《德国的革命和反革命》第一节"革命爆发前的德国"。这一节是全书最重要的一部分，是总论性的，既总体介绍了写作的根本目的，也概括性地分析、总结了德国革命爆发与失败的原因。而这段话是恩格斯分析德国革命爆发和失败的原因最重要的观点。其中蕴含的分析方法，即对唯物史观的运用具有典范意义。

通过对比上述不同中译本的译文，可以看出，尽管有一些重要术语、名词的译词，在不同版本中有差异，甚至差异很大。例如，最新权威中译本中的"革命动荡"一词，在王右铭、柯柏年译本中是"革命骚动"，在刘镜圆译本中是"革命震动"，在中文第1版《马克思恩格斯全集》(1961年)中也是"革命震动"；再如，最新权威中译本中的"腐朽

---

① [德] 恩格斯：《德国的革命和反革命》，中共中央马克思恩格斯列宁斯大林著作编译局编译，人民出版社2016年版，第3、4页。

的制度""压制"二词,在王右铭、柯柏年译本和刘镜圆译本中分别均是"陈旧的制度""压迫",从中文第1版《马克思恩格斯全集》(1961年)起,分别开始译为"腐朽的制度""压迫";还如,最新权威中译本中的"动机""优点""缺点""错误或变节"等五个译词,在王右铭、柯柏年译本中分别是"努力""才干""过失""错误或叛变",在刘镜圆译本中是"努力""才智""错误过失""背叛",在中文第1版《马克思恩格斯全集》(1961年)中是"动机""优点""缺点""错误或变节"。但王右铭、柯柏年译本中这段译文反映的思想,与其他几个版本并无明显差异,尤其是最新的权威中译本。应当说,反映的思想与最新权威中译本具有高度一致性。

(2)恩格斯阐发马克思关于革命是"历史的火车头"的思想的表述。王右铭、柯柏年译本中的译文是:

> 但这种各阶级的联合,虽然在某种程度上说永远是一切革命的必要条件,但它是不能持久的,——这乃是一切革命的命运。反对共同敌人的胜利一经获得,各胜利者自己就分成不同的营垒,掉转枪头互相火拼起来。正是这种迅速而狂热的阶级对立的发展,使得革命在旧的复杂的社会机构中,成了社会和政治的进步之如此强大的动力;正是这种各新政党不断地迅速生长,彼此互相递嬗政权,使得一个民族在那些惊涛骇浪中,五年之内走过了比在普通环境之下一百年所能走过的更多的道路。(第46页)

这段话，在刘镜圆译本（1930年）中的译文是：

> 这是一切革命运动的命运，即这样的各阶级的联合，无论何时，都成为一切革命的必要条件的，这样的各阶级的联合，不能够支持长久，当对于共同的敌人的胜利还未完全到达时、这些胜利者的内部就分裂成数个阵营，转换他们的武器互相攻击。正是这样疾速的、热烈的阶级对抗的发展，在陈旧和复杂的社会有机体中，使革命成为社会和政治进步的原动力；正是这样不断的加快的新党派的产出和彼此成继着执掌政权，使一个国家在这些猛烈的变乱时候，在五年之内飞跃的道程比在平常情形之下的一世纪所走的路还多。①

在中文第1版《马克思恩格斯全集》（1961年）中的译文是：

> 各阶级的联合虽然在某种程度上说总是一切革命的必要条件，这种联合却不能持久，——一切革命的命运都是如此。一当战胜共同的敌人之后，战胜者之间就要分成不同的营垒，彼此动起武来。正是旧的复杂的社会机构中的这种迅速而剧烈的阶级对抗的发展，使革命成为会进步和政治进步的强大发动机；正是新的党派的这种不断的产生和迅速的成长，他们一个接替一个掌握政权，使一个民族在这种剧烈的震动时期五年就

---

① [德] 恩格斯：《革命与反革命》，刘镜圆译，新生命书局1930年版，第59、60页。

走完在普通环境下一百年还走不完的途程。①

在最新权威中译本（2016年，单行本）中的译文是：

不同阶级的这种联合，虽然在某种程度上向来是一切革命的必要条件，却不能持久，一切革命的命运都是如此。在战胜共同的敌人之后，战胜者之间就要分成不同的营垒，彼此兵戎相见。正是旧的复杂的社会机体中阶级对抗的这种迅速而剧烈的发展，使革命成为社会进步和政治进步的强大推动力；正是新的党派的这种不断的迅速成长，一个接替一个掌握政权，使一个民族在这种剧烈的动荡时期5年就走完在普通环境下100年还走不完的途程。②

这段话出自《德国的革命和反革命》第五节"维也纳起义"，是恩格斯阐发马克思关于革命是"历史的火车头"的思想的最具代表性、最深刻的论述。

通过对比上述不同译本的译文，同样可以看出，尽管王右铭、柯柏年译本中的一些重要术语、名词的译词，与其他版本中有差异，甚至差异很大。例如"社会机构"一词，在最新权威中译本中是"社会机体"，在刘镜圆译本中是"社会有机体"，在中文第1版《马克思恩格斯

---

① 《马克思恩格斯全集》第八卷，人民出版社1961年版，第38页。
② [德] 恩格斯：《德国的革命和反革命》，中共中央马克思恩格斯列宁斯大林著作编译局编译，人民出版社2016年版，第36页。

全集》（1961年）中是"社会机构"；再如"道路"一词，在最新权威中译本和中文第1版《马克思恩格斯全集》（1961年）中均是"途程"，在刘镜圆译本中是"路"。但王右铭、柯柏年译本中这段译文反映的中心思想，与最新权威中译本高度一致，比较准确地传达了恩格斯的原意。

2. 体现细节性观点的译文

通过与最新权威中译本对读可见，王右铭、柯柏年译本中一些细节性观点表述不准确、不正确的情况，主要与关键术语、短语的翻译不当有关。主要是前文述及的王右铭、柯柏年译本中的术语的译词与最新权威中译本不一致，基本含义也不一致的三种情况所导致的结果。这类情况在书中有不少。受篇幅限制，本书仅列举有代表性的4个例证，并作必要分析。

（1）将"石勒苏益格-荷尔斯泰因的战争"译为"希莱斯威格、荷尔斯坦的战争（Schleswig-Holstein War）"。王右铭、柯柏年译本的这种译法明显不妥，因为将原文中的连接号翻译时改成顿号之后，这个短语的意思也就变了。原文的意思是石勒苏益格（Schleswig）和荷尔斯泰因（Holstein）联合起来对丹麦的战争，而王右铭、柯柏年译本中的意思则是石勒苏益格（Schleswig）、荷尔斯泰因（Holstein）对丹麦的战争，联合之意似乎就没有了（地名的译法与现在通行译法不一致的情况另当别论），至少是表意不清。

（2）将"对维也纳的攻击。对维也纳的背叛"译为"维也纳的攻击——维也纳的叛变"。这个译文是王右铭、柯柏年译本"目录"部分

第十二节的标题，正文第91页也同步出现。从原文内容来看，反映的是奥地利的反革命势力及军队，联合文迪施格雷茨作为总司令的反革命的、征服了匈牙利布拉格的斯拉夫族武装，进攻维也纳主要由无产者、大学生军团、国民自卫军构成的起义队伍的过程。而且，该书第五节为"维也纳暴动"，讲述了奥地利首府维也纳的革命力量发动起义的过程及产生的影响。所以，结合当时的社会历史背景、文本的小语境来看，最新权威中译本"对维也纳的攻击。对维也纳的背叛"的译法与第十节的主旨显然更连贯、符合逻辑，意思更清晰、明确，因为维也纳的起义者是被攻击的对象、被叛变的对象。而王右铭、柯柏年译本中的译法——"维也纳的攻击——维也纳的叛变"，则无法使读者准确判断究竟谁是攻击者、叛变者，谁是被攻击者、被叛变者。

（3）把"资产阶级"有时译为"中等阶级""中产阶级"，有时译为"资产阶级"。这种译法王右铭、柯柏年译本第一节"革命爆发前的德国"中就有多处。在论述德国的阶级构成时，多数使用的译词是"中间阶级"，而在论述当时英国、法国的主要阶级时，多数使用的译词又是"资产阶级"，在论述普鲁士王国的阶级构成时，偶尔也使用译词"资产阶级"。译文例如：

> 为了争取社会的和政治的统治，英国<u>中等阶级</u>不是经过了四十八年的、德国<u>中等阶级</u>不是经过了四十年的空前的斗争么？（第4页）
>
> <u>德国资产阶级</u>远不如<u>英国或法国资产阶级</u>之富庶和集中。（第7页）

英国资产阶级自一六八八年即已享有政治的统治权，法国资产阶级自一七八九年也已夺到了政权，但德国的中等阶级，由于数量少，尤其是集中的数量少，没有能够获得这种权力。（第8页）

自然的结果是，他们全体都加入了自由主义反对派的营垒，德国中等阶级第一次的夺取政权的严重斗争得到了胜利。这个转变可以说是从一八四〇年开始，从普鲁士资产阶级取得了德国中产阶级运动的领导时开始。（第9—10页）

上述4段例证文字中的下画线是笔者加上去的，目的在于几个译词更醒目。

这种前后不一致的译法会使读者认为德国当时的"中间阶级""中产阶级"与"资产阶级"是不同的阶级，但它们实际上是一回事。这就影响了原著文意的准确性。

实际上，资产阶级的含义，王右铭、柯柏年译本的译文中是包含的，意思也是清楚的，该译本在讲到德国的阶级构成时说道，小商人阶级"所处的地位是在大资本家、大商人和大制造业者（质言之即资产阶级）与无产阶级或劳工阶级之间，这地位就决定它底阶级性"（第10页）。也即资产阶级是大资本家、大商人和大制造业者的总称，而这个阶级在德国当时虽然不够强大，但作为一个阶级，他们确实已经登上了历史舞台。更不用说，德国当时的革命就是资产阶级革命。

研究表明，"资产阶级"一词至少在1920年就已出现在汉语中。陈独秀1920年9月在《新青年》发表的一篇文章中就写道："我们要明白世界各国里面最不平最痛苦的事不是别的，就是少数游惰的消费的资产阶级，利用国家，政治，法律等机关，把多数极苦的生产的劳动阶级压在资本势力底下。"①德国学者李博认为，"资产阶级"一词出现在汉译马克思主义著作中，即作为对译英文 Bourgeoisie 的词，是在20世纪20年代末。受此影响，"小资产阶级"作为对译英文 Petty Bourgeoisie 的词也在此时出现②。延安时期，"资产阶级"一词已被翻译者在汉译马克思主义著作中相对固定地使用。例如，在1920年8月出版的陈望道译本《共产党宣言》中译为"资本阶级"一词，即英文词汇 Bourgeoisie（陈望道的译本主要是根据英译本和日译本翻译的），在1938年出版的《共产党宣言》成仿吾、徐冰译本中，已经全部、统一地译为"资产阶级"一词。当然，造成王右铭、柯柏年译本中的这个译词前后不一致的原因，也很有可能是两位译者在分工完成翻译后，没有再进一步校译全文造成的。

（4）把"民族"有时译为"国民"，有时译为"国家"，有时译为"种族"。（第5、6、66、67页）

例如，在第一节"革命爆发前的德国"中的两段译文为：

一八四八年二月和三月突起的革命运动，不是少数个人活动的结果，而是全<u>国民</u>底要求和需要之自发的不能遏抑的表现……（第5页）

---

① 陈独秀：《谈政治》，《新青年》第8卷第1号，1920年9月。
② [德]李博：《汉语中的马克思主义术语的起源与作用》，赵倩、王草、葛平竹译，中国社会科学出版社2003年版，第358、359页。

能在三个月之内，倾覆一个有三千六百万人口的<u>国家</u>，除非这三千六百万人辨认前途的能力与这十一个人同样缺乏。（第6页）

上述2段例证文字中的下画线是笔者加上去的，目的在于使几个译词更醒目。

再如，在第八节"波兰人、捷克人和日尔曼人"中的另两段译文为：

斯拉夫人，尤其是西方的斯拉夫人（波兰人和捷克人），主要是从事农业的<u>种族</u>，他们从来不很喜欢从事工商业。（第66页）

像这样，近七十年完全改变了<u>日尔曼民族</u>与波兰民族间的分界线。一八四八年的革命，立即唤起了一切<u>被压迫民族</u>要求独立和自决权……（第67页）

上述2段例证文字中的下画线同样是笔者加上去的，目的在于使几个译词更醒目。

与此相对应，上述四段译文在最新权威中译本的译文分别为：

1848年2月和3月突然爆发的运动，不是个别人活动的结果，而是<u>民族</u>的要求和需要的自发的不可遏止的表现……

能在三个月之内毁坏一个有3600万人口的<u>民族</u>，除非这

3600万人和这11个人一样缺乏辨认方向的能力。

斯拉夫人,尤其是西方的斯拉夫人(波兰人和捷克人),主要是从事农业的民族,他们从来不怎么重视工商业。

因此,近70年来,德意志民族和波兰民族间的分界线完全改变了,1848年的革命,立即唤醒一切被压迫民族起来要求独立和自己管理自己事务的权利……①

从这些译文可见,王右铭、柯柏年译本对"民族"一词的译法前后不一致,且在论述同一"民族"(如波兰)时,有时称其为"民族",有时称其为"种族",有时又称其为"某某人"。对术语"民族"的使用,在整本书中都是如此,而这必然对准确传达恩格斯原著的文意造成障碍。

事实上,现代汉语中的"民族"一词具有的宽泛性意涵,既指国家民族,如中华民族,也指构成国家民族的具体民族,如构成中华民族的汉族和各少数民族,还指古今中外泛义上的各类民族或族体,如中国历史上的匈奴、鲜卑、契丹等,在20世纪初期,马克思主义民族理论在中国自觉传播之前就基本上形成了。当然,在王右铭、柯柏年翻译此书的那个年代,这种译法还没有被人们普遍采用。而"民族"一词包含三层含义的这种用法,在新中国成立后随着中央编译局编译的中文第一版《马克思恩格斯全集》的出版和传播,才逐渐固定下来。这一过程,也

---

① [德]恩格斯:《德国的革命和反革命》,中共中央马克思恩格斯列宁斯大林著作编译局编译,人民出版社2016年版,第4、5、50、51页。

是古汉语固有名词"民族",获得现代意义的生产或再造过程①。

笔者曾专门撰文对中文版马克思主义经典作家著作中的"民族"一词作了跨语言的大、小语境文本考证②,发现新中国成立后,中央编译局编译的中文第1版、第2版《马克思恩格斯全集》中的术语"民族"一词,对译的词语既有德语词语,也有英语词语,德语词语包括3个,分别是volk,nation,nationalität,英语词语也有3个,分别是nation,nationality,people。恩格斯的"革命"一书的原文字为英语,王右铭、柯柏年翻译时依据的版本也是英文版。所以,他们在译文中使用的术语"民族""国民""国家"和"种族",对应的无疑是英文词语nation,nationality,people。

通过考证可见,恩格斯使用的nation一词,指资本主义时代领土和政治上实现了统一的、独立的民族或现代民族,以及被压迫民族等;nationality一词,指尚未独立、建立民族国家的民族,如当时的德意志民族、波兰民族,也指(资本主义时代)一个政府管辖之下的不同"民族"或多民族国家内部的"民族";people指泛义层面上的"民族",如"文明欧洲"以外的处于不同社会进化阶位上的各种"民族"、历史"民族"、残存的"民族"等。

其中nation,nationality这两个词语在《德国的革命和反革命》一书中出现的频率较高。包含这两个词语的译文如,"近70年来,德意志民族和波兰民族('德意志民族和波兰民族'在原著中对应的语句为the

---

① 郝时远:《中文"民族"一词源流考辨》,载《民族研究》2004年第6期。
② 杨须爱:《马克思主义经典作家"民族"概念及其语境考辨——兼论"民族"概念的汉译及中国化》,载《民族研究》2017年第5期。

German and Polish nationalities。Nationalities 为 nationality 的复数——笔者注）间的分界线完全改变了。1848年的革命，立即唤醒一切被压迫民族（笔者注：'被压迫民族'在原著中对应的语句为 all oppressed nations。Nations 是 nation 的复数）起来要求独立和自己管理自己事务的权利"①；再如，"这些垂死的民族（'这些垂死的民族'在英文原著中对应的表述为 these dying nationalities——笔者注），如波希米亚人、卡林西亚人、达尔马提亚人等等，都力图利用1848年的普遍混乱恢复他们在公元800年时的政治状况……只有当日尔曼化的过程进行到那些能够保持独立民族生存、团结统一的大民族（这里的'民族'在原著中对应的词语为 nations——笔者注）（匈牙利人是这种民族，在某种程度上波兰人也是这种民族）的边界时，这种趋势才会停止"②。包含 people 译词的译文如，"苏格兰山区的克尔特人和威尔士人，按其民族（nationality）来说，无疑地有别于英格兰人，然而，谁也不把这些早已消失了的民族（peoples）（peoples 是 people 的复数形式——笔者注）的残余叫做民族……民族原则提出了这样两类问题：第一是关于这些历史上的大的民族（peoples）之间的分界线问题；第二是关于一些民族（peoples）的为数众多的细小残余的民族独立生存权利问题"③。

---

① 中文引文见［德］恩格斯：《德国的革命与反革命》，《马克思恩格斯文集》第二卷，人民出版社2009年版，第397、398页。"笔者注"部分见 Karl Marx, Friedrich Engels: Gesamtausgabe, I/11, Berlin: Dietz Verlag, 1985, p.41.
② 中文引文见［德］恩格斯：《德国的革命与反革命》，《马克思恩格斯文集》第二卷，人民出版社2009年版，第429、430页。"笔者注"部分见 Karl Marx, Friedrich Engels: Gesamtausgabe, I/11, Berlin: Dietz Verlag, 1985, pp.64-65.
③［德］恩格斯：《工人阶级同波兰有什么关系？》，见《马克思恩格斯全集》第十六卷，人民出版社1964年版，第175、176页。

当然，相比较正确地传播基本思想，具体的、细节性的译文翻译，或者说译文的准确性是次要的。因为即便一些译文不准确甚至不正确，也不会对读者理解这本著作的基本思想造成根本影响。

三、译文校释

一般而言，译文校释包括通过版本比对方法，校对译文全文的标点、行款、分段、文字错误、内容差异、错字、脱字、脱词、脱漏、遗漏、删节等情况①。限于篇幅，本书仅校释正文部分，主要从内容差异、误译、错排错印等三方面考察。

1. 内容差异

通过版本比对可见，王右铭、柯柏年译本与最新权威中译本在内容上存在多处差异。

（1）篇章不同。王右铭、柯柏年译本包括正文20节，附录3篇。其中第二十节是爱·马克思-艾威林编辑出版此书的第一个版本时，收录的恩格斯的《最近的科伦宣判共产党案》；附录的3篇文章分别为：《中央委员会致共产主义者联盟的信》《共产主义同盟史》《马克思与〈新莱茵报〉》。而最新权威中译本只包含恩格斯的19篇文章，没有收录恩格斯的《最近的科伦宣判共产党案》一文，也没有附录文章。

（2）全书的构成不同。王右铭、柯柏年译本仅有目录、正文和附录

---

① 姜海波：《〈哲学的贫困〉许德珩译本考》，辽宁人民出版社2019年版，第72页。

文章。最新权威中译本在目录前有"编辑说明",在目录与正文之间有"编者引言",在正文之后有注释(文后注)和人名索引,正文中配有插图(共2页),书前的扉页有介绍性文字,书后的扉页有编委会名单,封底标有"马列主义经典作家文库第三批书目"的字样及书目。

(3)注释标注的方式不同。王右铭、柯柏年译本的注释全部采用页下注,标示注释序号的符号为"+""++""+++""++++"等,每页重新编号,每条注释后面附有"——编辑部注"字样。最新权威中译本采用页下注和文后注结合的方式,"编者注"放在页面下方,标示注释序号的符号为①、②、③等,每页重新编号,每条注释后面附有"编者注"字样;文后注的标示序号使用阿拉伯数字,全书连续排序,共70条。从形式上看,说明文字较详细、字数较多的注释均放在了文后。

(4)人名、地名、河流名称等专有名词的译词标示方式不同。王右铭、柯柏年译本中的这类名词,在第一次出现时均在汉语译词后面用括号加上了原著中对应的英文术语,但最新权威中译本均没有再附注原著中对应的英文术语,而是对书中出现的所有人名,在书的附录部分,增加了人名索引。同时,对一些原文字版本中在正文部分给专有名词以括号形式加的德语附注,王右铭、柯柏年译本和最新权威中译本均保留了括号内的德语附注。

(5)年、月、数字的表示方式不同。王右铭、柯柏年译本中的年份、月份均使用汉字数字,即用○、一、二、三、四、五、六、七、八、九等表示,最新权威中译本则用阿拉伯数字,即0、1、2、3、4、5、6、7、8、9等表示。

(6)译文中使用的个别助词不同。最多的是"底"与"的"的情况，最新权威中译本中出现的"的"字，在王右铭、柯柏年译本中均被译为"底"。当然，这是不同时期的语言使用习惯，不影响译文对作者原文思想的传达。使用"底"而不使用"的"，在20世纪上半叶的汉语中是常态。这在中国早期翻译的马克思主义经典著作中很普遍。有学者统计，1920年8月出版的陈望道译本《共产党宣言》，全文就用了216个"底"字代替"的"，成为"该译本的一大语言特色"①。

2. 误译

通过对读可见，王右铭、柯柏年译本中存在多处错译的情况，下文列举一些比较明显的。

（1）在第一节"革命爆发前的德国"中，误把"论坛报"译为"国民日报"。这处误译所在的语句为：

> 因此，如果我们要在《国民日报》读者面前论述一八四八年德国革命所以必然发生以及它所以必然遭受一八四九年和一八五〇年之失败的种种原因，我们并不打算详述那些事变在该国发生的全部历史。（第6页）

最新权威中译本的译文为：

> 因此，如果我们要向《论坛报》的读者说明1848年德国革

---

① 方红：《〈共产党宣言〉陈望道译本考》，辽宁人民出版社2019年版，第42页。

命必然发生以及它必然在1849年和1850年暂时遭到镇压的原因,那么我们无须叙述德国发生这些事件的全部历史。①

这处误译很容易判断,因为"德国的革命和反革命"这组文章本来就是在美国《纽约每日论坛报》登载的,其中《革命爆发前的德国》是这组文章的第一篇,文中论及"我们要在某报读者面前论述一八四八年德国革命所以必然发生"等时,所说的读者无疑是刊登此文的报纸的读者。这一点,在中央编译局2016年的最权威中译本中也得到了印证。

(2) 将"普鲁士制宪议会。国民议会"译为"普鲁士议会——国民议会"。这个译文是王右铭、柯柏年译本第十三节的标题。

最新权威中译本中的译文为:

普鲁士制宪议会。国民议会②

不难看出,这个译文有两处不妥:第一,"普鲁士议会"与"普鲁士制宪议会"不同。王右铭、柯柏年译本在第十三节正文讲到,普鲁士立宪议会(也即制宪议会),是指"为了与皇帝商定一种宪法而选出的议会"(第103页)。议会这种组织,在普鲁士由来已久。"立宪议会"则是资产阶级革命运动的产物,是新生事物。换言之,"制宪议会"不同

---

① [德]恩格斯:《德国的革命和反革命》,中共中央马克思恩格斯列宁斯大林著作编译局编译,人民出版社2016年版,第5页。

② [德]恩格斯:《德国的革命和反革命》,中共中央马克思恩格斯列宁斯大林著作编译局编译,人民出版社2016年版,"目录"第80页。

于普鲁士历史上一般意义的议会。本节内容的叙述对象正是制宪议会。所以，译为"普鲁士制宪议会"显然更为准确。第二，句号和破折号在现代汉语中的意思不一样。当然，现代汉语中的标点符号的意思在不同年代是略有差异的，在20世纪30年代，句号的用法与今天一致，用于陈述句的末尾，表示一句话的结束。破折号则略有不同。按照1930年民国教育部颁行的《划一教育机关公文格式办法》之规定，破折号在当时的用法为："用以标明破文法（即所标明之文句，与上下文语气不相贯串；不加此号，则显然不合文法者）或突然转折；有时用以标明夹注之文句，其用等于括号。"据此可见，在"普鲁士议会——国民议会"这一表述中，破折号为"破文"之义。但这明显与恩格斯原文的意思不符，因为在《德国的革命和反革命》第十三节的正文中，"制宪议会"与"国民议会"不是同一个组织。前者是普鲁士王国"为了与皇帝商定一种宪法而选出的议会"，而后者则指1845年5月18日在法兰克福成立的国民议会，全称是法兰克福全德国民议会，成立的目的是致力于"消除德国政治上的分裂状态和制定全德宪法"①。所以，这个译文将句号译为破折号，即将"。"等同于"——"，显然不当，属于错译。

（3）把"三个独立的势力"译为"三个强大的独立国家"。

其在王右铭、柯柏年译本中的原文为：

就一切实际的行动而言，德国仅只分成了三个强大的独立国家，并没有分成三十六个，还算差强人意。（第15页）

---

① ［德］恩格斯：《德国的革命和反革命》，中共中央马克思恩格斯列宁斯大林著作编译局编译，人民出版社2016年版，第124页。

最新权威中译本的译文为:

这样,德国可以满意了,因为它为了自己的实际目的现在仅仅分成了三个独立的势力,而不是36个。①

这处错误也不难判断。因为当时的德国由36个大大小小的公国组成。这时的德国指1815年6月8日成立的德意志邦联,所以这36个公国不论其势力如何强大以及具有独立性,也仍是德意志邦联的组成单位,而非独立国家。

(4)某句子中译文的日期、文意均错误。

其在王右铭、柯柏年译本中的原文为:

四月二日,腓得力·威廉招待各代表。(第123页)

最新权威中译本的译文为:

4月3日弗里德里希-威廉接见了代表们。②

---

① [德]恩格斯:《德国的革命和反革命》,中共中央马克思恩格斯列宁斯大林著作编译局编译,人民出版社2016年版,第12页。
② [德]恩格斯:《德国的革命和反革命》,中共中央马克思恩格斯列宁斯大林著作编译局编译,人民出版社2016年版,第96页。

这句译文中的错误是显而易见的：4月3日与2日不是同一天，而且"接见"与"招待"的意思也相去甚远。

（5）某句子中译文的意思错误。

其在王右铭、柯柏年译本中的原文为：

> 他告诉他们说，虽然他接受这次人民代表投票所赋予他的、对于德国一切其他各邦诸侯的优先权，但在他还无把握其余各邦诸侯一定承认他底统治权以前，他是不能接受皇冠和赋他以许多权利的帝国宪法的。（第123页）

最新权威中译本的译文为：

> 他告诉他们说，虽然他接受人民代表投票所赋予他的凌驾于德国其他各邦君主之上的权利，但他在还没有确信其余各邦君主承认他的最高统治权和承认赋予他这些权利的帝国宪法以前，不能接受皇冠。①

不难看出，王右铭、柯柏年译本中的这段译文有两处错误：一是把"最高统治权"译为"统治权"，少了形容词"最高"，属于"脱字"。二是对"他"（即普鲁士国王弗里德里希-威廉）告诉"他们"（人民代表）的"话"，理解有偏差。

---

① ［德］恩格斯：《德国的革命和反革命》，中共中央马克思恩格斯列宁斯大林著作编译局编译，人民出版社2016年版，第96页。

(6)把"行政权"译为"执行机关"。

其在王右铭、柯柏年译本中的原文为：

以人民主权的力量废除那无能的政府，用一个精干的、不屈不挠的执行机关代替它，这机关保证能挽救德国。（第129—130页）

最新权威中译本的译文为：

以人民主权的力量废除这个无能的政府，用一个精干的、不知疲倦的行政权代替它，这个行政权一定能挽救德国。①

(7)把"战斗规模"译为"战斗的重要性"。

其在王右铭、柯柏年译本中的原文为：

在莱茵普鲁士，实际战斗的重要性是很小的。（第138页）

最新权威中译本的译文为：

---

① [德]恩格斯：《德国的革命和反革命》，中共中央马克思恩格斯列宁斯大林著作编译局编译，人民出版社2016年版，第100页。

在莱茵普鲁士，实际的战斗规模不大。①

3. 错排错印

通过对读可见，王右铭、柯柏年译本中的错排错印之处很少，下文兹列笔者发现的几处。

（1）第10页，页下注中的年份排印错误。王右铭、柯柏年译本中原文表述为："普鲁士资产阶级日渐增长的不满意终于在一八八四〇年普鲁士王死后第一次走向斗争。"其中的"一八八四〇年"应该是"一八四〇年"，排印时多了一个"八"字。

（2）第109页，第十四节标题序号脱字。按照王右铭、柯柏年译本的目录，此处的节标题应该是"一四　秩序的恢复——议会和议院"，但印为"一　秩序的恢复——议会和议院"，少了数字"四"。

（3）第118页，把3月4日排印为5月4日。王右铭、柯柏年译本中的原文为："在一八四九年五月四日，它发表了那种宪法，这宪法除了宣布奥地利是个统一不可分的、中央集权的和独立的君主专制国……"而最新权威中译本的译文为："它在1849年3月4日颁布的宪法，则明确宣布奥地利是一个不可分割的、中央集权的和独立的君主国……"②这个错误很有可能是将王右铭、柯柏年译文手稿中的阿拉伯数字3看成了

---

① ［德］恩格斯：《德国的革命和反革命》，中共中央马克思恩格斯列宁斯大林著作编译局编译，人民出版社2016年版，第108页。

② ［德］恩格斯：《德国的革命和反革命》，中共中央马克思恩格斯列宁斯大林著作编译局编译，人民出版社2016年版，第92页。

5造成的。

  导致错排错印的原因是很多的，当时的印刷条件可能是造成这些问题的主要原因。因为一部书稿要最终出版印刷，需经过草稿、初稿、修改稿、定稿等阶段，而在当时，每个阶段的稿件都需要誊写，而誊写又未必是译者本人，誊写中出现错误就在所难免。另外，排版过程也可能出现错误。但总体而言，瑕不掩瑜，王右铭、柯柏年译本的译文质量是很高的。

结语

一百多年来，为振兴中华民族，为推进中国思想文化的现代化发展，"无数志士仁人历经千辛万苦把马克思主义真经取回来，并通过翻译研究形成了汗牛充栋的马克思主义经典文献，由此奠定了中国现代文化的典藏基础，为实现中华文化从传统形态向现代形态转化做出了巨大贡献"，[①]王右铭、柯柏年就是这些志士仁人中的杰出代表，他们翻译的"革命"就是这些马克思主义经典文献中的代表。

通过研究我们发现，王右铭、柯柏年译本"革命"忠实于恩格斯的原著，对原著基本思想、观点的表述准确，译文流畅、通达，文字优美，尽管也有一些收录、误译、排印上的错误，但瑕不掩瑜，总体上该译本是一部质量很高的恩格斯著作中译本。这个译本自1939年3月在上海生活书店出版以来，在我国广泛传播，产生重要影响，在马克思主义中国传播史上留下浓墨重彩的一笔。

在马克思主义经典著作中国翻译史、传播史上，王右铭、柯柏年译本"革命"，是5个中译本中再版次数最多的一个。从首次出版以来，到1961年第3个中译本出现，前后两次更换译者署名，被多个出版机构多次再版和重印，广泛传播。新中国成立后，1961年10月出版的中文第1版《马克思恩格斯全集》第8卷收录的《德国的革命和反革命》，成为恩格斯"革命"的第3个中译本，而这个译本就是中央编译局以王右铭、

[①] 杨金海：《"马克思主义经典文献传播通考"总序》，方红著：《〈共产党宣言〉陈望道译本考》，辽宁人民出版社2019年，第23页。

结　语

柯柏年译本为基础校译而成的。第3个中译本又为第4、5个中译本的产生奠定基础。

在中国马克思主义发展史上，王右铭、柯柏年译本"革命"对毛泽东思想，特别是新民主主义革命理论走向成熟产生推动作用。毛泽东重视马克思主义经典著作的学习和研究是众所周知的，尤其在延安时期。1938年5月，中国共产党在延安成立马列学院，下设两个部门，其中一个为编译部，主要负责编译马列主义著作，这也是中共党史上第一个专门的马克思主义经典著作编译机构。编译部成立后最先编译的是马克思、恩格斯的著作，出版时称为"马克思恩格斯丛书"。最初编译的书目由毛泽东亲自审定，选取的都是马克思恩格斯经典著作中的"经典"，其中便有"革命"，可见毛泽东对此书的重视。这些经典著作中的绝大部分都已经有了一个或多个中译本，这次编译属于重译，目的是提高译文质量，能更准确反映马克思恩格斯的思想。同一批重译的其他著作还有《共产党宣言》《社会主义从空想到科学的发展》《资本论》《哥达纲领批判》《马恩通信选集》等。[①]

看似巧合，但实际存在必然性的是，王右铭、柯柏年译本"革命"于1939年3月在（上海）生活书店出版，同年4月在（延安）解放社作为"马克思恩格斯丛书"之第8种重印，而标志毛泽东新民主主义革命理论走向成熟的理论文章《〈共产党人〉发刊词》《中国革命和中国共产党》《新民主主义论》等，也于1939年冬至1940年初陆续发表。若细加分析便可不难发现，毛泽东在这些文章中对中国各阶级的发展状况、

[①] 陕西省地方志编纂委员会：《陕西省志·出版志》，三秦出版社1998年版，第214、215页。

特性、对待革命的态度及与中国革命之关系的分析，相比之前更为全面、精准，而这些分析方法和背后的思想，甚至一些具体的观点，与"革命"包含的思想、观点有着很高的一致性，可以说是对"革命"思想的运用和发展。例如，毛泽东在《〈共产党人〉发刊词》中分析中国各阶级与中国革命的关系时强调，"中国资产阶级在资产阶级民主革命中"具有"二重性"；中国民族资产阶级具有政治上的软弱性，革命环境一变化"它就会动摇变节"；"无产阶级的坚固的同盟者是农民"等。①在《中国共产党和中国革命》中分析中国社会、各阶级与中国革命的动力等问题时指出，由于"没有新的阶级力量，没有先进的政党"领导，中国历史上的"农民革命总是陷于失败，总是在革命中和革命后被地主和贵族利用了去，当作他们改朝换代的工具"；"民族资产阶级是带两重性的阶级"；"中国无产阶级应该懂得：他们自己虽然是一个最有觉悟性和最有组织性的阶级，但是如果单凭自己一个阶级的力量，是不能胜利的，……在中国社会的各阶级中，农民是工人阶级的坚固的同盟军"；"中华民族的各族人民都反对外来民族的压迫，都要用反抗的手段解除这种压迫。他们赞成平等的联合，而不赞成互相压迫"等。②在《新民主主义论》中批驳资产阶级专政时强调，"中国资产阶级，以大资产阶级为首，在一九二七年的革命刚刚由于无产阶级、农民和其他小资产阶级的力量而得到胜利之际，他们就一脚踢开了这些人民大众，独占革命的果实，而和帝国主义及封建势力结成了反革命联盟"，等等。③这

---

① 《毛泽东选集》第二卷，北京：人民出版社，1991年，第606—608页。
② 《毛泽东选集》第二卷，北京：人民出版社，1991年，第623、625、639、645页。
③ 《毛泽东选集》第二卷，北京：人民出版社，1991年，第681页。

些论述、观点，在恩格斯的"革命"中都能找到思想和观点的原型。当然，这不是说毛泽东的上述思想、观点完全是"革命"影响的结果。"革命"关于社会各阶级与革命关系的分析及思想，在比"革命"早三年发表，且在中共建党前就已传入中国的马克思恩格斯合著《共产党宣言》中就有相对集中的体现。但有一点可以肯定：关于前述的一些问题，"革命"中的分析、论述显然要比《共产党宣言》具体、丰富很多。而且，毛泽东的论述、观点与"革命"更为接近、一致。由此可以推断，毛泽东发表上述理论文章时无疑受到了"革命"的影响或启示。还需要指明，受到影响的可能不仅仅是毛泽东，还有为毛泽东新民主主义革命理论走向成熟、创立作出贡献的第一代中国共产党领导集体的其他成员。

在中国马克思主义话语体系形成与发展史上，王右铭、柯柏年译本"革命"发挥了重要载体作用。不同时期的翻译者对马克思主义经典著作中基本术语的翻译用词的变化，表明中国人对马克思主义基本思想、基本观点的理解是不断变化、逐步深入的。中国马克思主义话语体系的形成，最基础的环节是首先用中国语言准确地表述马克思经典著作中的基本术语、基本观点、基本思想，然后在全社会广泛传播，被人们普遍地、系统地接受和运用，最终形成一种对中国人而言全新的，也即马克思主义的认识与改造社会、世界的知识体系、表述体系。"革命"最初被译为中文及出版发行的年代，正是中国马克思主义话语体系快速发展并首次形成高峰的时期。王右铭、柯柏年译本"革命"中的许多术语，不但与同时期的其他马克思主义经典著作中译本中的译词一致，也与最新权威中译本（中央编译局2009年译本）一致。比如，反映社会构成单位、群体的术语，如"阶级""资产阶级""小资产阶级""无产阶级""统治阶级""被统治阶级""资本家""封建贵族""封建领主""农民""工人""人民""委员会"等；反映社会发展阶段、政治制度及组织的术语，如"现代""封建制度""中央集权""宪法""政党""共产党""国家""帝国""独立国家""议会""国民议会""邦"等；反映社会运动、思想的术语，如"革命""反革命""革命运动""斗争""政治运动""战争""统治""政治""民主主义""自由主义""社会主义""共产主义""哲学""权力""利益""政策""舆论""出版自由"等；反映人名、国名、地名、事件等的术语，如"马克思""傅立叶""圣西门""路易十六""德国""法国""英国""俄国""波兰""欧洲""普鲁士""维也纳""奥地利""柏林""法国大革命"等。这些术语，许多是马克思主义理论的基本范畴。这表明"革命"从20世纪30年代起就成为中国马克思主义话语的重要载体，至今如此。

习近平总书记强调，"共产党人要把读马克思主义经典、悟马克思主义原理当做一种生活习惯、当做一种精神追求，用经典涵养正气、淬炼思想、升华境界、指导实践。"①"革命"虽然完成、发表于一百多年前，但其蕴含的深刻思想和科学方法具有非凡历史穿透力，对我们今天深入研究中国的发展，探寻解决社会矛盾及其与新时代中国特色社会主义伟大事业相关的一系列问题仍有重要启示价值。"革命"启示我们，要毫不动摇地坚持把经济工作作为建设中国特色社会主义伟大事业的中心工作、决定性因素；要科学认识当前我国的社会分层和各阶层的现

---

① 《习近平谈治国理政》第三卷，外文出版社2020年版，第75页。

状、特点以及他们在中国特色社会主义建设事业中的不同作用，重视整合各阶层的力量共同致力于中华民族伟大复兴中国梦的实现；要坚持不懈地解决好"三农问题"，促进社会公平正义，同时要加强对农民的思想政治教育和组织；

要坚持从国家安全与发展全局的高度认识和解决我国的民族问题；要时刻警惕西方国家反华势力在我国边疆地区煽动民族主义，危害我国边疆安全、政治稳定和民族团结的图谋。

参考文献

[1] 马克思恩格斯文集：第1—10卷［M］.北京：人民出版社，2009.

[2]［德］恩格斯.德国的革命和反革命［M］.中共中央马克思恩格斯列宁斯大林著作编译局，编译.北京：人民出版社，2016.

[3]［德］恩格斯.德国的革命与反革命［M］.王右铭，柯柏年，译.上海：生活书店，1939.

[4]［德］恩格斯.革命与反革命［M］.刘镜圆，译.上海：新生命书局，1930.

[5] 马克思恩格斯全集：第8卷［M］.北京：人民出版社，1965.

[6] 列宁全集：第26卷［M］.北京：人民出版社，1988.

[7] 列宁全集：第32卷［M］.北京：人民出版社，1988.

[8] 毛泽东选集：第2卷［M］.北京：人民出版社，1991.

[9] 胡绳.中国共产党的七十年［M］.北京：中共党史出版社，1991.

[10] 北京图书馆马列著作研究室.马克思恩格斯著作中译文综录［M］.北京：书目文献出版社，1988.

[11] 中共中央马克思恩格斯列宁斯大林著作编译局马恩室.马克思恩格斯著作在中国的传播［M］.北京：人民出版社，1983.

［12］唐宝林. 马克思主义在中国100年［M］. 合肥：安徽人民出版社，1997.

［13］《思想的历程》编写组. 思想的历程：马克思主义在中国的百年传播［M］. 北京：中央编译出版社，2011.

［14］［德］李博. 汉语中的马克思主义术语的起源与作用［M］. 赵倩，王草，葛平竹，译. 北京：中国社会科学出版社，2003.

［15］［英］戴维·麦克莱伦. 马克思传：第四版［M］. 王珍，译. 北京：中国人民大学出版社，2016.

［16］［德］海因里希·格姆科夫，等. 恩格斯传［M］. 易廷镇，侯焕良，译. 北京：生活·读书·新知三联书店，1975.

［17］［苏联］李阿萨诺夫. 马克思恩格斯合传［M］. 李一氓，译. 上海：江南书店，1929.

［18］［英］埃里克·霍布斯鲍姆. 如何改变世界：马克思和马克思主义的传奇［M］. 吕增奎，译. 北京：中央编译出版社，2017.

［19］王东，陈有进，贾向云. 马列著作在中国出版简史［M］. 福州：福建人民出版社，2009.

［20］庄前生. 马克思主义经典文献的出版和传播研究［M］. 北京：中国社会科学出版社，2010.

［21］王刚. 马克思主义中国化的起源语境研究：20世纪30年代前马克思主义在中国的传播及中国化［M］. 北京：人民出版社，2011.

［22］姜海波.《哲学的贫困》许德珩译本考［M］. 沈阳：辽宁人民出版社，2019.

［23］《生活书店史稿》编委会. 生活书店史稿［M］. 北京：生活·

读书·新知三联书店，2007.

[24] 杨金海. 马克思主义经典著作翻译传播经验弥足珍贵 [J]. 中国社会科学报，2012（5）.

[25] 王希恩. 批判、借助和吸纳：对马克思主义经典作家关于民族主义论述的再认识 [J]. 民族研究，2007（5）.

[26] 杨须爱. 马克思恩格斯列宁民族理论文献在中国的百年传播 [M]. 北京：中国社会科学出版社，2018.

[27] 杨须爱. 马克思主义经典作家"民族"概念及其语境考辨：兼论"民族"概念的汉译及中国化 [J]. 民族研究，2017（5）.

原版书影印

说 明

《马克思主义经典文献传播通考》各册均附有原版书影印资料，即马克思主义经典著作中文译本。本丛书所称"译本"是指：1. 我国单行出版的马克思、恩格斯、列宁等原著，包括著作、书信选译和专题文集；2. 报纸、杂志连载马克思、恩格斯、列宁等著作的完整译文。鉴于中华人民共和国成立前，马克思主义经典著作的译本数量众多，版次与印次繁杂，本丛书所附译本均作专门说明。

本册所附《德国的革命与反革命》王右铭、柯柏年译本为1939年3月生活书店出版。

德國的革命與反革命

恩格斯 著

王右銘 柯柏年 譯

一九三九年

目錄

一	革命爆發前的德國	3
二	普魯士邦	17
三	德國的其他各邦	31
四	奧地利	37
五	維也納暴動	45
六	柏林暴動	51
七	佛蘭克府國民議會	57
八	波蘭人、捷克人和日爾曼人	63
九	大斯拉夫主義——希萊斯威格、荷爾斯坦的戰爭（Schleswig-Holstein War）	71
一〇	巴黎暴動——佛蘭克府議會	77
一一	維也納暴動	83
一二	維也納的攻擊——維也納的叛變	91
一三	普魯士議會——國民議會	103
一四	秩序的恢復——議會和議院	109
一五	普魯士的勝利	117

目錄

一六	國民議會與各邦政府	123
一七	暴動	129
一八	小商人	135
一九	暴動的終結	141
二〇	最近的科倫審判共產黨案	149

附錄

中央委員會致共產主義者聯盟的信 …………159
共產主義同盟史 …………177
馬克思與『新萊茵報』 …………205

德國的革命與反革命

一　革命爆發前的德國*

本文於一八五一年十月二十五日發表於『紐約論壇報』

歐洲大陸革命劇的第一幕已經閉幕了。一八四八年大風暴以前的『過去的權力者』，又成爲『現在的權力者』了。曾有一時多少受人歡迎的競爭者，如臨時執政，三月政治的巨頭，狄克推多以及他們尾巴如像代議士、民政委員、原理委員、知客、法官、將軍、官佐、士兵等，都被趕逐到國外，或被『流放出洋』到英美諸國，在那兒組織有各種的新政府，歐洲委員會＊＊，中央委員會，國民委員會，以至

---

* 這前著作主要是恩格斯寫的，馬克思與之合作；寫作時期是在一八五一年九月到一八五二年九月之間，形式是連續發表的多篇文，登表在美國克利夫萊及民主派最威『紐約論壇報』上面。有很長一個時期人們還信這些論文的作者是馬克思，但他與恩格斯的通信說明了事情乃是這樣：既然『紐約論壇報』已請馬克思做這個工作，但主要是恩格斯做的，馬克思與之合作。馬克思那時正忙於寫作其『政治經濟學批判』；他整天在大英博物館裡過日子，因此恩格斯為了不使馬克思分散其工作，便決定代替他寫這一部份一八四八年德國革命的論文。他的著作非常有趣。在德國革命中，馬克思與恩格斯所作為實際革命家的活動，應該特別廣泛地開展起來。根據一八四八年各國不

| 4 | 德國的革命與反革命 |

裁定說的文件宣佈成立，那些文告之措辭堂皇，就像一切異
正當秩序的文告一樣。

比歐洲大陸的革命黨——或者毋寧說有革命黨——在全
戰線上每個據點所遭受的失敗更嚴重的失敗，是不可能想像
的。但這有什麼關係？為了爭取社會的和政治的統治，英國
中等階級不是經過了四十八年的、德國中等階級不是經過了
四十年的空前的鬥爭嗎……？在復降了的而獨自以為比任
此更加鞏固的那一時期，不就是中等階級勝利最卓越的時候
麼？把革命歸咎於少數煽動者之惡意的那種迷信時代，是早

命的一般經驗和德國革命的特殊經驗，他們把他們當初心所用的工
人階級底戰略與策略加以考驗並具體化了。列寧反對孟什維主義所以
精當地研究德國革命的經驗與馬克思和恩格斯在這一另用的奇勁，原
因顯然在此。布爾塞維克黨人利用一八四八——四九年德國革命的經
驗，與孟塞維主義和叫作託洛茨基主義的各種孟塞維主義所以馬克思
和恩格斯所遺留的革命策略的曲解作門爭。列寧和斯大林以馬克思和
恩格斯底革命意識為傳統為基礎，根據新的條件和新的階段更進一步
發展了無產階級黨的戰略和策略。　　　　——編輯部註

†† 本章的譯圖，係采自英文本第一版的「德國的革命與反革
命」，本書於一八九六年英行於倫敦，這由伊珠諾·馬克思·愛佛琳
（Eleanon Marx Aveling）經營出版的。　　——編輯部註

††† 此處係指在倫敦（革命失敗後，倫敦已變成政治流亡的
中心了）組織的許多委員會，如像歐洲民主黨中央委員會、倫敦德國
事務委員會等等。這些組織的領導權是在小資產階級民主派的代表、
前國會代議士、新聞記者等人之手。他們「給民眾」的宣言和告民聚
書，據馬克思說，乃是「一種恰恰要欺騙民眾中被壓迫階級的直接企
圖」，這些文件遭受了馬克思與恩格斯之辛辣的誅滅的批判。
　　　　　　　　　　　　　　　　　　　　　——編輯部註

革命爆發前的德國

已過去了。現在每個人都知道，凡有革命騷動的地方，必有一種社會要求為背景，這種要求為陳舊的制度所阻撓，不能得到滿足。這種要求也許還未被人民普遍地熱烈地感覺到，足以保證立即得到勝利，但一切用暴力壓迫它的企圖，只有使它愈加有力，直到打破它底枷鎖為止。所以，如果我們是被打敗了，我們就只有再從頭幹起。幸而在這運動第一幕已完、第二幕未開的中間，我們有一個也許很短的休息時間，可以做一件很緊要的工作：研究這次革命必然爆發和失敗的原因。這些原因我們不應在幾個領袖之偶然的努力、才幹、過失、錯誤或叛變中去尋找，而應求之於每個經過了革命騷動的國家之一般的社會狀況和生活條件。一八四八年二月和三月突起的革命運動，不是少數個人活動的結果，而是全國民底要求和需要之自發的不能遏抑的表現（每個國家的許多階級，對於這種要求和需要都已很明確地感覺到，雖然在清楚認識方面有程度的不同），這是到處公認的事實。但當你詢問反革命成功的原因時，你卻到處聽到一種現成的回答：因為某甲或某乙「出賣」了人民。這種回答也許正確，也許錯誤，視具體情形而定，但在任何情形下，它都不能解釋半點東西——甚至連人民怎樣會讓自己這樣被人出賣也解釋不了。而且，如果一個政黨底全部政治資本，只在於認識某人不可靠這種孤單的事實，它底膝算該有多麼渺茫可憐呀！

※※※ 此處指一六四〇至一六八八年的英國和一七八九至一八三〇年的法國。　　——編者註

| 6 | 德國的革命與反革命 |

　　還有一層，研究和說明革命爆發與被鎮壓下去的原因，從歷史的觀點上說，也有極重要的意義。一切瑣屑的個人的爭論和攻訐，一切互相矛盾的說法，說把革命之舟駛行於許多暗礁之間以致觸礁沉沒的乃是馬拉斯（Marrast）或賴德魯・羅霖（Ledru Rollin），或路易・布朗（Louis Blanc），或臨時政府其他的閣員，或臨時政府全體；這對於英美讀者有什麼興趣和教訓呢（英美讀者從距離太遠的地方觀察這種運動，以致不能辨別任何行動的詳情細節）？沒有一個神智清醒的人會相信十一個人（他們大多數都是平碌之才，既不能為大善也不能作大惡）✦能在三個月之內，統領一個有三千六百萬人口的國家，除非這三千六百萬人辦理國事的能力與這十一個人同樣缺乏。但這三千六百萬人後來竟到被提醒要自己來決定走什麼路了（雖然，有些是在黯淡的微光中摸索），這是怎麼發生的呢？後來他們迷失了路，先前他們從前的領袖暫時又來領導他們，這又是怎麼發生的呢？問題就在這兒。

　　因此，如果我們要在『國民日報』讀者面前論述一八四八年德國革命所以必然發生以及它所以必然遭受一八四九年和一八五〇年之失敗的種種原因，我們並不打算詳述那些事發在該國發生的全部歷史。將來的事變和後代的評判，會決定那一大堆亂雜的、似乎偶然的、不連貫不調和的事實中，

　　✦此處指一八四八年二月二十四日成立的法國臨時政府之十一閣員。　　——編譯部註

革命爆發前的德國

那一部分應在世界史中佔一席地。做這工作的時候尚未來到；我們現在只限於在可能範圍內加以論述。如果我們能找出根據確鑿事實的合理的原因來說明這運動的主要事變和重要推移，使我們對於下次——也許就在不遠的將來——革命爆發所將昭示於德國人民的方向能稍得端倪，那我們也就滿足了。

第一，當革命爆發時，德國的社會狀況是怎樣呢？

在德國，為一切政治組織之基礎的人民底各種階級的構成，比在任何別的國家都更為複雜。在英國和法國，封建制度已經被集中在各大都市——尤其集中在首都——的強大而富庶的中等階級所完全摧毀了，或者至少也像在英國一樣，被縮減成了幾種無關重要的形式了，而德國的封建貴族，則仍然保有一大部分的他們底舊時代的特權。封建的土地所有制度差不多到處盛行。封建領主甚至還保有審判佃戶權。他們雖然被剝奪了政治上的特權和對於各邦諸侯的控制權，但對於他們領地上的農民那種中世紀的統治權，却幾乎完全仍舊在保有着。同時他們還保有免稅的特典。封建制度在有些地方比在另外一些地方要更為繁榮，但它完全被摧毀了的地方，就只有萊茵河左岸而已。這種貴族在當時多極了，一部分也很窮庶，要么認為國內的頭等階級。他們担任政府的高級官吏，軍隊裏的軍官也差不多完全是他們充當。

德國資產階級還不如英國或法國資產階級之富庶和集中。德國的舊式製造業因蒸汽機的採用和英國工業勢力之迅速的擴張而被摧毀了；在拿破崙的大陸封鎖政策之下從事

8	德國的革命與反革命

進行在國內其他地方建立起來的較為近代化的製造業,既不足以補償舊式製造業的損失,也不能夠創造一種有強大作用的製造業利益,足以迫使各當地政府注意製造業的要求——這些政府都是嫉視一切非貴族的財富與權力之增長的。如果法國在五十年的革命和戰爭中使其絲織業大為繁榮,德國在同一時期卻不過使其舊式的絲織業完全失勢而已。而且,德國的工業為很少,又不集中;它們僻處內地,大半用外國的——荷蘭或比利時的海口作出入口的貿易,與黑海和波羅的海沿岸各大商港絕少或毫無共同的利益;最重要的是,它們不能創造像巴黎與里昂、倫敦與曼徹斯特那樣的大的工商業中心。德國這種工業落後的原因很多,但只舉出兩個就盡夠說明了:第一是地理上所處的地位不利,大西洋已成世界商業的要道,而德國則距大西洋頗遠;第二是從十六世紀到現在,德國不斷地捲入許多戰爭漩渦中,而這些戰爭又都在它底國土上交鋒。英國資產階級自一六八八年都已享有政治的統治權,法國資產階級自一七八九年起已得到了政權,但德國的中等階級,由於數量少,尤其是集中的數量少,沒有能夠獲得這種權力。可是,自從一八一五年以來,德國中等階級的財富在繼續增加著,而且隨著財富的增加,他們在政治上的重要性也在繼續增加著。各邦政府雖不願意,卻也不得

 ＊ 此處指一八〇六年拿破侖第一所組織的封鎖,是與英國的工商業競爭作鬥爭的。除法國而外參加這次封鎖的有普魯士、荷蘭、俄羅斯、西班牙和其他國家。可是這所謂大陸封鎖終於被英國打破了。
—— 編輯部註

革命爆發前的德國

不至少要向其較直接的物質利益低頭。我們甚至可以實在地說，自一八一五年至一八三〇年，自一八三二年至一八四〇年，各小邦在憲法中已經給與中等階級的政治勢力，又在上述兩個政治反動時期中被從他們手裏奪去的一點一滴，都被一種更切實的利益所補償了。中等階級每次政治上的失敗，總要跟隨着一次商業立法上的勝利。當然，一八一八年普魯士的保護稅則，一八三四年關稅同盟的締結+，這對於德國商人和製造業者，比在某一小公國的議會中表示對於某些閣員不信任的那種不大可靠的權利要可貴得多，——他們在議會中的表決，只足使這些閣員們發笑而已。像這樣，隨着財富不斷的增多和商業不斷的擴張，資產階級不久就到達了這樣一個階段，發覺它底最重要的利益的發展，被國家的政治組織所阻過：如像國家被三十六個王侯++動亂分裂，縱橫捭闔，各具野心；封建柳鎖束縛着農業和與之有關的商業；無知而專橫的官僚統治把一切交易都置於它底嚴密監視之下。同時，關稅同盟的擴大與鞏固，蒸汽交通的普及，國內貿易的競爭之增長，使各邦各省的商業階級更密切地結合起來，它們底利益一致起來了，他們底力量也集中了。自然的

+ 自從一八一八年以後，前此用關稅壁壘使彼此分割的德國各邦，在普魯士領導之下對於關稅問題漸漸統一起來了，參加這統一的各邦數目也逐漸增多。北德關稅聯盟成立於一八三四，奧地利沒有參加。這個關稅聯盟給自由的國內貿易開闢了一片擁有三千萬人口的疆土，一片為反對外國競爭而設計出來的疆土。——編輯部註

++ 恩格斯此處指維也納會議組成的德意志聯邦，其中包含有各種獨立的王國、親王國、大公國和自由市。——編輯部註

10	德國的革命與反革命

結果是，他們全體都加入了自由主義反對派的營壘，德國中等階級第一次的奪取政權的嚴重鬥爭得到了勝利。這個轉變可以說是從一八四〇年開始*，從普魯士資產階級取得了德國中產階級運動的領導時開始。我們以後將再說到這一八四〇到一八四七年的自由主義反對派的運動。

德國人民大衆既不屬於貴族，也不屬於資產階級：在城市裏，他們是小商人階級和工人，在鄉村中是農民。

由於作為一個階級的大資本家和製造業者底發展還受了阻礙，德國的小商人階級十分衆多。在較大的城市中，它幾乎佔居民的大多數；在較小的城市中，由於沒有更富裕的競爭優勢者，它完全居支配地位。這一階級在一切現代國家和現代革命運動中，都居最要地位，而在德國尤其重要，在最近德國各次鬥爭中，它一般地都担任了有決定意義的任務。它所處的地位是在大資本家、大商人和大製造業者（質言之卽資產階級）與無產階級或勞工階級之間，這地位就決定它底階級性。渴望着爬上資產階級的地位，但一點兒轉逆的命運就把這一階級的個別分子投到無產階級的隊伍中了。在專制和封建的國家裏，宮廷與貴族的惠顧成了這一階級生存的必要條件，要是失去這些主顧，他們中一大部分就要破產。

* 普魯士資產階級日漸增長的不滿意，終於在一八四〇年舊普魯士王死後第一次走向鬥爭。資產階級把他們底一切希望都寄託在王朝裴特力·盧廉第四（Frederick William）身上，但他正像他父親做過的一樣，拒絕頒佈反拿破侖戰爭時普王所允諾的憲法。
　　　　　　　　　　　　　　　　　　——編輯部註

在較小的城市裏，一隊衛戍軍，一個縣政府，一個法院和法院的職員們，常常便構成這地方的繁榮之基礎，沒有這些東西，小商人、裁縫、鞋匠、木匠等的生意就要清淡。因此，這個階級永遠搖擺在兩個前途之間：一方面希望躋身於較富的階級之列，一方面又恐怕墮入無產階級或赤貧民的境地；一方面希望獲取一份公共事業的管理權以增進他們底利益，一方面又唯恐時機不宜的反對政府會引起政府的忿怒，——他們底生存是操在政府手裏的，因為政府有權力去掉他們的最好主顧。他們所有的財產既微少，而這財產佔有之不安全性又與財產的數額成反比。這一階級的觀點是極端動搖的。在強有力的封建或專制政府之下卑躬屈己，諂媚馴服，但當中等階級將要得勢的時候，它就跳到自由主義方面來了；一當中等階級獲得了他們自已底統治權的時候，它就要為鮮豔的民主主義幻想而發狂，但當它下面的那個階級——無產階級企圖作獨立的運動時，它就馬上又陷於可恥的恐懼失望中了。我們以後將會看到德國的這一階級輪流地從這一立場跳到另一立場，又從另一立場退回到這一立場。

德國工人階級在社會方面和政治方面的發展，比英法工人階級落後，正像德國資產階級比英法資產階級落後一樣。主人如此，僕亦如之。——一個廣大興壯集中而有知識的無產階級之生存條件的進步，是與一個廣大富庶集中而強有力的資產階級之生存條件的進步相輔相依的。在中等階級的一切不同派別尤其是其中最進步的一派——大買賣業者，沒有奪取政權並按照他們底需要改組這象徵前，工人階級運動本身永

| 12 | 德國的革命與反革命 |

遠不會是獨立的，永遠不會是完全無產階級性的。只有在那個時候，僱主與僱工之間不可避免的衝突才變為緊張迫近，再也不能延緩了；工人階級再也不會被虛幻的希望和永不兌現的諾言所欺騙了；十九世紀的大問題——無產階級解放問題，也就終於要明顯而適當地被提出了。可是，在德國，工人階級大眾並不是受僱於那種現代的製造業大王（英國有一些這種出色的製造業大王），而是受僱於小本經營的製造業者，他們底全部製造方法，不過是一種中世紀舊式製造方法的殘餘而已。因為棉業大王與小鞋匠和裁縫老板之間有很大的不同，所以在現代工業中心區的十分覺悟的工廠職工與小城市最卑鄙的裁縫傭工或木匠之間，也就有相當的距離。這些裁縫和木匠的生活狀況和工作方法，與五百年前的這一類人是很少有什麼差異的。這樣普遍地缺乏現代生活條件，缺乏現代工業生產方式，當然要隨伴著一種大體同樣普遍地缺乏現代思想，因此，如果革命爆發時一大部分工人階級要求立卽恢復行會和中世紀的有特權的職工組合，這是無足怪的。然而，從現代生產方法佔優勢的工業區域之中，由於交通便利和許多工人之遷徙不定的生活，使他們底知識有了發展，便有一種強有力的工人組織核心形成了，他們關於本階級解放的思想是更加明晰，而且與現存的事實和歷史的必然發展更為符合；但他們的人數是很少的。如中等階級之活躍的運動可以說起從一八四〇年開始，工人階級於這時則開始於一八四四年由萊西亞（Silesia）和波黑米亞（Bohemia）的工廠職工暴動**；我們頃刻就有機會來敍述這一運動所經

過的一個不同階段了。

最late，我們說到廣大的小農及農民階級，這一階級加上附屬於它的農場勞動者，佔全國人民的大多數。但這一階級本身又分作不同的部分。第一是較富裕的農民，在德國叫作大農和中農，他們是面積不等的廣大農田的主人，每人都僱傭著幾個農業勞動者。這一階級的地位既處在不納捐稅的大封建主與小農和農場勞動者的中間，原因很明顯，他們底最自然的政治道路是與城市中反封建的中產階級聯盟。第二是小自耕農，在萊茵區很佔優勢**，這兒的封建制度已經在法國大革命強大的打擊之前屈服了。相似的獨立的小自耕農在其他各省也到處都存在著，在這些地方，從前加於他們土地的封建捐稅，他們已經用金錢買銷了。可是這一階級只是一個名義上的自耕農階級而已，他們底土地大都已經在極苛刻的條件之下極可悲地抵押給了人家，以致真正的地主不是農民，而是放債的高利貸者了。第三是封建佃農，他們最不易被驅逐離開所租的土地，但他們卻必得永遠納租，或永遠為領主服力役，報效若干數量的勞動。最後是農業勞動

* 西萊西亞的織工，忍受著他們為之工作的那些商行底野蠻剝削，於一八四四年發生變亂。叛亂被武力所服。接著在同一年內又發生了波黑米亞的幾個城市中印花洋布印工的變亂。——編輯部註

** 在萊茵區，由於它在拿破侖第一當政時屬於法國，法國革命的直接影響是很大的；這兒的封建關係在十九世紀初葉就廢除了，當一八一五年該區域歸於普魯士的時候，封建額稅並未恢復。另一方面，普魯士的封建關係的要素還存在著。到一八四八年革命時才剷除掉。——編輯部註

| 14 | 德國的革命與反革命 |

者，在許多大的農業公司中，他們底生活狀況正像英國的這一階級一樣，由生而死，在任何時候都是貧窮飢餓，作他們僱主的奴隸。農民中後面這三個階級——小自耕農、封建佃農與農業勞動者，在革命以前從不怎樣關心政治，但這次革命事變顯然為他們開闢了新的事業，充滿着光明的前途。革命對於他們每個人都有利益，革命運動一旦被適當地開展，可望每個人都會參加。但同時，這也是同樣十分明顯而且被一切現代國家的歷史證明了的，就是：農民由於分散於廣大地區，極難得到大多數意見的一致，是永遠不能自圖得到一個勝利的獨立的運動的；他們需要城市裏更集中、更有知識、更易動員起來的人民的領導和推動。

上面把最近的革命運動爆發時總合起來構成德國的、最重要的各階級簡單地敘述了，這種敘述已經足以把運動中存在的不一致、不諧和與顯然的矛盾說明一大部分。當如此不同、如此矛盾、如此奇異地互相錯綜的各階級利益被投入劇烈的鬥爭中的時候，當各區各省這些互相衝突的利益被按不同的比例混合起來的時候，尤其是當德國沒有像倫敦或巴黎那樣大的中心城市的時候（這種中心城市因地位重要，它底決定意義就可以省去在每個地方為同一的爭論而重複地進行鬥爭的必要），——在這種時候，除了決戰要分解成許多不相聯絡的鬥爭，並耗費大量的鮮血、精力和資本而畢竟仍然得不到有決定意義的結果而外，還能希望得到什麼呢？

德國在政治上分裂成了三十六個重要或多或少的諸侯統治區，也同樣是由於組成了這圖景的八分之混亂與複雜，而這些成分又是在每個地方都有差異的。沒有共同的利益，就不能有統一的目的，更不能有統一的行動。不錯，德國聯邦+是被宣稱爲永遠不會解體的，但聯邦與其代表機關的聯邦議會，却從來沒有代表過德國的統一。德國中央集權所達到的最高點，表現於關稅同盟之成立；北海一帶的各邦也因此不得不組成了它們自己底關稅聯盟，惟奧地利仍然用它自己單獨的禁止稅則保護它自己。就一切實際的行動而言，德國倒只分成了三個強大的獨立國家，並沒有分成三十六個，還算差強人意。當然，一八一四年建立起來的俄羅沙皇的無上權威++，並沒有因此有所變動。

根據我們底前提得到這些初步的結論之後，下一次我們就要談到上述的德國人民各階級，怎樣一個跟着一個被發動起來，以及在一八四八年法國革命爆發時這種運動帶着什麼性質。

一八五一年九月於倫敦

+ 德國聯邦和它底在美國河畔佛蘭克府開會的聯邦議會（Bundestag），是一八一五年拿破倫第一被推倒後在維也納會議上組織成立的。聯邦在事實上是奧地利和普魯士專制主義者手裏的一個政治反動的武器。——編輯部註

++ 在一八一四至一八一五年間拿破倫第一被推倒後，俄羅斯、奧地利和普魯士在一八一五年締結的反動的「神聖同盟」，是由沙皇俄國扮演着領導角色。沙皇俄國是以德國的分裂爲有利的。——編輯部註

二　普魯士邦

本文於一八五一年十月二十八日發表於「紐約論壇報」

德國中等階級或資產階級的政治運動，可以說是從一八四八年開始。在這運動之前，便有許多徵象表示該國擁有資本從事工業的階級，將要成熟到這樣一種程度：再不敢讓它在一種半封建半官僚的專制政治壓迫之下繼續沉默消極了。較小的德國封建王侯們，一部分為要保證他們自己有更大限度的獨立以對抗奧地利和普魯士的威權，或對抗他們自己邦內貴族的勢力，一部分為要把由維也納會議*統一在他們治下的不相聯繫的省分團結成一個整體，他們一個一個地頒佈了或多或少帶自由性質的憲法。他們能夠這樣做而毫不危及他們自身；因為，如果聯邦議會——它只是奧地利和普魯士的傀儡——要侵犯他們統治的獨立，他們知道在抵抗這議會的命令時便有輿論和本邦議會作後盾，反之，如果這些邦議

* 維也納會議於一八一四年拿破崙第一被擊敗後開會於倫敦。這次歐洲各強國的會議，完全改變了歐洲的地圖，使之有利於戰勝了拿破崙統治下的法蘭西的各反動列強——英、俄、普等國。
——編輯部註

會勢力變得太強大時，他們便能夠迅速地運用聯邦議會的權力擊破一切反對巴華利亞（Bavaria）、鳥滕堡（Wurttemberg）、巴登（Baden）或漢諾宇（Hanover）的憲法制度，在此種情形下並不能引起任何爭取政權的嚴重鬥爭，因此德國中等階級的大多數對於各小邦立法問題常引起的小爭端，幾乎全不過問；他們清楚地知道，德奧強有力的兩大邦政策和憲法如果沒有基本轉變，任何次要的努力和勝利，都是沒用的。但同時，一群自由主義的律師和職業的反對派們，在這些小邦議會中抬起頭來了：羅台克（Rotteck）、威爾柯（Welcker）、羅美爾（Roemer）、覺丹（Jordan）、斯狄烏（Stuve）、愛徐曼（Eisenmann）等等之流，這些大「名人」（Volksmanner）們，他們在作了二十年鼓噪的（但從不是勝利的）反對派之後，被一八四八年革命高潮推上了權力的巔尖，但在當權中表現了他們完全的無能和不足道之後，頃刻又被推翻下去了。這些德國土產的、政治的和反對派的投機商人之最初的標本，用他們底演說和文章使德國人聽熟了立憲主義的詞句，用他們底存在預示有一個時候將要到來，那時候，中產階級要利用這些聒噪的律師和教授們所習用而卻不大了解其原意的政治詞句，並恢復它們底正確意義。

在一八三〇年的事變，把整個歐洲投進了政治騷動中，德國的文學也在這種騷動的影響之下受難，幾乎當時的全體作家，都在說教着一種淺薄的立憲主義或者更淺薄的共和主義。這種事情日漸變成了一種習慣，就是：用那種定會引人注意的對於政治的暗示來掩飾他們底作品之缺乏智慧；低等的文人尤其是這樣。詩歌、小說、戲劇，一切文學作品都充滿着所謂『傾向』，即充滿着表示得多少有些敵意的反政府意味。為要完成一八三〇年後在德國盛行的混亂思想，這些政治的反對派思想底成分，便與那在大學裏讀德國哲學之一知半解的囘憶和關於法國社會主義 —— 尤其是聖西門主義＊——的誤解的撿拾混在一起；那一羣高談着這些五光十色的龐雜思想的作家，反而放肆地自稱為『少年德國』＊＊或『現代派』。後來他們追悔這種少年時代的罪過，但並未改善他們文字的風格。

最後，當黑格爾（Hegel）在他底『法律哲學』中宣稱君主立憲是最高最完善的政府形式時，德國的哲學——它是最複雜的，但同時也是德國思想發展之最可靠的溫度表——也已經宣言贊助中等階級了。換言之，黑格爾就是宣稱德國中等階級取得政權的時候快要到了。在他死後，他那一學派更有進一步的發展。他底門徒之最前進的一部分，一面使一切宗教信仰遭受嚴酷的批評之裁判，並使基督教的陳舊結構根本動搖。同時又提出了德國人前所未聞的大膽的政治原則，並且企圖把第一次德國革命的英雄們底美名恢復光榮。如果

＊　關於聖西門及其學說，參看恩格斯著：『社會主義從空想到科學的發展』。
　　　　　　　　　　　　　　—— 編輯部註
＊＊　『少年德國』是一種文學傾向，是在詩人海湼（Heine）與柏恩（Borne）影響之下在三十年代興起的。雖然這一羣人只是一個很懦弱的反對派，但他們底作品是被聯邦議會所禁止的。
　　　　　　　　　　　　　　—— 編輯部註

用以解說這些思想的深奧的哲學言詞把作者和讀者都弄得昏頭昏腦了的話，那末，它同樣也把檢查員的眼睛蒙蔽了，因此這些『少年黑格爾派』作家便享受了一種其他學術部門所不曾享受的出版自由。

因此，很明顯的，德國的輿論在發生着大的變化。那些所受教育和生活地位使他們能夠在絕對專制之下得到一點政治知識並形成一種獨立政治意見的階級之大多數，漸漸地聯合起來成了一種反對現存制度的有力集團。在批評德國政治進步遲緩時，任何人都不應該忘掉計及在德國得到關於任何問題的正確知識之困難。在這兒，一切知識的來源都在政府控制之下，從貧民學校，星期學校以至報紙和大學，除了已經政府許可的材料而外，什麼也不敢說，不敢教，不敢印刷，不敢出版。就以維也納為例罷：維也納的人民，在工業和製造業方面也許是全德國首屈一指的，在精神、勇敢和革命力量方面，他們也已表現出是遠超乎一切地方的人民；但他們對於自身的真正利益，却比任何別處的人民都更為昧然無知，同時他們也比任何別處的人民在革命中犯了更多的錯誤。這有大部分是由於他們對於最普通的政治問題也幾乎一無所知，而這無知乃是梅特涅政府愚民政策的成果。

在這樣一種制度之下，政治知識幾乎完全被社會中這些階級所壟斷了；有錢能私運政治消息到國內來的階級，尤其是利益最受現存狀況所侵害的那些階級——即工商業階級。其原因是用不着再多加解得了。因此，這些階級首先團結起來反對多少偽裝了的專制政體之繼續；德國的真正革命運動之開始，必須從他們走進反對政府的隊伍時算起。

德國資產階級宣告反對政府，可以說是從一八四〇年，從故普魯士王——一八一五年神聖同盟創始者之中最後存在的一個——逝世時開始的。大家都知道，新王不贊成他父親時代那種官僚軍閥佔支配地位的專制政體。法國中等階級在路易十六卽位時所希望得到的東西，德國的資產階級也有點希望從普魯士的腓得力•威廉第四（Frederick William 4）得到。大家都同意說舊制度陳腐了，腐敗了，必須放棄了；在德國王下面所沉默隱忍了的事情，現在被大聲疾呼認爲不能忍受了。

可是，如果路易十六——『被渴望的路易』（Louis Le-Desire），是一個凡庸的無野心的蠢貨，不完全自覺自己底不足道，沒有一定的主見，主要地依賴受教育時所習染的成規來維持統治，那末，『被渴望的腓得力•威廉』却完全是另一流人物。他底性格雖是比路易十六更要軟弱些，但他却旣有野心，也有主見。他以欣賞涉獵的方法學得了大多數科學的基本知識，因此自以爲他底學識足夠了，認爲他對於一切問題的判斷都是最正確的。他深信自己是第一流的演說家，當然，柏林的商業旅行家在假裝的機智豐富和口舌伶俐方面，是沒有人能勝過他的。尤其是他有他底主見。他憎恨而且輕視普魯士政府中的官僚分子，但只是因爲他一切的同情都寄託在封建分子身上而已。他自己是所謂『歷史學派』＊（該派信奉保拿爾（Bonald）德•買斯特（De Maistre)和其他法蘭西王朝正統派作家的思想）的『柏林政治週刊』＊＊

| 22 | 德國的革命與反革命 |

的創辦人和主要撰稿人之一，以盡可能地恢復貴族之支配一切的社會地位為目的。他過去要實現和現在又正在盡力實現的最美妙的理想是：國王是他底治域中第一個大貴族，環繞著他的首先是滿朝煊赫有權勢的樞密近臣，王公侯伯，其次是許多較低級的富裕貴族；他按照自己底意旨治理他那些忠順的市民和農民，自己作社會各階級的繁複階級制度的主宰，而各階級則享有各自的特權，以幾乎不可超越的門閥壁壘或固定不可變動的社會地位使彼此分離；同時，這些階級全體或『王國各階級』，在權力和勢力方面是如此精密地互相平衡，使國王保持行動之完全獨立。

對於理論問題不很了解的普魯士資產階級，經過了些時候才看出它們底國王之真正意向。但國王所要作的事情與他們所需要的十分相反這一事實，他們却很快地就看出了。新王的辯才剛剛因他底父親之死而得到解放，便開始用無數的演說宣佈他底意旨；他底每一演說，每一行動，都更加使中等階級的同情離開他。如果不是有些卑劣而惱人的現實打擾了他詩意的好夢，他對於這情形，一定是不大在意的。可

* 『歷史學派』，是德國一個反動的法律學派，它用文化工作來實現鞏固德國的政治反動。馬克思這樣描寫它底特點：『這一學派宜稱，如果農奴所受的鞭打是傳統的，是經過歲月和歷史允許的，那末，一切農奴反抗鞭打的呼號便都是叛亂行為⋯』（見馬克思著『黑格爾法律哲學批判』）　　　　　——編輯部註

** 『柏林政治周刊』（Politisches Wochenblatt）是德國最有勢力的保守報紙，出版於一八三一年至一八四〇年。

——編輯部註

情，浪漫主義是不很會打算盤的，而封建主義自藍·吉阿德（Don Quiote）而後，在金錢上計估算總是錯誤的。腓得方·威廉第四對於輕視金錢這種十字軍後裔的高貴傳統承襲得太多了。他在即位時就發現政府組織雖因儉約拮据，而用費仍然浩繁，同時國庫並不怎樣充裕。過了兩年，一切餘庫存都在朝廷宴會、國王巡狩、周貧困、衰老和貪婪的貴族之賜贈與資助等等上面用光了，正常的稅收再也不夠宮廷或政府的急需了。於是，國王陛下很快地發覺自己處於兩難之間，一方面是顯然財政支絀，另一方面則一八二〇年的法令規定，如不得『將來的人民代表機關』之許可，任何新的公債或增稅都是非法的。而這時還沒有這種人民代表機關存在；新王甚至比他底父親更不願意創立它；如果他頑急創立的話，那是由於知道從他即位後輿論是很奇異地轉變了。

真的，曾經部分地期望國王立刻頒佈憲法、宣佈出版自由、陪審裁判制等等（總之，期望國王自己領導進行他們所需要的和平的革命，藉以獲取政治的支配權）的中等階級，已經覺悟了他們底錯誤，並且一變而猛烈地反對國王。在萊茵河流域各省（在全普魯士各處也多少普遍地是如此），他們是如此地被激怒了，以至於我們上述極端哲學派成立聯盟，因為他們自己中間缺少有能力在報紙上代表他們意見的人。科倫（Cologne）的『萊茵新聞』，便是這個聯盟的成果，這報紙出版了十五個月以後被封閉了，但是與之有現代報紙，可以說以此為嚆矢。這是一八四二年的事。

國王在經濟上的困難，乃是他那中世紀趣味極銳利的國

| 24 | 德國的革命與反革命 |

剝，他很快地就看出如果他不向那要求「人民代表機關」的普遍的怒號作些讓步，他便不能繼續其統治了。「人民代表機關」乃是一八一三和一八一五年那些早被忘淖了的諾言之最後的遺跡，曾被載在一八二〇年的法令中。他覺得實施這個討厭的法令之最少令人不快的方法，乃是把各省議會的常務委員會召集在一起開會。各省議會，是一八二三年成立的。普魯士王國的八省，每省的議會都包含得有：（一）高級貴族，前日那些帝國的皇室，各蚩窒家曼因門閥關係為各議會之當然議員；（二）武士或較低級貴族的代表；（三）各城市的代表；（四）農民或小農階級的代表。議會都是這樣組織的，各省議會裏都是那部分貴族佔大多數。八個省議會每個都還有一個委員會，現在這八個委員會都被召到柏林，以便組成一個代表會議來投票決定發行國王所渴望的公債。據說國庫是充實的，發行公債不是為了當前的需要，而是為了造築一條國有鐵路。但聯合委員會給了國王一個直截了當的拒絕，聲言他們自己無權充當人民代表，並要求國王陛下實踐他父親在需要人民援助反對拿破倫時給與人民的諾言——建立代議立憲制度。

聯合委員會之開會，證明了反政府的精神不再限於資產

萊茵新聞](DieRheinische Ecitung)是萊茵區自由資產階級所創辦的黨關報，從一八四二年到一八四三年出版於科倫·恩克思是它底主要撰稿者。從一八四二年十月十五日起，他作了該報總編輯，在他底主持之下，它變成了革命的民主主義報紙。在一八四三年初，這報紙被政府所封禁了。　　　　——編輯部註

普魯士邦

階級了。一部分農民已經與他們聯合起來，許多貴族也同樣宣稱反對政府，贊成代議立憲制度。因為他們本身就是擁有自己土地的大農同時又是穀物、羊毛、酒精和亞蔴商人，所以需要反對專制、反對官僚、反對恢復封建制度的同樣的保證。國王底計劃顯然失敗了；他沒有得到一個錢，反而增加了反政府的力量。後來各省議會自己開會，更加不利於國王。每個議會都要求改革，要求實踐一八一三和一八一五年的諾言[*]，要求憲法和出版自由；有些議會關於這些要求的決議措詞頗為不敬，激憤的國王底怒言相向的答覆使得事態更加惡化。

同時，政府的財政困難日漸增加。靠指定用於各種公共事業的款項之被縮減，靠『海外貿易所』（Seehandlung）之欺詐的營業——這貿易所是一個投機國家利益的投機商業機關——算能夠在表面上彌縫了一個期間；增發國家的紙幣也做了財源；發誓地說，這些祕密保守得頗為緊嚴。但這一切計謀又告技窮了。於是試行另一計劃：設立一個銀行，資本一部分出自國家，一部分出自私人，主要的管理權屬於國家，像這樣子使政府能夠把銀行資金大量取用，以複演『海外貿易所』現在再也無法施展的欺詐營業。但事情很自然，沒有一個資本家願意在這種條件下交款投資的；於是銀行的章程必須改變，必須保證股東的資本不致為國庫所侵吞，然

---

[*] 這些諾言是普王在反拿破崙戰爭中給與他底人民的。
　　　　　　　　　　　　——編輯者註

26　　　　　德國的革命與反革命

後才有人認股。因此，這個計劃失敗了，除了舉行公債再沒有別的辦法，——但不知是否能找到這樣的資本家，不要那神秘的『將來的人民代表機關』的允許和保證就願意借出他們底現款來。事求之於羅斯柴爾（Rothsch.d），但他說如果公債有『人民代議機關』保證，他願意聞命即照辦，——如果沒有，他對於這交易完全不願過問。

於是一切弄錢的希望都消逝了，想逃避那命運注定的『人民代議機關』是不可能的。羅斯柴爾的拒絕表示於一八四六年秋，次年二月，國王把八個省議會都召集到柏林，把它們組成一個『聯合議會』。過必要時，這議會要作一八二〇年的法令所要求的『工作』，表決舉行公債和增稅，此外沒有任何權利。它對於一般立法的意見，只供諮詢；開會無定期，國王喜歡什麼時候開就什麼時候開；除了政府願意叫它討論的問題而外，什麼也不許討論。當然，各議員很不滿意於國王希望他們扮演的角色。他們一再申述他們在各省議會中所宣佈的願望；他們與政府之間的關係不久就變得很惡劣，當他們被要求通過發行公債時（仍然說是用來建築鐵路），他們又拒不允准。

這個決議使他們底會議很快就結束了。國王更加憤怒，對他們加以申斥並把他們解散了，但仍然沒有錢。實在，看到那『自由聯盟』以中等階級為首，包含著一大部分的低級貴族，這黨從下層社會各方面積蓄起來的種種的不滿情緒，——看到這自由聯盟決心要獲得它所要求的東西，無怪國王要覺得自己底地位可慮。他在公開的演說中宣稱，他無險怎樣都永遠不頒佈現代意義的憲法，但依然無效；自由聯盟堅持要這樣一種現代的、反封建的、人民代議制的憲法，以及它底一切成果——出版自由、陪審裁判制等等；在他們得到這種憲法以前，他們一個子兒都不願出。有一件事是很顯然的：事情不能這樣長久繼續下去，兩方面有一方必須讓步，否則一定要發生破裂和流血的鬥爭。中等階級知道他們是在革命之前夜，並且從事準備自己。他們用盡一切的方法要獲取城市工人階級和農村中的農民之贊助，而且這是人所熟知的：在一八四七年後半年，資產階級中間政治上有名的人物，幾乎沒有一個不自稱為「社會主義者」，為要保證他自己能得到無產階級的同情。我們後面就漸漸可以看到這些「社會主義者」做些什麼事了。

領導的資產階級之急於至少要裝出社會主義的外貌，是因為德國工人階級已經發生了很大的變化所致。自從一八四〇年以後，有一部分德國工人常來往於法國和瑞士，多少都薰染了一些當時流行於法國工人中間的、浚游的社會主義和共產主義思想。一八四〇年後。同樣的思想在法國之被人日漸重視，使得社會主義和共產主義在德國也成時髦的了，早至一八四三年，一切報紙上便都充滿著討論社會問題的文章。在德國很快地就有一派社會主義者形成了，這一派之為人注意，與其說是為了思想的新穎，倒不如說是為了思想的晦澀。他們的主要努力是把法國傅立葉派（Fourier st）、聖西門派（Saint Simonian）和其他派別的學說，翻譯成深奧的德國哲學用語。那個與這一派完全不同的德國共產主義派，

28　　　　　　　德國的革命與反革命

亀大約在同時形成。

　一八四五年，西萊西亞的織工發生暴動，接着有普勒格（Prague）印花布業印工的暴動。這些被慘酷壓服下去的暴動，這些不是反對政府而是反對他們底僱主的暴動，深深地激動了社會，並且，給在工人中間作社會主義和共產主義宣傳一個新的刺戟。一八四七年飢饉中爲了麵包的暴動也是如此。總之，正像憲法反對派把大部分的有產階級團結在它底旗幟周圍一樣（大的封建地主除外），大城市裏的工人階級則向社會主義和共產主義的學說求解放，雖然在當時的出版法之下，關於這些學說他們只能得到很少的知識。我們並不能希望他們對於他們需要的是什麼有很明確的觀念，——他們只知道立憲派資產階級的綱領並沒有包含他們所需要的一切，只知道他們底需要完全不含在立憲思想的範圍之內。

　當時的德國，沒有獨立的共和黨。人民不是君主立憲派，就是立場明確的、程度或多或少的社會主義者或共產主義者。

　既有這些因素，最輕微的衝突就定要惹起一次大革命。這時候，只有較高級的貴族與較年長的文武官吏是現存制度的絕對擁護者；較低級的貴族，商業中等階級，各大學教授，各級學校的教員，甚至一部分較低級的文武官吏，都聯合起來反對政府；在這些人後面，還有不滿意的農民大衆和大城市裏的無產階級大衆，他們雖然暫時贊助自由主義的反對派，但已低聲說出要爲一切掌握在他們自己手中的奇怪的話了；資產階級準備好了要推倒政府，而無產階級則又在準們要推倒資產階級；——在這樣的時候，這個政府却頑強地繼續走向定要引起衝突的道路。於是在一八四八年之初，德國巳處於革命的前夜，即令沒有法國二月革命加速了它，這革命也一定要來的。

巴黎的革命對於德國影響如何，我們將於下次談到。

一八五一年九月於倫敦

三 德國的其他各邦

本文於一八五一年十一月六日發表於『紐約講壇報』

在前文中，我們幾乎完全只限於論及一八四〇至一八四八數年中在德國革命運動裏其重要性遠超乎其他各邦的一邦，即普魯士邦。可是，現在應該把同一期間的德國其他各邦略加考察了。

關於那些小邦，自從一八三〇年革命運動以後，它們完全居於聯邦議會的獨裁之下，也就是居於奧地利和普魯士的獨裁之下。有幾邦的憲法之制定，一方面是當作一種抵禦較大各邦強制命令的工具，一方面是要確保創制憲法的君王們在民衆中的信仰，並確保由維也納會議不依任何指導原則而組成的各省各色各樣的議會底統一。它們雖是騙人的具文，但在一八三〇年和一八三一年騷動時期，却證明了對於各小邦君王本身的權力是有危險性的。它們其實已被摧毀了；任其仍然存在的東西連影子也不如；只有像威爾柯·羅台克和達爾曼（Dahlmann）之流那樣刺刺不休自鳴得意，才會想像他們在這些小邦底無能力的議會裏被允許表示出來的溫和的反對混合着可恥的諂媚，能得到什麼結果。

32 德國的革命與反革命

這些較小諸邦底中等階級較有力量的部分，一八四〇年後很快就放棄了他們從前對於奧地利和普魯士依這些附庸小邦政府向議會制度發展的一切希望。普魯士資產階級和與之聯盟的各階級—表示鄭重的決心要為普魯士議會政府而鬥爭，除奧地利而外，全德國的立憲運動，便立即任他們領導了。這是一個現在再無人爭論的事實：中部德國那些立憲派的中堅分子（他們後來退出佛蘭克府的國民議會，因為在哥達—— Cotha ——地方個別地開過幾次會，便被叫作哥達黨），許久以前就預籌了一個計劃，在一八四九年全德國人民代表會議中，他們把這個計劃畧少修改地提了出來。他們打算把奧地利完全擯除於日爾曼聯邦之外，在普魯士保護之下建立一個新的聯邦，制定新的根本法律，成立新的聯邦議會，並且把較不重要的小邦歸併在較大各邦裏。只要普魯士一實現君主立憲，規定出版自由，採取不與俄奧流瀣一氣的政策，因而使各小邦的立憲派真正能夠控制各該邦的政府，——那末，上述的一切便可實行。這個計劃的發明者，乃是海得爾堡（Heidelberg 屬巴登（ Baden ）邦）的吉爾文納斯（Gervinus)教授。這樣一來，普魯士資產階級的解放，就是全德國中產階級解放的信號，也就是一個反對俄奧的反守同盟的信號；因為奧地利是被認為一個完全野蠻的國家（這層我們即刻就要談到），人們對於這國家所知甚少，而所知道的一點兒，對於奧地利人民也是不名譽的；因此，奧地利是被認為並非德國底重要部分。

各小邦裏的社會其他各階級，都或更速或稍遲地跟在普

德國的其他各邦

紳士或他們相同階級後面。小商人階級漸漸更不滿意於他們各自的政府，不滿意於捐稅的增加，不滿意於那些虛有其名的政治特權之被剝奪（這些特權是他們把自己與奧地利和普魯士的『專制的奴隸』相比時常引以自誇的）；但他們底反對意見中還並沒有什麼明確的、與上層資產階級的立憲主義不同的地方，足以表示他們是一個獨立的政黨。農民之間的不滿也在同樣地增長着，但人們都知道，這一部分人民在那平安靜的時候，是永遠不會作一個獨立的階級主張其利益取得其地位的，除非在已經實行普選制的國家。城市工商業中的工人階級，開始中了社會主義和共產主義的『毒』，但除在普魯士以外，有點重要性的城市是很少的，工業區更少，由於缺乏行動和宣傳的中心，這一階級的運動在各小邦是極為緩慢的。

由於發表政治上的反對意見之困難，普魯士和各小邦的德國天主教和自由組合教會（Free Congregationalism）的平行運動，便都產生了一種宗教上的反對派。歷史供給了我們許多的例子，在有一個所謂國教賜福給它的國家，在討論政治要受束縛的國家，那種反對世俗權力（按即指政治權力——譯者）的大不敬而有危險性的意見，便隱藏在更聖神的、表面上更純潔無私的、反精神專制的鬥爭之下。許多不願它底任何行動遭人議論的政府，對於殺害教徒和激起羣衆宗教狂熱的事，都不免躊躇顧慮。如像在一八四五年的德國每一邦，舊羅馬天主教或新教，或兩者同時，都被視為該邦的法律之一部。在每一邦，這兩個教派之任何一派或兩派的

34　德國的革命與反革命

教士，都是該邦政府機關的重要構成部分。要攻擊新教或天主正教，要攻擊教士欺騙民衆的行爲，便等於暗中攻擊政府本身。至於德國的天主教教徒呢，則他們存在的本身就是一種對德國各天主教政府的攻擊，尤其是對奧地利和巴伐利亞政府的攻擊；而那些政府也就這麼看待他們。自由組合教會的信徒和叛離國敎的新敎徒，有點像是英國和美國的一神論敎派，他們公開宣言反對當時之王及其寵臣敎育部兼宗敎部長愛克昂（Eicknorn）那種敎士系的和嚴格的正敎的傾向。這兩個新的敎派，曾有一時發展頗速，前一派發展於舊敎國家，後一派發展於新敎國家。它們除了來源不同而外，沒有別的區分，至於敎義，在這最重要的一點上它們是完全一致的，就是：一切確定的敎條全屬無用。這種缺乏明確性便是它們的要義；它們自稱要建築一種偉大的寺院，使一切德國人都可以在這寺院的屋頂下聯合起來；它們像這樣用宗敎的形式表示當時的另一種政治思想，即要統一德國的思想，但它們自己中間卻又永不一致。

給一切德國人發明一種爲他們底風俗習慣和趣味而特製的共同宗敎以統一德國的這種思想（上述兩敎派對於這思想企求至少在宗敎方面實現），實有傳佈甚廣，尤其是在各小邦中。自從日爾曼帝國被拿破崙解散後，要求將肢解了的德國完全聯合起來的呼聲，乃是對於現狀不滿的最普遍的表現，在各小邦尤其是這樣，因爲小邦裏維持宮廷、行政機關和軍隊之開費浩繁（簡單地說就是沉重的捐稅壓迫），是與這一邦之微小與貧弱成正比地增加着的。但是，怎樣去實行

德國的其他各邦

這種德國的統一，乃是一個各黨派不能同意的問題。不願有嚴重革命震動的資產階級，是以我們已經召到他們認為『可實行』的辦法為滿足的，這辦法就是：在普魯士立憲政府的統治之下，除奧地利而外全德統一；而且，在那時，如果不喚起危險的革命風暴，也實在只能做到這一步。小商人階級與農民呢，就農民願意過問這類事情的程度而論，他們是永遠不會對於他們所大聲疾呼要求的德國統一有任何明確觀念的；少數的夢想家，多半是封建的反動派，希望建立日耳曼帝國＊；一些無知的自命急進派，則豔羨瑞士的政制（他們當時還沒得到那後來使他們最滑稽地恍然大悟的、關於這政制的實際經驗），宣言要求建立聯邦共和國；只有最極端的黨派＊＊，才敢在當時宣言贊成一個統一而不可分的德國共和國。像這樣，德國的統一本身就是一個充滿不統一、不調和的問題，某種偶然的場合，甚至要引起內戰。

總括起來說，一八四七年尾的普魯士和德國其他各邦的情況是這樣：中等階級感覺著自己底力量，便決意不再忍受那封建官僚專制主義用以錮束他們底商業貿易，工業生產力

＊ 在封建制度興盛時期建立起來的『日耳曼帝國』，到一八〇六年只是形式上存在而已。這一年，在拿破倫佔領了這個帝國的一重要部分並廢除了一百多個日耳曼邦之後，奧地利的皇帝（他同時也是『日耳曼族神聖羅馬帝國』的皇帝）便宣稱帝國最高皇上的稱號也不再存在了。
　　　　　　　　　　　　　　　　　　　——編輯部註
＊＊ 此處指馬克思領導下的共產黨和他們影響之下的民主黨左翼急進分子，大半是在萊茵省。　　——編輯部註

| 36 | 德國的革命與反革命 |

和鞏究他們作爲一階級而共同行動的枷鎖；一部分有土地的貴族，也變成了僅能在市場暢銷的商品之生產者，以致與中等階級利益相同並且要與他們創造共同的事業了；小商人階級很不滿意，埋怨種種捐稅，埋怨他們營業上的種種障礙，但並沒有任何明確的計劃去作足以保證他們在社會團體和政治團體中的地位的改革；農民則到處受封建的苛征重歛或債主、高利貸者和律師們所壓迫；城市工人則染上了一種普遍的不滿，恨政府也同樣地恨大的產業資本家，並且受了社會主義和共產主義思想的「毒」；總之，從各種不同的利益中生出來的各種不同的反政府蒐集結成了一體，但多少是由資產階級所領導，而在這資產階級前列行進的又是普魯士資產階級，尤其是萊茵省的資產階級。另一方面，各邦政府在許多問題上也不一致，互不信任，尤其不信任它們還要藉以保證自己的普魯士政府；而普魯士政府則被輿論所擯棄，甚至被一部分貴族所擯棄，只依賴於軍隊和官僚，而這軍隊和官僚又一天天更多地傳染了反對政府的資產階級底思想，並且屈服於他們底勢力之下了。除了這一切情形之外，這政府又是真正一文不名，除了無條件向資產階級反政府的意見投降而外，便不能得到一分錢去彌補它底日漸增多的虧空。試問任何一個國家的中等階級在反對既成的政府以爭取政權時，曾否佔過更好的優勢呢？

一八五 年九月於倫敦

四 奧地利

本文發表於一八五一年十一月七日的『紐約論壇報』

我們現在須把奧地利考察一下；一八四八年三月以前的奧國之為外國所不了解，差不多恰像最近與英國戰爭（指鴉片戰爭——譯者）以前的中國一樣。

當然，我們這裡只能研究日爾曼族的奧地利。波爾、匈牙利和意大利的奧地利人底事情，不屬於本題範圍，至於一八四八年後，他們影響了日爾曼族奧地利人底命運之一切情形，要在後面再行敘述。

梅特涅（Metternich）親王的政府，是以兩個方針作樞紐而從事活動的；第一，要使奧地利治下的各民族，每一民族都要受制於同樣處於奧地利治下的其他民族；第二（這層一向是專制政府的基本原則），依靠封建大地主和作證券交易的大資本家這兩個階級支持它，同時，使這兩個階級的勢力和權力互相平衡，以便政府保有完全的行動自由。以各種封建收入作其全部進款的有土地的貴族，對於事實上作他們唯一的保護者以鎮壓那被踐踏的農奴階級的政府，不能不擁護，因為他們是靠掠奪這些農奴為生的。而且，每當他們之

| 38 | 德國的革命與反革命 |

中較不富裕的一部分起來反對政府的時候（如像一八四六年在加里西亞（Galicia）發生的事情），梅特涅立刻就縱使這些農奴去反抗他們；因為貴族地主是他們底更直接的壓迫者，農奴們無論如何要利用這個機會作一次猛烈的報復。另一方面，交易所的大資本家因對於國家的公債作了巨額投資，也就爲梅特涅政府所牽制。奧地利在一八一五年恢復了它底全部權力，一八二〇年竟又恢復和維持了意大利的君主專制，由於一八一〇年的破產又得免除了債務的一部分，所以，在媾和之後，很快地就在歐洲各大金融市場重新建立了它底信用，信用愈增長，它借得的款項也就愈多。像這樣，歐洲的一切大金融家，都把他們底資本之極大部分投資於奧地利了；他們都利於維持奧國的信用，而要維持奧國公債的信用是常常需要新的借款的，於是他們便不得不時常墊借新的資金，去維持做他們過去借款之担保品的公債之信用。一八一五年以後的長期和平，加以像奧地利這樣的千年古老帝國，表面看來是不可能傾覆的，這使梅特涅政府底信用以可驚的比例增加，甚至使它並不依賴維也納的銀行家和證券營業家的善意支持了；因爲只要梅特涅能夠在佛蘭克府（Frankfort）與阿姆斯特丹（Amsterdam）借到很多的資金，他當然樂得看着奧地利的資本家們在他脚下伏俯聽命的。而且，他們在各方面都得仰承他底鼻息；銀行家、證券營業家、政府購買營造等等的承辦人，總想設法從一個專制政府吸出大宗利潤，但這政府對於他們底生命財産却幾乎有生殺予奪的權力——利害是互相箝制的。因此，從這方面找不到半點反政

府的影子。像這樣，梅特涅沒有把握能夠獲得這帝國中最有權力和最有勢力的兩個階級之擁護；此外他還有軍隊和官僚，這二者都是這個專制政府一切需要的、再好沒有的機構。服役於奧地利的文武官吏，形成了他們自己是一個族類；他們底祖若父是服役於奧皇的，他們底子孫也要如此；他們不屬於或合於那雙重龔罩下（指奧皇統治下——譯者）的複雜的各民族之任何一族；他們從帝國的這一端移到那一端，從波蘭到意大利，從德意志到外西爾凡尼亞（Transylvania）；匈牙利人、波蘭人、日耳曼人、羅馬尼亞人、意大利人、克魯特人（Croat），一切祇「皇室貴育」標幟而沒有某一民族特性的人們，同樣被他佔所維護；他們沒有民族性，或者與寧說，惟有他們才是真正奧地利民族的組成者。這樣一個文武官吏的特殊階層組織，在一個有方畧有能力的領袖手裏一定是怎樣一種强有力的同時又能指揮如意的工具，乃是很顯然的事。

至於人民的其他階級，梅特涅抱着舊時代政治家的貴精神，絕少重視他們底支持。他對於他們只有一個政策，用減稅的形式盡可能地榨取他們，同時使他們不敢妄動。工商業中等階級在奧地利的生長是很遲緩的。多瑙河（Danube）流域的商業比較不重要；奧國只有特利斯蒂（Trieste）一個港埠，而這地方的商業也是有限的。至於工業製造家們，他們享受很優厚的保護，在大半的場合甚至完全沒有外國製造業者與之競爭；但他們所以被賜與這種便利，主要的是為了要增加他們納稅的能率，同時這種便利也大半被國內對於製造

| 40 | 德國的革命與反革命 |

業的限制、行會及其他封建法團的特權所抵消了；這些法團只要不妨礙政府的意旨和目的，是被關切地保護著的。小商人則被限制在這些中世紀行會的窄狹範圍裏，行會使各業彼此不斷地為特惠而鬥爭，同時幾乎使工人階級一切的個人都沒有提高自己社會地位的可能，藉以給與那些被收進入這的社團之團員一種世襲的安定。最後，農民與工人，是被當作可向之搾取的東西看待而已，他們所得到的惟一的關心，只是要盡可能使他們仍然生活在他們當時生活於其中，他們底祖若父在他們以前也生活於其中的同樣的生活條件之下。為達到此目的，一切舊的、既存的、世襲的權威，是像皇家的權威一樣被擁護；地主對於小佃農的權威，製造業主人對於職工的權威，小手工業主人對於工匠和學徒的權威，父親對於兒子的權威，到處被政府嚴格地予以維持，凡有不服從的，都像觸犯了法律一樣，要受在奧地利普遍使用的司法工具——笞杖所責罰。

最後，為把這些要造成人為的安定底企圖完成為一種無所不包的機構起見，給與國民的精神食糧也都經著極其周密的選擇，而在給與時又是喳喳地客嗇。教育到處都在天主教教士手裏，教士的首腦們像只是大地主一樣，深以保存現有制度為有利。各大學是照這樣子組織：只許它們造就在各種特殊學術部門或許能獲得高深造詣的專門家，把注意如何不讓它去實行普及的自由的教育，而後者則是別國的大學般人們期望實施的。除了在匈牙利而外，奧地利幾乎完全沒有報紙，而匈牙利的報紙則在帝國一切其他的地方被禁止。至於一般的文學著述，百年來毫未稍底進步，自約色夫二世（Josephr2）死後倒更退步了。在奧地利周圍各處的邊境上，凡是奧地利各邦與一文明國接境的地方，諜報偵查員的警戒線是與稅關關員的警戒線相並立的，用以阻止任何外國書報偷漏進來，——書報入境前要經過兩三次的澈底細閱，查明絲毫沒有沾染時代的惡精神才許放行。

一八一五年後約三十年以來，這種機構的工作得到了可驚的成功。奧地利仍然幾乎完全不爲歐洲所了解，而歐洲也同樣地絕少爲奧地利所認識。人民各階級的社會狀況和人民全體的社會狀況，似乎沒有經過一絲變化。不管階級與階級間存在着怎樣的仇怨（這種仇怨之存在對於梅特涅正是政府統治的一個主要條件，他甚至使較高的階級作政府一切榨取的工具以培養這種仇怨，使他們做人民厭惡的對象），不管人民對國家下級官吏有怎樣的憎恨，但整個地說來，他們對於中央政府是沒有不滿或絕少不滿的。皇帝被人民所崇拜，當佛蘭西斯一世（Francis I）懷疑這種機構能維持多麼長久的時候，他好像有許多事實作根據似地得意地說：『終我一生和梅特涅在世的時候，它總還可以維持下去的。』

但有一種徐緩的地下運動在進行着，使梅特涅的一切努力都受了挫折。工商業中等階級的財富和勢力都增加了。製造業採用機器和蒸汽動力，好像在一切別的地方一樣，在奧地利也推翻了社會全體各階級的舊有關係和生存條件；它把農奴變成了自由民，把小農變成了工廠職工；它毀損了舊的封建行業組合，摧毀了許多這種組合的生存手段。新的工商業人民與舊的封建組織到處發生衝突。因營業關係一天天更多旅行於外國的中等階級，把位於帝國關稅線以外的各文明國底神秘的知識，介紹了一些進來；最後介紹了鐵路，加速了工業的和知識的運動。在奧地利的國家組織中，也有一個危險的部分存在，即匈牙利的封建憲法、議會決議案以及被壓窮了的反政府的貴族群眾之反對政府及其同盟者公卿大人們底鬥爭。匈牙利的議會所在是普雷斯堡（Presburg），與維也納近在咫尺。這一切因素都促使城市中等階級中間形成一種情緒，不是反政府的，因為反政府還不可能，而是一種不滿的情緒；人民普遍希望改革，希望行政上的改革更甚於希望立法性質的改革。像普魯士的情形一樣，一部分的官僚與資產階級聯合了起來。在這個世襲的官吏階層中間，約色夫二世的德次尚未被忘却；政府中較有教育的職員，他們自己有時也想像着可能的改革，如果在約色夫二世底進步開明的專制與梅特涅那『父性的』專制之間決定取捨，他們是絕對要選取前者的。一部分較窮的貴族，同樣地贊助中等階級，至於人民中較低下的各階級，他們一向總是有許多理由不滿於他們的上官（雖然不是不滿於政府），在大半的場合，他們只有依附資產階級的改革要求。

　　大約正是這個時候，一八四三或一八四四年，文化藝術界的一閣特殊窗門，適應這種變化而在德國建立起來。少數奧地利的著作家、小說家、文藝批評家（他們底才能都很平常，但卻賦有猶太人特有的那種勁兒），在萊比錫（Leipzig）與奧地利以外為梅特涅底勢力所不能及的其他德國城市住下

奧地利

來，出版了一些論奧地利事件的書籍和小冊子。他們和他們底出版家因此生意興隆，轟動一時。全德國都急於想了解這個『歐洲的中國』底政策之祕密；而奧地利人自己是更加好奇（因波黑米亞邊境上整批偷運，他們也獲得了這些出版物）。當然，這些書中所宣洩的祕密是沒有什麼重要性的，它們底善意的作者所提供的改革計劃，帶着一種幾乎等於政治遊戲的純潔雅氣的性質。憲法和出版自由被認爲是在奧地利不能得到的東西；行政的改革，省議會權限的擴張，允許外國書報入境，檢查制稍予鬆緩，——這些良善的奧地利人之忠君守法、低首下心的要求，僅僅如此而已。

無論如何，要阻止奧地利與德國其他部分和整個德國及世界的文化溝通，日漸成爲不可能了，這件事大有助於反政府的輿論之形成，而且至少給奧地利一部分的人民帶來了些微的政治知識。像這樣，在一八四七年尾，奧地利便被當時盛行於全德國的、政治的和政治宗教的騷動所襲擊了，雖然並不嚴重；如果它在奧地利進行得較爲沉寂，但這兒却是有足夠的革命因素供它去發生作用的。這兒有被封建地主政府的榨取壓迫碾入塵土中的農民、農奴或封建佃農，有被警察的棍棒強迫在製造業主人隨意規定的任何條件之下作工的工廠職工，有由於不合理的限制而在營業上一步一蹉跎的商人，有不斷與同業行會衝突、嫉妒它們底特權或不斷與貪婪而多事的官吏衝突的製造業者，還有與無知而專撒的教士或恣意而跋扈的上官鬥爭而無效果的教師、學者和有較好教育的職員。總之，沒有一個階級是滿意的，因爲政府雖不得不

44	德國的革命與反革命

時而作一些小的讓步，但並非犧牲它自己的利益（因為國庫不允許如此做），而是以高級貴族和僧侶的利益作犧牲；至於大銀行家和公債執券人呢，他們看到意大利最近的事變，匈牙利議會反政府傾向的增長，非常的不滿情緒和要求改革的呼聲在整個帝國到處表現着，這些事情的性質，自然不是足以加强他們對於奧地利帝國的鞏固與償債力的信念的。

像這樣，奧地利也雖徐緩但確實地在走向一個偉大的轉變，而這時忽然有一個事變爆發於法蘭西，立刻使牠在目前的暴風雨降下了，使老佛蘭西斯底斷語，說他和梅特涅在世的時候奧國的制度還可以維持下去成了謊言。

一八五一年九月於倫敦

五 維也納暴動

本文發表於一八五一年十一月十二日『紐約論壇報』

一八四八年二月二十四日，路易·菲力普（Louis Philippe）被逐出巴黎，法蘭西共和國宣告成立。緊跟著在三月十三日，維也納的人民擊破了梅特涅親王的政權，使他可恥地逃亡國外。在三月十八日，柏林的民眾也武裝起義，經過十八小時的頑強鬥爭之後，滿意地看著國王屈服在他們底手下了。許多在性質猛烈上多少不同但全都得到同樣勝利的騷動，也同時在德國較小各邦的首都中爆發起來。德國的人民如果沒有完成他們底第一次革命，至少也被切實推進到革命的道路上了。

至於這些各樣的暴動中的許多小事件，我們不能在這兒詳細討論它們；我們要解釋的是這些暴動底特性，以及人民各階級對於這些暴動所採取的立場。

維也納的革命可以說幾乎是全體人民一致起來行動的。資產階級（銀行家和買賣證券的資本家除外）、小商人階級、工人，都萬眾一心地同時起來反對一個被一切人所嫌惡的政府，這政府是如此普遍地被人憎恨，以致從前贊助它的

46	多	德國的革命與反革命

　　貴族和金融巨頭,在攻擊一開始時也就消聲匿跡了。中等階級一向被梅特涅使之陷於政治的無知至如此程度,以致從巴黎傳來的關於無政府、社會主義和恐怖等在那兒統治的消息,關於資本家階級與勞動者階級間之迫近了的鬥爭的消息,他們完全不能理解。他們在政治上幼稚,不是完全不了解這些消息的意義,就是以為它們是梅特涅惡意的造謠,為了恐嚇他們服從他。而且,他們從來沒有看見過工人作為一個階級而行動,或看見過他們為自己底眼顯的階級利益而奮起。從他們過去的經驗,他們想不到現在正如此熱烈地聯合起來推翻一個大家共恨的政府之各階級間,會有發生任何分歧的可能。他們看到工人在各方面都與他們一致:憲法、陪審裁判制、出版自由等等。如是,至少在一八四八年三月他們是一心一意地贊助革命運動的,而在另一方面,革命運動同時也至少在理論上使他們成了國家的統治階級。

　　但這種各階級的聯合,雖然在某種程度上說永遠是一切革命的必要條件,但它是不能持久的,——這乃是一切革命的命運。反對共同敵人的勝利一經獲得,各勝利者自己就分成不同的營壘,掉轉槍頭互相火拚起來。正是這種迅速而狂熱的階級對立的發展,使得革命在舊的複雜的社會機構中,成了社會和政治的進步之如此強大的動力;正是這種各新政黨不斷地迅速生長,彼此互相遞嬗政權,使得一個民族在那些驚濤駭浪中,五年之內走過了比在普通環境之下一百年所能走過的更多的道路。

　　維也納革命使中等階級成了理論上的統治階級:這就是

說，壓迫政府所作的讓步乃是這樣的東西，一旦實際執行並且嚴格遵守一個時期，就必然要給中等階級獲得統治權。可是，事實上，這一階級的統治權之建立還遠得很。不錯，由於給與資產階級和小商人以武裝的國防軍之建立，這一階級獲得了武力和重要性；不錯，由於『治安委員會』——一種資產階級所支配的、革命的、不負責的政府——之設置，這一階級是被位置在掌握權力的地位。但同時，工人階級也有一部分武裝起來了；過去凡是有戰爭的地方，他們與學生們總是首當其衝的；學生的數目約四千餘，武裝很好，紀律也比國防軍好得多，他們形成了核心，形成了革命武裝之眞正力量，並且絕不願在治安委員會手裏作一個工具。他們雖然承認治安委員會，甚至是它的最熱烈的擁護者，可是他們成了一種獨立的而且頗為不穩的團體，在講演所（aula）裏開他們自己的會議，在資產階級與工人階級之間保持一種中間地位，以不斷的煽動阻止諸專照得日的平常穩靜狀態安定下去，而且經常迫令治安委員會執行他們底決議。另一方面，工人差不多完全失業了，不得不由國家拿錢僱用他們於公共事業中，用於這方面的款項，當然必須取給於納稅人的腰包或維也納市的金庫。這一切自然使納稅的商人很不愉快。維也納市的製造業，本是依賴這一大國中富裕的貴族宮廷來消費的，當然，也因革命和貴族宮廷的逃亡而完全停業了；商業也停滯下來，工人和學生不斷的煽動和激擾，自然不是『恢復信用』的方法。像這樣，一方面是資產階級，一方面是不穩的學生和工人，中間很快就發生了一種冷漠，如果

| 48 | 德國的革命與反革命 |

這冷漠在一個長時期中還沒有成熟為公開的衝突，那只是由於政府（尤其是宮廷）急欲恢復一切的舊秩序，不斷地使較革命的諸政黨有懷疑和作不穩活動的理由，並且不斷地使舊時梅特涅式專制幽靈有復活的可能，甚至運中等階級也看到了。於是，在五月十五日，又在同月二十九日，由於政府曾企圖攻擊或陰謀推翻有些新近取到的自由，維也納各階級又起了新的騷動。在這次騷動中，國防軍或武裝中等階級和學生、工人的聯合，便又強固一個時期。

至於人民的其他階級，貴族與大金融資本家消聲匿跡了，農民則到處忙於把封建的遺臭敵屍掃除淨盡。得力於意大利的戰爭* 和朝廷有事於維也納和匈牙利，農民得到了充分的自由，完成了他們在奧地利的解放工作，比在德國其他地方得到了更大的成功。奧地利的議會，很短的時間之後也只有追認已由農民實際採行了的步驟，不管席華曾堡親王（Prince Schwartzeuberg）的政府能夠恢復任何其他的東西，它是永遠沒有權力去重行建立農民的封建奴役關的。而且，如果奧地利在目前又比較穩定了，甚至更強盛了，主要的是因為人民的大多數，即農民，乃是真正得到了革命利益的人，也因為不管復辟的政府攻毀了任何其他的東西，但農民

* 北意大利當時是奧地利帝國的一個組成部分。在一八四八年初，意大利人爆發了暴動反對外人統治，要獨立並且要建立一個統一的意大利。可是，奧地利在一八四九年勝利地鎮壓了意大利的解放運動，並且恢復了它在意大利的統治。意大利的統一在一八七〇年才算成功。
　　　　　　　　　　　　　　　　　　　　　　——編輯部註

所争取到的这些显而易见的实质的利益,依然获得却省。

一八五一年十月於倫敦

六 柏林暴動

本文於一八五一年十一月二十八日發表於『紐約論壇報』

革命行動的第二個中心是柏林。從前面幾篇文章所敘述的情形，可以聯想到這兒的革命行動很少有維也納革命行動中的那種差不多所有各階級的一致贊助。在普魯士，資產階級早已捲入了反政府的實際鬥爭；『聯合議會』的結果是一個破裂；一個資產階級革命在逼近着，如果不是由於巴黎二月革命的影響，這革命在爆發之初也許正像維也納革命一樣是各階級一致的。巴黎事變促進了一切，但同時，它却是在另一旗幟之下實現的，與普魯士資產階級正準備向其政府挑戰所舉起的旗幟完全不同。二月革命在法國所推翻的那種政府，正是普魯士資產階級要在他們自己國內建立起來的政府。二月革命宣告它是一個工人階級反中等階級的革命；它宣告中等階級政府崩潰了，工人解放了。而普魯士資產階級最近却也受夠了自己國內工人階級的騷擾。在西萊西亞暴動最初的『恐怖』過去之後，他們甚至就想把這運動轉變為有利於他們自己。但他們對於革命的社會主義和共產主義保持着一種敬而遠之的恐怖；因此，當他們看到被他們認為財

| 52 | 德國的革命與反革命 |

產、秩序、宗教、家庭以及其他現代資產階級『家神』之最危險的敵人的人們成了巴黎政府的首領時，他們立刻感到他們自己底革命熱誠大大地冷却了。他們知道須要抓緊時機，知道沒有工人大衆的幫助他們就要失敗；可是，他們的勇氣失掉了。像富族，在局部的、地方性的革命發生之初，他們就與政府站在一面，努力使柏林的人民隊伍鎭靜——這些人民羣衆與皇官商討論各種新聞，要求政府改革，已經連續五天了。當國王在梅特涅被推翻之後終於作了些小小讓步時，資產階級便以爲革命完成了，向皇帝陛下謝恩，因爲他滿足了他底人民的一切希望。可是，緊接着便是向羣衆作可恥攻擊，防禦工事，戰鬥，和皇室的潰敗。於是一切都改變了：資產階級一向不願讓他們露頭角的工人階級，被迫到鬥爭的前面，戰鬥了而且獲勝了，並且突然自覺到他們是力量了。對於選舉、出版自由、陪審權、集會權的限制——這些限制是資產階級所極願意的，因爲它們只限制在他們下面的階級——現在再也不可能了。巴黎『無政府』景象之重演的危機是很迫切的。在這危機之前，一切過去的分歧消滅了。許多年來的友人和敵人，爲了反對勝利的工人階級而聯合了起來，雖然這一階級還並沒有提出它自己底特殊要求。資產階級與被推翻的制度之擁護者底聯盟，在柏林的防禦工事後面就訂立了起來。他們決定作必要的讓步，但只限於不能避免的種種；決定要組織一個『聯合議會』底各反政府領袖的內閣，爲了酬答這內閣保全王位的功績，一切舊政府的擁護者——封建貴族、官僚、軍隊都將支持它。這就是甘普生(Camphausen)與漢斯曼（Harsemann）先生們擔任樞密院條件。

新閣員們對於覺醒了的廣大民衆表示非常恐怖，在他們眼裏，一切只要能幫助鞏固已被動搖的統治之基礎的手段都是好的。他們這些被欺騙的可憐蟲，以為舊制度在時的一切危險都已經過去了，因之便利用鬆開了的國家機構來作恢復「秩序」之用。文武官吏沒有一個人被撤職；舊的官僚行政系統沒有一點兒變更。這些立憲的責任閣員寶貝們，甚至那些人員也復職了，那些人，由於他們過去的官僚壓迫的行為，是發生被人民在革命熱情最初的熾燃中驅逐掉的。而掉閣員易人而外，在普魯士什麼變更都沒有，連各部的部長僚屬也都一個未動；一切立憲的候官者，他們會對新興的統治者獻功諛媚，希望分得一份權位，但新閣員們告訴他們等待，等到秩序恢復安定，允許更動官吏人員時再說──這種事現在行起來還是有危險的。

在三月十八日的暴動之後祖受到了極度的國王，很快地就發覺了那些「自由主義的」閣員之必得需要他，正像他之必得需要他們一樣。暴動沒有掃翻王位；王位成了「無政府」之最後的現存障礙物；因此自由主義的中等階級及其現任閣員的領袖們，是完全有利於和國王保持最親善的關係的。國王與其周圍反動的宮官們很快地發現了這一點，便利用這種環境以阻礙內閣的行政進步，即令在他們時常要作的那些極小的改革中也予以阻撓。

內閣首先關心的事，是要給最近這些暴力的政治變革一種合法的外觀。不管一切人民的反對，他們召集了「聯合議

| 54 | 德國的革命與反革命 |

會』，作為國民的合法的立法機關，來通過議會選舉的新選舉法，而選出的國會則將與國王協商新的憲法。規定選舉是間接的，投票的民衆，先選舉若干候選人，候選人再選出議員。不顧一切的反對，這種複選制是通過了。後來，又要求『聯合議會』允許發行兩千五百萬元的公債，雖為民衆黨所反對，也照以被議會同過了。

內閣的這些行為，使得民衆黨（現在它已經為民主黨）得到了最迅速的發展。這個黨以小商人階級為首領，當革命之初，在它底旗幟之下團結了大多數的工人階級；它要求與法政所建立的同樣的直接普選制，要求一院制的立法議會，並充分和公開承認三月十八日的革命，作為新政府組織的基礎。較溫和的一派對於一個這樣『民主化了』的君主政體卽認為滿意，更前進的一派則要求徹底地建立民主共和國。兩派都同意承認佛蘭克福德國國民議會為國家最高權力機關，而立憲派和反動派則對於這一團體的當政抱有很大的憎恨，他們公開宣言認為這一團體是太革命的。

工人階級的獨立運動被這革命打斷了一個時期。革命運動的直接要求與環境是不允許無產階級明白提出它底任何特殊要求的。事實上，當工人階級獨立行動的場地尚未清掃、直接普選制尚未建立、三十六個大小舍邦還很把德國分成無數小塊的時候，無產階級政黨除了注視——這在他們是極重要的——巴黎的革命運動並與小商人階級一致為攫取那些可供他們以後進行自己底鬥爭的地利而鬥爭以外，還能做些什麼呢？

當時無產階級政黨在其政治行動中用以表示自己與小商人階級（或適當地稱為所謂民主派）不同的，主要的只有三點：第一，對於法國革命運動的批評不同，關於這一運動，民主主派者攻擊巴黎的極端派，而無產階級革命者則擁護他們；第二，無產階級政黨宣佈建立一個統一而不可分的日耳曼共和國是必要的，而民主主義者之中最極端的激烈派也只敢為一個聯邦共和國；第三，無產階級政黨在一切場合表示了在行動上革命的勇敢與敏捷，這是任何以小商人為領袖並主要由小商人組織的政黨永遠不會有的。

無產階級的或眞正革命的政黨，很緩慢費力地才使工人大眾脫離了民主主義者的影響，在革命之初，工人是作了民主主義派的尾巴的。但在相當時期，民主黨領袖們的優柔寡斷和軟弱怯懦，使工人們最後脫離了他們影響。現在我們可以說，過去幾年革命運動主要的結果之一，就是，任何地方如果工人階級集中成了較廣大的羣衆，他們就完全脫離了民主主義的影響，這種影響在一八四八和一八四九年曾引導他們陷入無窮的錯誤和不幸。但我們最好不來預測，這兩年的事變將給我們以充分的機會來指出這些民主黨的騎士們做了些什麼事。

普魯士的農民，像奥地利的農民一樣（但力量較弱，一般地說來，封建壓迫在普魯士並不如在奧地利那樣厲害），

指活躍地參加一八四八年二月革命及六月暴動的那些無產階級俱樂部。它們底領袖是共產主義革命黨人勃朗基（Blanqui）
—— 編輯部注

> 56　　　德國的革命與反革命
>
> 利爾革命一下子解脫了一切的封建枷鎖。可是在這裏，由於上述的原因，中等階級立即轉而反對他們最早的最不可少的聯盟者——農民；與資產階級同樣害怕所謂攻擊私有財產的民主黨，也不再支持他們；像這樣，在三個月的解放之後，在流血的鬥爭與軍事的屠殺之後（尤其在西来西亞），封建制度便在昨天還是反封建的資產階級手裏恢復了。再沒有比這更可恥的事實，來反對他們的了。歷史上從來沒有任何黨派犯過同樣的叛變罪惡，出賣了最好的同盟者，也出賣了自己。不管這個中等階級政黨將來要遭受怎樣的屈辱與鞭苔，為了這一種行為便一切都是罪有應得。
>
> 　　　　　　　　　　　　　　一八五一年十月於倫敦

七　佛蘭克府國民議會

本文於一八五二年二月二十七日發表於『紐約論壇報』

我們底讀者也許還能回想到，在以上六文中，我們把德國的革命敍述到了維也納三月十三日和柏林三月十八日兩次偉大的民衆的勝利。我們看到，在奧地利和普魯士，都建立了立憲政府，發表了自由主義的（即中等階級的）宣言作未來政策的指導方針；這兩大革命行動中心之間惟一的顯著區別乃是：普魯士的自由主義資產階級以它學生和演講發兩個富商作代表，直接攫得了極力的韁繩，而奧地利的資產階級則在政治上所受教育少得多，自由主義的官僚們走進了政府，宣稱代替他們掌握政權。我們更看到，前此完全聯合一致反對舊政府的各政黨和社會各階級，如何在勝利之後或甚至在鬥爭進行中就自己分裂了；獨自從勝利中得了利益的同一資產階級，如何立卽轉而反對它昨天的同盟者，對一切更有進步性的階級或政黨取敵對態度，並且與被征服了的封建派和官僚派結成同盟。這在事實上是很顯然的，卽令是在革命劇最初開演的時候，除非是依賴於民衆的和更進步的政黨之援助，自由主義資產階級就不能不守它底陣地去反對那已被擊

| 58 | 德國的革命與反革命 |

毀他未被摧毀的封建的和官僚的政篆；同時為了對抗這些更進步的大衆之激流，它也同樣地需要封建貴族和官僚階級的贊助。像這樣，很明顯的，奧地利和普魯士的資產階級並沒有足夠的力量去保持他們底政權並使國家一切制度適合於他們自己底需要和理想。自由主義資產階級的內閣，不過是一個中途宿營地，視環境轉變如何，國家或是要從這兒繼續走向統一的共和國之更進步的階段，或者復歸於邪術的僧侶的封建的和官僚的統治中。無論如何，真正的有決定意義的鬥爭還要來的；三月的事變只是開始了戰鬥而已。

　　奧地利與普魯士是在德國居支配地位的兩邦，在維也納和柏林無便有決定作用的勝利，對於全德國，都會起決定作用。一八四八年三月的事變在這兩個城市中發展的程度，便幾乎決定了德國事態轉變的方向。所以，要反覆敍述各小邦所發生的運動便成了多餘的事，而且，如果不是這些小邦的存在產生了一個機關，而這機關的存在只是德國的變態局勢之最顯著的證據，也是最近的革命並沒有完成之最顯著的證據，那末，我們實在可以限於專門研究奧地利和普魯士的事件了。還有一個是如此變態，所處地位，是非常滑稽，而又是那樣滿懷自負，歷史多半永遠不會再產生一個與它相同的東西。它就是所謂美恩河上佛蘭克府(Frankfort-on-the-Main)的德國國民議會。

　　在維也納和柏林的民衆勝利之後，當然應有一個全德的代議制國會。因此這個機關就被選舉了出來，在佛蘭克府開會，與聯邦議會相並立。人民希冀德國國民議會解决一切爭險的問題，執行全德國聯邦最高立法權力機關的職務。但同時，集這議會的聯邦議會則對於它底職權毫無規定。沒有人知道它底法令是有法律效力的呢，還是要經過聯邦議會或各個政府批准。在這種混亂狀況中，如果國民議會稍有一點兒權力，它就會把聯邦議會解散取消——在德國再沒有比這議會更爲民衆所不滿的機關了——代之以一個聯邦政府，由國民議會自己底議員中選舉出來。它就會宣佈自己是德國人民統治國家的意志之惟一合法的代表，因此使它底一切法令都發生法律效力。最重要的是，它就會給自己在國內奪取一枝足以壓倒各政府方面任何反對的有組織的武裝力量。在那革命的初期，這一切都是容易的，很容易的。但這個議會的大多數分子是自由主義的律師和學究式的教授，它假充是德國知識和科學的精華之代表，而事實上是一個舞台，在這舞台上，老朽腐敗的政治角色把他們不自覺的滑稽醜態與思想和行動之無能展現在全德國人的眼前——對於這樣一個議會抱上述那種希望是未免太奢侈了。這個老媼議會，從它存在的第一天起，便害怕最小的民衆運動比害怕全德各政府一切反動計劃加在一起還要厲害。它在聯邦議會的監視之下開會——不，它幾乎是懇求聯邦議會批准它底法令，因爲它最初的決議案要得由那個討厭的機關公佈。它不確立自己底統治權力，反而故意避免討論任何這類的危險問題。它不把民衆底力量團結在自己周圍，反而去斤斤於討論議事日程，對各政府之暴力的侵犯則淡然不顧，它眼睜睜地看着美因斯(Mayence)+被圍攻，那兒的人民被繳械，而它竟無動作。

| 60 | 德國的革命與反革命 |

後來它還舉奧地利的約翰大公作德國的攝政，並且宜為它底一切決議都要發生法律效力，但後來，約翰大公只是在徵得了各邦政府的同意之後才榮登新位，而且授權給他的不是國民議會而是聯邦議會；至於國民議會的法令發生法律效力問題，這點從來未被各大邦政府所承認，而國民議會自身也從未執行，因此仍然是懸案。像這樣，我們看到一種奇異的景象，一個議會假充是偉大而有統治權的人民之惟一合法的代表，但永遠沒有使它底權力被人承認的意志和力量。這個機關的辯論沒有什麼實際結果，甚至也沒有一點理論價值，只不過重複一些陳腐不堪的哲學學派和法律學派之最平凡的老生常談而已；他們在這議會中所說——或者勿寧說是吃吃而出——的每一句話，在許久以前已經印行過一千次，並且比他們說得好過一千倍。

像這樣，這德國的假充的新中央權力機關，對於一切事情都沒不能有所進展。它毫未實現許久以來沒人要求的德國的統一，連統治德國的諸邦君主中之最無關重輕的也沒有予以廢除；它並沒有把德國各個省分之間的聯合的紐帶束得更緊一點；它從沒有稍事進行去破壞那把漢諾威(Hanover)與普魯士隔開、把普魯士與奧地利隔開的關稅壁壘；它甚至乎

† 一八四八年五月二十一至二十二日，人民自衛軍和正規軍的士兵在莫因斯（黑塞・達姆斯答(Hesse-darmstadt)）公國的一個城市）發生衝突。人民自衛軍被解除武裝，民主黨的團體和工人的團體被禁止。佛蘭克府議會的左派分子動議要議會要求懲辦國王的陰謀秘密顧問。可是，國會的大多數拒絕干涉。——編輯雜誌

佛蘭克府國民議會

點也沒有企圖去廢除普魯士邦那到處妨礙內河航行的苛稅。但這議會作事愈少，它底法螺就吹得愈響。它建立了德國的艦隊——但只是紙上空文而已；它兼併了波蘭和希萊斯威格（Schleswig）；它允許日爾曼族奧地利去進行反意大利戰爭，却又在奧地利人安全退入德境時終止意大利人追擊；它對於法蘭西共和國三呼以至於四呼萬歲；它又招待匈牙利的大使，但匈大使去時比來時對於德國當然是定更加糊塗了。

在革命之初，各邦政府曾把這議會當作一個可怕的怪物。它們預期這議會要採取專政的和革命的行動，——因為它底職權沒有明確的規定，在這中間，它們認為關於它的職權問題放着不提是必要的。因此這些政府便組織一種最周密的陰謀網，以削弱這個可怕機關的權力；但事實上它們聰明雖不高，幸運却很好，因為這議會替各政府做事效勞，比它們自己做得還要好些。這些陰謀之最主要的一點是各地方立法議會之召集，因此不僅各小邦召集了它們底立法會議，連普魯士和奧地利也召集了立憲會議，在這些會議裏，好像在佛蘭克府人民代表議會裏一樣，是自由主義中等階級或其同盟者自由主義律師、官僚等佔多數，每個會議中議事的傾向幾乎是一樣的。惟一的區別在此：德國國民議會是一個想像的國家底國會，因為它自身存在的首要條件便是一個統一的德國，而它却拒絕組織這樣一個國家；其次，它討論些由它自己創造的想像的政府之想像的永不能實行的措施；而在普魯士和奧地利，立憲機關至少還是真正的國會，推翻又建立了真正的內閣，而且至少有一個時期強迫它們必得與之抗爭，的，條文施行了它們底決議。它們並是怯懦的，並且缺乏革命畧的偉大眼光；它們也背叛了人民，把政權交還到封建主義、官僚的和軍事的專制主義者手裏。但它們至少不得不討論有利益的實際問題，不得不與別的人共同生活於地上，而佛蘭克府的傻子們則只能徘徊在「夢想的空中王國」為無上的娛樂。因此柏林和維也納立憲會議的議事錄，便成了德國革命史上重要的一頁，而佛蘭克府這羣蠢伯們所憑添絕妙的佳作，不過只能使文獻和古董收集家感到興味而已。

德國的人民深感到消除令人厭惡的疆土分裂之必要，因為這種分裂分散了並且消滅了國民的集體力量，所以有一時期他們希望佛蘭克府國民議會至少會開始一個新紀元。但這一羣蠢貨的幼稚行為不久就使國民的熱情渙散了。因馬爾莫(Malmoe)休戰（一八四八年九月）而生的可恥的事件，使得人民底憤怒爆發來反對這一機關；他們本希望這機關會輸與國民一種公平合理的活動範圍，而它反被無比的怯懦所驅使，不過使現在反革命制度建立於其上的種種基礎恢復了它們從前的穩固而已。

一八五二年一月於倫敦

八　波蘭人、捷克人和日耳曼人[+]

本文發表於一八五二年三月五日『紐約論壇報』

從以上各文所述，這已經是顯然的事情，就是：除非繼着一八四八年三月的革命再來一個新的革命，德國的一切不可避免地要恢復這次事變以前的狀況。但我們現在所要略予分析闡述的歷史課題是如此地性質複雜，如果不把可以稱之

※　馬克思和恩格斯在一八四八——四九年，關於民族問題的策略，常常爲各種各樣的機會主義者所曲解。德國的社會愛國主義者，在帝國主義大戰時曾援引一八四八年馬克思和恩格斯的態度作爲他們辯護（『保護祖國』，支持德國對俄戰爭的口實；另一方面，俄國的社會革命黨車爾諾夫（Cnernov），則在馬克思和恩格斯在德國革命時代的『日耳曼沙文主義』中，去探求一九一四年德國社會民主黨愛國立場的根源。可是，馬克思和恩格斯在民族問題上的眞正立場，是與愛國和祖國社會愛國主義者跟加於它的反革命的解釋毫無相同之處的。馬克思和恩格斯之研求民族問題的解決，和他們研求解決一切其他的無產階級策略問題者一樣，是從革命利益的觀點和無產階級鬥爭的利益的觀點出發的。一八四八年馬克思和恩格斯解決民族問題的眞正方式，必須與那一時代的特點和那一時期德國內外具體的階級力量對比聯繫起來看。俄國的沙皇專制，是領導反對一八四八年歐洲民主運動的、國際政治上最反動的力量。關於各被壓迫民族的民族運

64　德國的革命與反革命

為德國革命之國外關係的情形加以考慮，便不能夠清楚了解它底一切後果。而這些國外關係，也正像德國內部情形一樣的複雜。

大家都知道，在過去一千年中，整個的德國東半部，直到愛爾伯河（Elbe），薩爾河（Saale）和波黑米亞森林，都已經從斯拉夫族的侵略者手裏奪回來了。幾百年來這些疆域的大部分都已日耳曼化，一切斯拉夫族的民族性和語言文字動。馬克思和恩格斯把這些民族分成了革命的和反動的。後者之中包含有捷克人和南斯拉夫人，只因為這些民族在他們求獨立的鬥爭中趨向東方仰賴於沙皇俄國，於是事實上成了歐洲反動勢力的擁護者。因此，對於一八四八年歐洲和德國的革命，大斯拉夫主義還並執行了反革命的任務。大家都知道，奧地利專制主義利用了斯拉夫運動來壓迫德國和匈牙利的革命。因此，馬克思和恩格斯在一八四八和一八四九年是反對南斯拉夫人和捷克人的民族運動的。恩格斯在一八八二年寫道：

『只有在沙皇統治崩潰已經使這個小民族有民族獨立掙扎，與以大斯拉夫主義統治世界的思想不再混合在一起時，只有那個時候，我們才能使他們得到自由……』

對於另外一個斯拉夫民族，即波蘭人，馬克思和恩格斯便採取了不同的態度。他們底意見是要整個的西歐民主勢力都保證出面援助波蘭人爲獨立而鬥爭。波蘭人的解放，對於歐洲革命最大的外敵——沙皇俄國，是一個打擊。『波蘭人是惟一的不沾染大斯拉夫主義思想的斯拉夫民族。』（恩格斯）他們底運動『具有一種重大的、頭等的意義，不僅從全俄與全斯拉夫民主主義的立場看是如此，從全歐洲民主的立場上看也是如此。』（『列寧選集』，第十七卷）

我們所看到的馬克思和恩格斯從無產階級革命觀點出發來處理民族問題，在布爾塞維克黨中同樣可以看到這個特點。

『布爾塞維克處理民族問題的基本東西，就在於這個事實，就是：

波蘭人、捷克人和日耳曼人

都被完全消滅了；如果我們把少數完全孤立的殘存者除外（總數還不到十萬人，如波美蘭尼亞（Pomerania）的加蘇比亞人（Kassubians），魯沙西亞（Lusatia）的汶德人（Wends）或索爾比亞人（Sorbians）等是），這些地方的居民都是澈頭澈尾的日耳曼人了。但沿著全部的舊波蘭邊境，卽在捷克語族的國家如果里米亞和麼拉維亞，情形就不同了。在這些地

布爾塞維克是把民族問題看作與革命的前途有著不可分開的聯繫的。（斯大林）

帝國主義時代使得世界競技場上革命勢力與反動勢力的對比起了基本的變化，各較小斯拉夫民族的民族運動旣與這種變化相聯繫，我們對它的估價也必然要隨之而改變。

『沙皇主義顯然無疑地再不是反動勢力的主力軍。反動勢力的主要堡壘了。第一，因為它是受國際的特別是法國的金融資本所支持；第二，因為一九〇五年的革命。在那個時候，各大民族國家——歐洲各民主國——的系統，正在不管沙皇主義的抗議，而使民主主義和社會主義在世界上建立起來。馬克思與恩格斯因早死，而沒有見到帝國主義時期。現在則幾個『大』帝國主義國家的系統已經存在（有四五個國家），它們每個都壓迫其他民族，而這些壓迫也就是資本主義崩潰之快速原因之一，同時也是支配世界的各帝國主義國家中機會主義與社會沙文主義得到人為的支持底原因之一。在那個時候，解放了各大民族的西歐民主勢力，這與沙皇主義相敵對的，因為沙皇主義為了反動的目的，操縱了某幾個小民族的運動。現在那些皇帝國主義與進步的資本主義的歐洲帝國主義，根據它們對許多民族的普遍的壓迫而結成一個『聯盟』，以對抗社會主義的無產階級，進一步數的隊伍又分裂成了兩部分，一部分是沙文主義者和『社會帝國主義者』，一部分是革命的無產階級。』（『列寧全集』，第十九卷，『民族自決權的辯論總結』）　　——編譯部註

方，兩民族在各區域都是混合雜居，城市一般地說多少總是日爾曼的，而農村中則以斯拉夫佔優勢，甚至介在農村中，斯拉夫族也因日爾曼人勢力的侵逼而逐漸瓦解和被逼退了。

這種事態的原因是：自從加爾（Charlemagne）時代以後，日爾曼人就用他們最堅定最頑強的努力，想把歐洲東部征服，殖民地化，或至少文明化。愛爾伯河與歐德爾河之間封建貴族的征服，普魯士和里紅尼亞（Livonia）武士階級封建殖民地的征服，不過只是通過德國工商業中等階級給一個規模更大得多更有力得多的日爾曼化計劃立下一個基礎而已。像西歐其他地方的中等階級一樣，德國的中等階級從十五世紀以後就崛起在社會上和政治上佔重要地位了。斯拉夫人，尤是西方的斯拉夫人（波蘭人和捷克人），主要是從事農業的種族，他們從來不很喜歡從事工商業。於是便產生了這種結果：隨著這些區域人口的增加和城市的興起，一切工業製造品的生產便都落在日爾曼族移民的手裏，這些商品與農產物的交換，就成了猶太人的壟斷營業，而猶太人在這些國家裏如果有些民族性的話，當然像是日爾曼人而不像是斯拉夫人。全部東歐的情形一直有些是這種樣子。在彼得堡、柏茲（Pesth）、雅西（Jassy），甚至在君士坦丁，直到今日，手工業者、小商人、小製造業者都還是日爾曼人。而放債者、酒肆或旅館主人、行商——在這些人口稀少的國家，這種人是很有重要性的——等則大多數是猶太人，他們底國語則是一種訛謬百出的德國話。斯拉夫族逐漸地日爾曼人底重要性，像這樣隨著城市和工商業的發達而增高，當人們發覺需

波蘭人、捷克人和日爾曼人

字一切的精神文化必須從德國輸入時，他們底重要性就愈加增多了。隨着日爾曼族商人和手工業者之後，日爾曼人牧師、教員和學者也來到所並夫人的國土上安身立業起來了。最後征服軍隊的鐵蹄或奪權圓滑的外交手腕，不僅追隨在那個進步（因社會發展而民族性破壞之雖未緩而確實的進步）的後面，而且有許多次跑在它底前面了。因此，西普魯士與波森（Posen）的大部分，由於把公地售賣或賞賜給日爾曼人的殖民事業者，由於獎勵日爾曼人資本家在那附近建立工廠等，並且還經常地由於對該國波蘭居民所採取的極端專制手段，從第一次瓜分波蘭以後就日爾曼化了。

像這樣，近七十年完全改變了日爾曼民族與波蘭民族間的分界線。一八四八年的革命，立即喚起了一切被壓迫民族要求獨立和自決權，波蘭人立即要求依一七七二年以前舊波蘭共和國的疆界，恢復他們底國家，乃是十分自然的事。不錯，如果把這疆界當作日爾曼民族與波蘭民族的分界線，那末，它在一七七二年就已經等於作廢了，此後由於日爾曼化的進展，更是一年年泯滅下去；但當時日爾曼人既曾宣稱他們是原來熱情地贊成波蘭復國，那末，被人要求放棄他們所獲得的一份波蘭領土作他們同情的真實性之第一個證據，便是應有的事了。另一方面，波蘭民族從來沒有能證明它底進步能力可以超過以農奴制為基礎的封建狀態，那末，主要由日爾曼人居住的鄰境土地，完全屬日爾曼人的大城市，是否應該放棄讓給這樣一個民族呢？這問題複雜極了。惟一可能的解決方法是與俄國開戰。那末，在各革命化了的民族間的劃界問題，比之於首先建立一個安全的邊境以反抗共同的敵人，便成了次要的問題；由於在東方得到了擴大的領土，波蘭人在西方便會變得更加馴順而有理性，最後，他們就會想著里加（Riga）和米陶（Mitau）完全與但澤（Danzig）和愛爾濱（Elbing）是一樣的重要。因此，德國的進步政黨，想著要繼續歐洲大陸的運動，便有對俄開戰的必要，更認爲波蘭復興即令只恢復一部分，也必然要發生這樣的戰爭，所以就贊助波蘭人；而居統治地位的中等階級政黨，則清楚地預見到任何對俄的民族戰爭都要使它自身崩潰，因爲這種戰爭定要招致更積極、更要求有能力的人來掌握政權，因此它以日爾曼民族的擴張底虛僞的熱情，宣言普魯士國的波蘭（波蘭革命運動的主要策源地）乃是未來日爾曼帝國之不可或缺的部分。前幾天在騷動中給與波蘭人的諾言，又可恥地背棄了。得政府允許而組成的波蘭軍隊，則被普魯士的砲兵所解散和屠殺；僅只到一八四八年四月，距柏林革命不到六星期，波蘭的革命運動就被摧毀了，波蘭人與日爾曼人之間舊的民族敵視又復活起來。對於俄國專制君主這無限的大功，乃是自由主義商人閣員甘孛生和漢斯曼所效力的。我們必須附帶說明，這次對波蘭的戰役，乃是改組和重建普魯士軍隊的第一步，正是這普魯士軍隊，後來驅逐了自由黨，摧毀了甘孛生和漢斯曼先生們那樣辛苦經營的運動。『罪之所在，罰亦隨之。』這就是一切一八四八和一八四九年的新貴們，自賴德魯羅林以至強葛尼爾（Changarnier）、自甘孛生以至海諾（Haynau）等人的命運。

民族問題又在波黑米亞引起了一次鬥爭。這個居民有二百萬日爾曼人和三百萬捷克語族斯拉夫人的國家，是有着偉大的歷史遺跡的，這些遺跡，差不多完全與從前捷克人統治時期有關。但自從十五世紀的虎斯派戰爭（Wars of the Hu-ssites）※以後，斯拉夫族這一支脈的勢力就被打破了。說捷克語的地方被分裂了，一部分形成了波黑米亞王國，另一部分形成了摩拉維亞公國，第三部分是斯洛伐克人（Slovaks）所居的卡爾巴希亞（Corpathia）山地，是匈牙利之一部。摩拉維亞人和斯洛伐克人許久以來就失掉一切民族情感與民族生命力的痕跡了，雖然大半還保持着他們底語言。波黑米亞的四周，有三方面被完全日爾曼人國家所包圍。日爾曼人在波國的領土上有很大的發展，甚至在其首都普萊格（Prague），這兩個民族也是勢均力敵；資本、商業、工業和一切文化事業，到處都在日爾曼人手裏。捷克民族的第一個衛士巴拉基（Palacky）教授，他自己就是一個發了狂的博學的日爾曼人，即令在今天也還不能正確地不帶外國人語音地說捷克話。但這種事是常常有的：將死的捷克民族，過去四百年來歷史上一切事實證明它是將要死亡的民族，在一八四八年卻最後一次努力要恢復它從前的生命力；撇開一切從革命方面的考察不論，這一努力之失敗足以證明波黑米亞此後只能

※ 這是十五世紀前五十年中宗教改革家約翰‧虎斯（Johann Huss）底信徒們的一種改革運動，目的是宗教改革和捷克民族獨立。————編輯部註

70	德國的革命與反革命

作為德國的一部分而存在，雖然它底人民有一部分也許還要有幾百年繼續說一種非日爾曼話的語言。

一八五二年三月於倫敦

九 大斯拉夫主義——希萊斯威格、荷爾斯坦的戰爭(Schleswig-Holstein War)

本文發表於一八五二年三月十五日『紐約講壇報』

波黑米亞與克魯希亞（Croatia，斯拉夫族的另一分脈，他們受匈牙利人的影響，好像波黑米亞人受日爾曼人的影響一樣），乃是歐洲大陸上所謂『大斯拉夫主義』的發源地。波黑米亞和克魯希亞底力量都不足作一個民族而獨立自存。它們各自底民族性，因許多歷史原因（這些原因必然要使它們底民族性同化於更強大的民族）的作用而漸漸崩潰了，如果希望能重行恢復一些獨立性，只有與其他的斯拉夫民族聯合起來。波蘭人有兩千二百萬，俄羅斯人有四千五百萬，為塞維亞和保加利亞人有八百萬，——為什麼不把這幾個八千萬斯拉夫人組成一個強有力的聯邦，把神聖的斯拉夫族土地上的侵入者土耳其人、匈牙利人，尤其是那可恨而又不可或缺的尼米茲（Niemetz，即日爾曼人驅逐出去而消滅掉呢？因此，在幾個愛好歷史科學的斯拉夫人書齋裏，便發起了這個糊塗的、反歷史的運動，這運動的目的簡直就是要使文明的西方受制於野蠻的東方，城市受制於鄉村，商業、工業和知

| 72 | 德國的革命與反革命 |

識受制於斯拉夫族的原始農業。但在這種可笑的理論之後，更站着俄羅斯帝國那可怕的實際；這帝國，它用每一運動證明它那種野心，認為全歐洲都是斯拉夫種族的領土，尤其是這一種族之惟一强有力的部分——俄羅斯人的領土；這帝國，它雖有聖彼得堡和莫斯科這樣兩個首都，但其每個俄國農民認為是他底宗教和國家之真正京都的『沙皇之城』（卽君士坦丁，俄文為沙里格勒，卽沙皇底城之意）一天還未真正成為他真某帝駐節處的時候，它就像還沒有找到它底重心；這帝國，在過去一百五十年以來，由它掀起的每次戰爭中都從未失掉領土，而總是獲得領土。俄羅斯政策用以支持新發明的大斯拉夫主義組織的許多詭計，在中歐是人所共知的；為適應這一組織的種種目的，再不能發明比它更好的組織了。因此波黑米亞和克魯帝亞的大斯拉夫主義者，有的是有意，有的並不自知，都為俄羅斯的直接利益而工作；他們為了一個民族的幻影而背叛了革命事業，這民族，在最好的境遇裹，怕也要享受波蘭人在俄國統治下的命運。可是，我們必須說出這一點來表示對波蘭人的尊敬，就是，他們從沒有認真搞過這些大斯拉夫主義的圈套，如果有少數貴族變成了狂熱的大斯拉夫主義者，那是由於他們知道在俄國治下所受的損失，比起他們自己底農奴反叛所受的損失要輕些的緣故。

後來波黑米亞人和克魯帝亞人便在普萊格召開了一個斯拉夫人大會，準備成立一個全體斯拉夫人的聯盟。卽令沒有奧地利的軍事干涉，這個大會也一定要失敗的。斯拉夫人的幾種語言之不同，就像英語、德語和瑞典語之不同一樣，當

大斯拉夫主義——希萊斯威格、荷爾斯坦的戰爭

會議開始時，沒有一種共同的斯拉夫語言供發言人們用以使大家了解他們。法語曾被試用，但同樣為多數人所不懂，於是可憐的斯拉夫族熱心人士們，他們惟一的共同感情本是對德國人有一種共同的忿恨，却終於不得不用那被忿恨的德國話來表達自己的意見，因為德語是大家都懂的惟一的語言！但正在這個時候，另外一個斯拉夫人的大會也正在普萊格召集，大會形式上葛里西亞（Galicia）人的輕騎兵，克洛希亞與斯洛伐克人的擲彈兵，波黑米亞的砲兵和胸甲騎兵；這真正的、武裝的斯拉夫人大會，在溫狄席格雷茲（Windischgratz）的指揮之下，不到二十四小時就把一個想像的斯拉夫人統治權的奠基者們驅逐出城，作鳥獸散了。

奧地利立憲議會中波黑米亞、摩拉維亞、達爾馬希亞的代表，和一部分波蘭的代表（權貴），在會議中對日爾曼代表作了有系統的鬥爭。日爾曼人和一部分波蘭人（貧窮了的貴族）是會議中革命的進步底主要擁護者，斯拉夫族的一羣代表則反對他們；這些代表這樣顯然表示他們底反動傾向還以為未足，更無恥之極地去與奧地利政府陰謀勾結，而解散了他們底普萊格會議的正是這個政府。為了這種卑鄙的行為，他們也得到了報應；在一八四八年十月暴動（這次事變最後給他們在議會裏獲得了多數）中擁護了政府之後，這個現在幾乎全體議員都是斯拉夫人的議會，便像普萊格大會一樣被奧地利的軍隊解散了，而這些大斯拉夫主義者則被恫嚇說如再有所動作，就要予以拘禁。他們就只得到了這樣一個結果：斯拉夫民族現在到處正被奧地利的中央集權所瓦解。

这结果是他们底熱狂性和盲目性所應得的。

如果匈牙利和德國的邊境有任何疑點，在那兒也定要發生另一種爭端。但幸而沒有任何藉口，兩民族的利益又有密切關係，於是他們便與共同的敵人作鬥爭，這敵人就是奧地利政府和大斯拉夫主義的狂想。相互的善意諒解沒有一刻精受妨礙。但意大利的革命至少使德國一部分陷於互相殘殺的戰爭；同時我們必須在這兒說明一事，作爲梅特涅統治制度在阻遏民智發展方面是如何成功的一個證據，就是，一八四八年前半年在維也納參加戰鬥的人們，又滿懷熱情去參加與意大利愛國者打仗的軍隊去了。不過，這種可悲的思想混亂並沒有長久繼續。

最後，就是與丹麥爲了希萊斯威格和荷爾斯坦的戰爭。這兩個國家在民族、語言和嗜好方面，無疑地是屬於日爾曼人，從軍事、海運和商業的見地上說，對於德國也是必要的。它們底居民在過去三年中，曾與丹麥人的侵入作艱苦鬥爭。而條約的權利也有利於它們三月革命使它們與丹麥人公開地衝突起來，德國就援助它們。可是，德國在波蘭、在意大利、在波希米亞以及後來在匈牙利，都會以最大力量作軍事行動，而在這唯一屬於民衆的、惟一革命的（至少一部分是如此）戰爭中，却採取了一套無結果的進攻和退守，並屈服於外國的外交干涉，以致在許多的英勇戰鬥之後，終於得到最不幸的結果。德國政府在戰爭中每每出賣希萊斯威格、荷爾斯坦的革命軍隊，故意讓它在被驅散或分開的時候被丹麥人所消滅。日爾曼人義勇隊也遭受了同樣的待遇。

大斯拉夫主義──飛萊斯威格、荷爾斯坦的戰爭　75

但當德國的名字這樣被各方面所怨恨時，德國各立憲的自由主義的政府却撫掌大樂。它們已經成功地粉碎了波蘭人和波黑米亞人的革命運動。它們使舊的民族仇恨到處復活，前此使日爾曼人、波蘭人和意大利人彼此間不能有任何共同諒解與行動的正是這種仇恨。它們已經使人民習慣於內戰和軍事壓迫的情景了。普魯士軍隊在波蘭、奧地利軍隊在普萊格都又恢復了自信心；當熱心革命但識見短淺的青年之過分的愛國心（即海涅所謂『Die Patriotische Ueberkraft』）在番來斯威格和朗巴狄（Lombardy）被引導敵人的開花彈下而粉碎的時候，普魯士和奧地利的正規軍，行動的真正武器，則被位置在一個戰勝外人以復得民衆歡心的地位。但是我們重複地說：這些被自由主義者所加強作反對更前進的政黨之工具的軍隊，剛一稍稍恢復它們底自信力和紀律，便轉而反對那些自由主義者，並且把政權置行交還舊制度的人物。當拉得茨基（Radetzky）在阿狄治河（Adige）後面他底軍營中接到維也納的『責任內閣閣員』第一次的命令時，他大呼道：『這些閣貨是什麼人？他們並不是奧地利的政府！奧地利除了在我底軍營中而外，別處再沒有奧地利了；我與我底軍隊，我們就是奧地利；在我們將來把意大利人打敗以後，我們就要把皇帝的帝國江山重行取囘送給他！』老拉得茨基是對的，──但維也納無能的『責任』閣員們却不注意他。

倫敦，一八五二年二月。

一〇 巴黎暴動——佛蘭克府議會

本文發表於一八五二年三月十八日『紐約講壇報』

早在一八四八年四月初，革命的浪潮已經在全歐洲大陸被阻止了，因為從最初的勝利中獲得利益的社會各階級，立卽與被征服者成立了聯盟。在法國，小商人階級和資產階級共和派，已經與資產階級帝制派聯合起來反對無產階級；在德國和意大利，勝利的資產階級急急乞求封建貴族、政府官僚和軍隊的援助，以反對廣大民衆和小商人。保守的反革命的各政黨之聯合，很快地又獲得了優勢。在英國，發動不得時和準備不足的民衆示威（四月十日）*，使得從事革命運動的政黨遭到了完全的決定的失敗。在法國，兩次相似的運動（四月十六日和五月十五日）**也同樣被擊敗了。在

---

* 一八四八年四月十日，英國憲章運動派（Chartist）在倫敦組織了一個會議，同時計劃在把那有五百五十萬人簽名的請願書提交國會時，舉行一次示威。示威被禁止了，倫敦集中了許多軍隊。在這種情形之下，憲章運動派的會議便放棄了示威，國會拒絕了請願書。在四月十日的示威失敗之後，憲章派運動便開始衰落了。

——編輯部註

意大利，『炮彈國王』††† 在五月十五日一擊而復得政權。在德國，各新的資產階級政府與各該政府的立憲議會，地位都鞏固起來。如果說維也納多事的五月十五日使民衆獲得了一次勝利，這不過只是一個次要的事變而已，可以說是民衆精力底最後一次勝利的閃耀。在匈牙利，革命運動看來要傳入完全合法的平靜的道路上了。至於波蘭的革命運動，我們在前文中已經看到，剛萌芽就被普魯士的刺刀使之夭折了。但事態最後的轉變如何，一切尚無决定，各革命黨在各國所失去的每一寸陣地，只在使他們底隊伍更加團結，準備作決勝負的鬥爭而已。

決勝負的鬥爭臨近了。鬥爭只能在法國進行，因為，在英國沒有參加革命戰鬥而德國仍然四分五裂的時候，由於國家的獨立，文明和中央集權，法國乃是惟一能夠給它周圍各

†† 在四月十六日，為了選舉國防軍軍官，工人們得會於戰神賽場（Champs de mars）。接着組織了一個對市政廳的和平示威，要提出一件請願書，內容總概要求是要實現民主的和社會主義的共和國。示威波武裝的國防軍驅散了。

在五月十五日，巴黎工人舉行了示威。他們要求宣佈革命戰爭以解放波蘭、採取消除窮苦的措施等等。他們曾作驅散立憲議會的企圖而未獲成功。革命運動被壓碎了，有幾個領袖（以布朗基(Blanqui)為首）被捕了。

—— 編輯部註

††† 拿波里（Nap'es）的斐迪南二世（Ferdinand2），為了他在一八四八年九月兇猛地轟擊梅辛那（Messina）城，被人起了個綽號叫炮彈國王。五月十五日是拿波里國會解散的日子。—— 編輯部註

國以有力的革命衝動的國家。所以，當一八四八年七月二十三日巴黎的流血鬥爭開始的時候；當接連的每封電報和信件把這件事實清楚地擺在歐洲人眼前的時候（這事實就是，鬥爭是在這樣兩方面之間進行：一方面是工人大衆，一方面是得到軍隊援助的巴黎人民之一切其他的階級）；當戰爭繼續了好幾天，激烈程度爲現代內戰史上前所未見但兩方面都未得到明顯勝利的時候；——這時候每個人都淸楚地看到了，這乃是一個偉大的決勝負的戰爭，如果暴動勝利了，就要使整個歐洲大陸泛濫着新的革命；否則，如果暴動被鎭壓下去，就要至少暫時恢復反革命的統治。

巴黎的無產者被擊敗、屠殺和粉碎了，這打擊，對他們是如此地創巨痛深，直到現在，他們都還沒有復元。在整個歐洲，新舊保守派和反革命者都立卽帶着無恥的倨傲抬起頭來，這倨傲就表示他們對這次事變的重要性了解是如何地淸楚。新聞紙到處受攻擊，集會結社權到處受干涉，每一鄕僻小鎭所發生的每一小事件，都被利用以鏟除人民武裝，宣佈戒嚴，被利用以加威革克（Cavaignac）敎授他們的新的操演和技術來訓練軍隊。而且，自二月革命以後，大城市裏人民暴動是不能被戰勝的這種說法，第一次被證明是一種幻想；軍隊的信譽恢復了；而此在巷戰中總是失敗的隊伍，卽令在這類戰爭中他們也恢復了對於自己底能力的自信。

德國的舊封建官僚政黨積極進行並明確計劃，要把他們暫時的同盟者中等階級也擺脫掉，並把德國恢復到三月革命以前的狀態，這事可以說是從巴黎的勞動者失敗以後開始

| 80 | 德國的革命與反革命 |

的。在這個國家中，軍隊又是決定的力量，而軍隊也正屬於他們自己而不屬於中等階級。甚至在普魯士，一八四八年以前一部分下級軍官本是表示很傾向於立憲政府的，但革命使軍隊中發生的騷亂，使那些穩健的青年又像從前一般忠順了；只要普通士兵對於長官們稍微隨便一點，他們就會立刻痛感到紀律與絕對服從的必要。被擊敗的貴族與官僚現在開始看到他們面前有出路了。比前此更加團結的軍隊，在小的暴動和對外戰爭中得到勝利而趾高氣揚，更羨妒法國的士兵們剛剛得到的大勝利，——這樣一個軍隊只要不斷地與人民作小的衝突，一旦決勝負的瞬間來到，它就能夠以強大的一擊而粉碎革命黨人，並且打破中等階級奪取政權的野心。作這樣一個決勝負的打擊的時機很快就來到了。

那些有時新奇而大半令人煩惱的議會記錄，以及各黨派夏季在德國所忙於從事的地方鬥爭，我們略而不談。我們只說明這一點就夠了：中等階級利益的支持者，雖然在議會裏得了許多勝利，但沒有一種勝利得到過任何實際效果，他們普遍地感到他們處於兩個極端黨派之間的地位——天天變得更不穩固了，因此，他們便不得不今天希求與反動派聯盟，明天又要獻媚博取更為民衆擁護的黨派底歡心。這種不斷的搖擺，使輿論對於他們失去了最後的信仰。而按照那樣發展的趨向，他們之遭受輕蔑，暫時主要地是有利於官僚和封建主義者的。

到了秋初，各政黨相互間的局勢變得很惡化而且危機緊迫，使決戰成為不可避免的了。民主的和革命的大衆與軍隊

巴黎暴動——佛蘭克府議會

最初的戰鬥發生於佛蘭克府。雖然只是一個次要的戰鬥，它却是軍隊壓服暴動第一次有些重要性的勝利，並且收了很大的精神上的效果。佛蘭克府國民議會所建立的鬆宽的政府，得普魯士允許的去和丹麥訂立休戰協定（原因是明顯的），這不但把希勒斯威格的日爾曼人委之於丹麥人底報復，而且也完全否認了一般認爲引起丹麥戰爭多少帶革命性的原則。這休戰協定，在佛蘭克府議會中爲只多了兩三票的多數所否決了。在這次議決之後，即發生一種表面的內閣危機，但三天後議會重行考慮他們底決議，實際結果是取消了那個決議而承認了休戰協定。這個可恥的議案激起了人民的憤怒。人民建起了防禦工事準備暴動，但佛蘭克府已經調來了充足的隊伍，在六小時的戰鬥之後暴動被鎮壓下去了。與此次事變有關的相似而較不重要的運動，發生於德國其他地方（巴登、科倫），但也同樣被擊敗了。

這次的預備戰鬥，給了反革命政黨一個大的便利，就是：那完全由人民選舉出來（至少表面上是這樣）的佛蘭克府帝國政府，也像國民議會一般，在人民的眼面前崩潰了。這政府和議會，都曾沒有辦法而訴之於軍隊的刺刀以反對民意的表現。它們是自取其辱，它們前此多少還得到一點尊敬，但這樣否認自己底本源，這樣依賴於反對人民的各政府和它們底軍隊，使得帝國的攝政以及他的閣員與代議士此後都完全成了廢物了。我們不久就要談到最先是奧地利、接著是普魯士、後來各小邦也效法起來，它們都是怎樣以輕蔑對待這個無能的夢想者機關發去的命令、提出的要求或派去的

| 82 | 德國的革命與反革命 |

代表。

　　現在，我們該談到法國六月間的戰鬥在德國所發生的一大反動了，這事變對於德國有決定的意義，正如像巴黎的無產階級鬥爭對於法國一樣。我們底意思是指一八四八年十月的維也納革命和因此而生的大動亂。但這次鬥爭是如此地重要，如果想把比較直接地促成這事件發生的種種情事加以說明，又要佔諸實報的許多篇幅，所以必須在另外一次通信裏來討論它。

一八五二年二月於倫敦

一 維也納暴動

文本發表於一八五二年三月十九日『紐約講壇報』

現在我們該敘述到一個有決定意義的事變了。這事變對於德國的革命意義，正像巴黎的六月暴動。這事變在一次打擊之後使局勢轉向到有利於反革命的政黨了。這事變就是一八四八年十月的維也納暴動。

三月十三日革命勝利之後維也納各階級的地位如何，我們已經知道。日爾曼族所居的奧地利底革命運動，如何與非日爾曼族所居的奧地利各省的事變互相糾纏並受其阻碍，我們也已經知道了。所以，我們現在只須把引起這最後的、最勇猛的暴動之諸原因略述一下。

高級貴族與作證券交易的資產階級，曾作梅特涅政府之主要而不公開的支柱，即令在三月事變以後，也還能夠保持一種對於政府的支配力量；他們能夠如此，不僅有賴於宮廷、軍隊和官僚，而且更有賴於在中等階級中間迅速傳佈的『無政府』恐怖。他們很快地以出版法、奇怪的貴族憲法和根據舊的『等級』區分來選舉的選舉法等等形式作觸鬚以試探空氣*。包含着半自由主義的怯懦無能的官僚們的所謂立

| 84 | 德國的革命與反革命 |

憲內閣，在五月十四日甚至直接攻擊羣衆的革命組織，把國防軍代表和學生軍團** 代表的中央委員會解散了（這團體是公開地爲了要控制政府並在必要時號召民衆力量反對它而組織的）。但這種行動激起了五月十五日的暴動，政府因這次暴動而被迫承認了上述的委員會，取消了憲法和選舉法，並且賦權給由普選產生的憲法議會起草新的國家根本大法。這一切都由第二天的皇帝上諭證實了。但也有代表在內閣裏的反革命政黨，不久就使他們底自由主義的同僚對民衆的勝利作數的進攻。學生軍團是革命運動政黨的堡壘，是繼續鼓動的中心，但正爲了這原因，成爲較穩健的維也納市民所厭惡的東西了。在二十六日這天，內閣一道命令要解散它。如果只要一部分國防軍來執行這命令，這個打擊也許已經成功，但政府連國防軍也不相信，而更信賴正規軍隊，以致國防軍立即倒戈與學生軍團聯合，於是內閣的計劃遭受了挫折。

但同時，皇帝與他的宮臣們已經在五月十六日離開維也納逃到了因斯布魯克（Innsbruck）。在這兒，反革命的政黨有頑強的提羅利安人（Tyroleans）圍繞着，這些人爲了看到薩多・朗巴底（Sards-Lombardian）** 軍隊有侵入的危險，

* 這種出版法要求存儲大量保證金才有出版報紙。四月二十五日的憲法否認工人的選舉權，創設第二議院，設以等級爲基礎的地方代表團體繼續存在，並且爲皇帝恢復了否決權。　　——編輯部註

** 學生軍團是一個由大學生組成的組織：它是一切各種階級軍事組織中最急進的。　　——編輯部註

唤起了對於皇室的忠心；因為拉得茨基底軍隊駐在附近，因為布魯克就在這軍隊砲彈的射程之內，反革命的政黨更得到了支持；於是它就找到了避難所，自由地、隱蔽地、安全地從這兒集結它那分散的力量，把它底密謀和暴行修補好散佈全國。與拉得茨基、耶拉乞奇（Jellachich）、溫狄希格萊茨以及各省行政組織中可信賴的人們之間的聯絡又打通了。奧斯拉夫人首長間的陰謀開始了。於是便形成了一種真正的力量在反革命的暴帝官吏們操縱之下，同時則讓維也納無能的閣員們在與革命暴業不斷的衝突中、在將要來到的立憲議會底辯論中，消毁人民對他們的一星兒信仰。因此，對首都的革命運動置若罔聞之不理的政策，要是在法國那樣一個中央集權的統一的國家中，定要使革命行動政黨成為全能無敵，而在奥地利這樣一個複雜的政治結合體裏面，却是組織反動派力量的最安全的方法之一。

在維也納，中等階級以後宮廷也終過了三次失敗，眼前就要召開由普選產生的立憲議會，已經再不是一個可怕的敵人了，便漸漸陷入厭倦和冷淡，老是要求秩序與安靜，在猛烈的紊亂而因之而生的商業阻滯之後，這種情緒到處襲着這一階級。奥地利首都的製造業，幾乎完全只限於奢侈品的生產，自從革命和宮廷逃亡以後，需要必然是很少的。恢復

＊＊＊ 意大利革命軍隊的核心是薩多·朗巴底的軍隊，他們當時勝利地把拉得茨基將軍統帥之下的奥地利軍隊驅到了北方。

——編輯部註

| 86 | 德國的革命與反革命 |

正常的政府組織和宮廷返都（希望這二者能使商業的繁榮復活），現在在中等階級裏成為普遍的呼聲了。七月中憲法議會的開會被報以歡呼，因為這表示革命時代終結了；宮廷的歸來也被以歡呼報之，這宮廷在拉得茨基在意大利勝利＊之後，在多布爾霍夫（Doblhoff）反動內閣上台之後，頗自以為已經力足抗拒民眾的浪潮，同時，維也納亦需要它回來以完成與議會中佔多數的斯拉夫人議員的陰謀。當立憲議會討論解放農民底封建束縛與免除代貴族作強迫勞動的法律的時候，宮廷完成了它底陰謀之傑作。在八月十九這天，他們要皇帝去檢閱國防軍，皇室、宮臣和將軍們，競相恭維這些武裝的市民。這些市民這樣看到他們被公開承認為國家的重要團體之一，已經被驕傲所陶醉了。接著立即就有一道命令發表，由內閣中唯一得人民信仰的閣員席哇茨爾（Schwarzer）簽字，撤銷政府前此給與失業工人的補助金。詭計成功了；工人階級便起來示威；中等階級的國防軍則宣稱贊成他們底閣員的命令；他們在八月二十三日向『無政府黨人』進攻，虎狼般猛撲手無寸鐵毫不抵抗的工人，把他們屠殺了許多。於是革命勢力的團結和力量被破壞了；資產階級與無產階級間的階級鬥爭在維也納也演成了流血的事變，於是反革命的宮臣們便看到它可以發揮它偉大打擊的日子將要來到了。

＊ 拉得茨基獲得這些勝利是在八月。多布爾霍夫內閣在一八四八年七月中旬當政。

—— 編輯部註

匈牙利的事件很快地給了他們一個機會公開宣佈他們將要怎樣行動的原則。在十月五日，『維也納新聞』上發表一道皇帝勅令，宣佈解散匈牙利議會（這命令沒有一個代匈牙利負責的閣員副署），並且任命克魯希亞人耶拿乞希作該國的文武總督，——耶拿乞希是南斯拉夫反動派的一個領袖，他實際上是一個與匈牙利的合法政權相對敵的人。同時，維也納的軍隊奉命開出，去與那些強迫匈牙利人承認耶拿乞希政權的軍隊一致行動。可是，這一來馬脚就太明顯地露出來了：維也納的每個人，都覺得與匈牙利作戰，就是與立憲政府的原則作戰，而這一原則就在這一命令中被踐踏了，因為皇帝企圖不經一個責任閣員副署就使命令發生法律的效力。人民、學生軍團、維也納的國防軍，在十月六日羣起阻止軍隊的開動；民衆武力與軍隊發生了短時間的鬥爭；陸軍大臣拉都爾（Latour）被人民所殺，到晚間人民便勝利了。同時，耶拿乞希也在斯圖爾懷森堡（Stuhlweissenburg）被伯柴爾（qlrczel）所擊敗，逃到維也納附近日爾曼族奧地利的領土上去了；要開去援助他的維也納軍隊，現在也對他取顯然敵對和防禦的態度；皇帝與宮廷又逃到半斯拉夫人領土的阿爾米茨（Olmutz）去了。

在阿爾米茨，宮廷發現環境與它從前在因斯布魯克時的環境是很不相同的。它現在所處的是一個要直接與革命作戰的地位。它周圍是些羣集於阿爾米茨的立憲議會的斯拉夫族議員和帝國各地方來的斯拉夫族熱心家。在他們看來，這次戰爭將是一個斯拉夫人復興的戰爭，是一個殲滅侵入他們認

| 88 | 德國的革命與反革命 |

為是斯拉夫人領土的兩個侵入者——日爾曼人和馬德亞爾人（magzar，卽匈牙利人）——的戰爭。普萊格的征服者溫狄希格萊茨現在是集中於維也納四周的軍隊的司令官，立刻變成了斯立夫民族的英雄了。他底軍隊迅速地從各方面集合攏來。從波黑米亞、摩拉維亞、斯提里亞（Styria），上奧地利和意大利，一旅一旅的軍隊在運到維也納的各大路上前進，來與耶拉乞希的隊伍與舊首都衞戍軍相會合。將近到十月末的時候，這樣集請起來底隊伍有六萬以上，卽刻就從各方面把逼帝都包圍了起來，到十月三十日，他們已經很有進展，可以作決勝負的攻擊了。

同時，在維也納是充滿著混亂與毫無辦法。中等階級一經獲得勝利，便又對『無政府的』工人階級抱定從前那種不信任的態度了；工人們呢，也還記着六禮拜以前他們在那些武裝的小商人手裹所受的待遇，記着一般中等階級之不堅定的動搖的政策，不相信他們能保護維也納城，要求他們自己底武裝和軍事組織。无誤與橫暴帝制作鬥爭的熱忱的學生軍團，完全不能了解兩個階級中間隔膜的性質如何，否則就是完全不了解當前局勢的需要。在羣衆心裏的是混亂，在各統治機關中也是混亂。除了幾個更革命的波蘭議員而外，議會中殘餘的日爾曼族議員和幾個給他們底阿爾米炎的朋友們作偵探的斯拉夫族議員是經常在壁的，但他們並不採取堅決的行動，只花費時間於無聊的辯論，爭辯在不越出憲法規約的範圍之內抵抗皇帝軍隊是否可能。擬差不多維也納一切民衆團體代表組成的治安委員會雖然決心抵抗，但依然被市民與小商人的大多數所支配，這些人是永遠不允許採取堅決有力的行動路線的。學生軍團的評議會雖通過一些英勇的決議，但完全不能起領導作用。工人階級不被信任，沒有武裝也沒有組織，很少從舊統治的知識束縛中解放出來，很少覺悟，對於他們底社會地位和正確的政治行動路線說不上有知識，不過只有一點激發而已。他們是只能使人聽到他們底示威狂叫，而不能對於當時種種困難的解決有所得益的。但只要能得到武裝，他們是準備好了要破鬥到底，——他們在德國革命中一向都是如此。

這就是維也納的情形。在城外，是改組過的奧地利的軍隊，因拉得茨基在意大利的勝利而耀武揚威，共有六七萬人；有很好的武裝，很好的組織，如果說指揮不很好，至少總還有指揮者。在城內却是混亂、階級分化和無組織；國防軍有一部分決計根本不打，一部分猶豫不決，只有最少的一部分準備行動；無產階級數量上雖有很大實力，但沒有領袖，沒有一點政治教育，正像他們容易幾乎無緣無故地發生激怒一樣，他們也容易幾乎無緣無故地發生恐慌，一切流行的虛僞謠言都能影響他們；他們十分決心地準備戰鬥，但沒有武裝（至少開始是沒有的），當最後被帶去打仗的時候也是武裝不全、組織紊亂的；議會毫無辦法，火差不多燒着他們頭上的屋頂了，他們還在討論些瑣屑的理論；一個領導委員會則既無精神又無魄力。一切情形都與三月和五月中不同，那時在反革命的驚惶中一切都是混亂，當一有組織的力量乃是革命所創造的力量。這樣一個鬥爭的結果如何，幾乎是不

| 90 | 德國的革命與反革命 |

間可知的。如果有任何疑問,那末,十月三十日、三十一日和十一月一日的事變已為之解决了。

一八五二年三月於倫敦

一二 維也納的攻擊——維也納的叛變

本文發表於一八五二年四月九日『紐約講壇報』

當最後溫狄希格萊茨集中的軍隊開始攻擊維也納的時候，能夠拿來作防禦之用的實力是極不充分的。國防軍只有一部分可以調到戰壕中去。不錯，無產階級的自衛軍到底已經倉促組成了，但由於對這一部分人數最多、最勇敢、最健勁的人民這樣作有效利用的企圖來得過遲，以致在武器的熟練使用上和最初步的紀律訓練上都很不夠，絕少有能作勝利抗戰的把握。因此，第三四千訓練純熟紀律也相當好的、勇敢熱情的學生軍，從軍事上說起來，乃是惟一的、看情形能夠勝任愉快地負起任務來的力量。但拿他們和少數可靠的國防軍和一羣混亂的武裝工人，去與數目比他們大得多的溫狄希格萊茨的正規軍相對抗（而且，溫狄希格萊茨方面還有耶拿乞希的流竄隊伍，由於他們習慣的性質，他們是擅長於從這座家屋打到那座家屋，從這條小巷打到那條小巷的戰爭的），他們算得什麼呢？叛衆用以抵擋那許多裝置完善的大砲（溫狄希格萊茨把這些大砲毫無顧忌地盡量利用）的武器，除了幾尊破敗的、裝備惡劣使用不靈的舊砲而外，還有些什

92	德國的革命與反革命

麼呢?

危險愈迫近,維也納愈混亂。直到最後一刻,議會還不能鼓起充分的勇氣,把駐紮在首都下游敖哩的、伯棠爾指揮的匈牙利軍隊叫來應援。公安委員會通過一些矛盾的決議,他們自己也像武裝的人民大衆一樣,聽着謠言和反謠言的時張時弛而上下浮動。就只有一件事是大家全體同意的——尊敬私有財產;他們對於此點所做到的程度,在這樣的時候幾乎是可笑的。至於防禦計劃的最後佈置,則絕少做到。當地如果有人能挽救維也納,貝姆(Bem)乃是惟一的一個,但他當時在維也納是一個幾乎沒有人知道的外國人,本籍是斯拉夫族,因為惕於普遍的對他不信任,他便放棄了這個任務。如果他堅持下去,他也許要被當作一個叛徒而遭私刑拷打。美森豪塞爾(Messenhauser)是羣衆的指揮官,但他乃是個小說家,連一個下級士官也不如,完全不適於擔任這個工作;可是,在八個月的革命鬥爭之後,民衆的政黨還沒有產生或得到一個比他更能幹的軍事人才。戰爭就這樣開始了。維也納的人們論防禦方法則甚不充分,論隊伍的軍事技術與組織則完全缺乏,但却作了最英勇的抵抗。在許多地方,貝姆指揮時所發的命令『防禦該處到最後一人』,是不折不扣地執行了的。但有實力才能佔上風。形成近郊重要街市的長而寬的大道上的皇家的砲隊,把這裏的隨礙物掃盡不了。在第二天戰鬥的晚上,克魯西亞人佔領了面對佛城斜堤的一排房屋。匈牙利軍隊零亂無力的攻擊,完全被擊敗了;在一次休戰中,舊城裏的有些團體投降了,有些躊躇不決使

維也納的攻擊　維也納的叛變　　93

情勢更加混亂，殘餘的學生軍團在準備新的湮壘，而皇帝的軍隊就在這時攻破一個缺口，在這總混亂中傷城就失守了。

這個勝利的直接結果是戒嚴法下的暴行和殺戮，是被縱使殘害維也納市的斯拉夫族流氓所作的種種空前殘酷和無恥的事；這些事大家知道得太清楚了，用不着在這兒詳述。這勝利的間接結果，維也納革命失敗所給予德意志事件的整個新的轉變，我們要留待以後再論。關於維也納的攻破，還有兩點須要講到。首都的人民有兩個同盟者：匈牙利人和日爾曼人。在這危險的局面，他們那兒去了呢？

我們已經看到，維也納人以一種新得解放的人民之一切的傲慢，爲一種事業而戰，這事業，雖然最終是屬於他們自己，但首先第一步還是屬於匈牙利人。他們不忍見奧地利的軍隊開去進攻匈牙利，等願使這些軍隊最初的最凶猛的攻擊加於他們自己。當他們這樣高尚地挺身而出來援助他們這同盟者的時候，鼓舞了耶乞宕的匈牙利人却把他驅至維也納，反因他們戰勝利而增強了進攻維也納的兵力。在這種情形之下，匈牙利顯然的責任是毫不遲延地以一切可供使用的兵力去援助維也納——不是援助維也納議會，不是援助公安委員會或維也納的其他公共團體，——是援助『維也納的革命』。如果匈牙利竟而忘記了維也納是替匈牙利作了第一次的戰鬥，那末，爲了它自己的安全，它也不應該忘記維也納是匈牙利獨立底惟一的前哨，在維也納陷落之後，便沒有足以抗阻皇帝軍隊向它進攻的東西了。現在我們很知道，一切的匈牙利人所能這樣說而且這樣說過，來給他們在維也納被佃閒和襲擊時按兵不動作辯護：他們自己力量不充足，議會或任何其他維也納公共團體都不向他們求援，他們必須恪守憲法立場，並避免與德國中央政權發生糾紛。但事實上是這樣：關於匈牙利軍隊實力不足一層，在維也納革命和耶拿乞希到維也納以後最初幾天，本來並不需要什麼正規式軍隊，因為奧地利正規軍的集中還很需時日，如要在第一次擊敗耶拿乞希後予以窮廷無情的追擊，就是只拿會在斯圖爾敦森經打過仗的地方團體（Land Sturm），也就足以與維也納人會合，使奧地利軍隊的集中還延宕年了。在戰爭中，尤其是在革命戰爭中，第一原則是迅速行動，直到獲得決定的勝利為止；而且我們可以斷然地說，就是憑從軍事的見地來看，伯柴爾在他與維也納人會合以前也是不應該停止行動的。事情當然是有些危險，但有誰會經不冒一點危險而打過勝仗？而且，當維也納的人民把那進軍去征服一千二百萬匈牙利人的軍隊吸引來攻擊他們自己——他們不過四十萬人口而已——的時候，難道他們就一點不冒危險嗎？因等待奧地利人集中並在希維哈特（Schwechat）作無力的示威（這示威的結果是可恥的失敗，也是等有應得）而犯的軍事錯誤，當然比堅決向維也納進軍以打擊耶拿乞希瀕潰散了的匪軍，招致了更多的危險。

可是，據說匈牙利人這樣進兵除非由正式機關允准，還是侵犯了德國的領土，便要與佛蘭克府的中央權力機關發生糾紛，最重要的是，便成了背棄合法的立憲政策，而匈牙利底獨立事業之所以有力量，正是這個政策使然。為什麼這樣

維也納的攻擊——維也納的叛變　　　　　95

說呢，維也納的那些正式機關是一錢不值的！舊起為匈牙利而戰的是國會？是那些民衆委員會？還是維也納的人民呢？拿起短槍為匈牙利的獨立首當其衝作第一次戰鬥的，不是只有維也納的人民嗎？擁護維也納的這個或那個正式機關並不重要，因為這些機關在革命發展的過程中，很快就會自行塌台與被推翻的；重要在於擁護革命運動的高漲，擁護民衆行動本身的不斷進步，只有這才是問題的焦點，才能挽救維也納不被侵略。當維也納和全部日爾曼族奧地利繼續聯盟反抗共同敵人的時候，革命運動以後將取怎樣的形式，乃是維也納人而不是匈牙利人的事情。但問題在於，在匈牙利政府這個拘泥於採得似是而非的合法行動權之中，我們不是看到那要不得一種頗有問題的合法手續的習慣之第一個明白的脫殼嗎？這種習慣雖是沒有挽救了匈牙利，但至少後來在英國中等階級的聽衆面前說來是很動聽的。*

至於藉口說可能與佛蘭克府的德國中央政權起衝突，這完全沒有顧慮的必要。佛蘭克府的當局，「事實上」已被維也納反革命的勝利所推翻；如果維也納的革命得到了擊敗它的敵人所必須的幫助，他們也會同樣被推翻的。最後，那重大的理由說匈牙利不能離開合法的和立憲的立場，在英國自由主義論者聽來也許很高興吧，但這理由在歷史的眼中看來

* 此處當匈牙利革命領袖古蘇斯(Kossuth)，一八五一年在英國從事鼓動宣傳法，不斷地強調說匈牙利革命政府是在合法的基礎上從事行動，而國王的行動則是不合法的，——盡力用這種方法去採取英國資產階級羣衆的同情和經濟援助。　　——編輯部註

| 96 | 德國的革命與反革命 |

永遠也不能被認為充分。如果維也納的人民在三月十三日和十月六日都拘泥於合法的和立憲的立場,那末,第一次使匈牙利為文明世界所注意的「合法的和立憲的」運動與那一切光榮的戰鬥又從那兒產生呢?匈牙利人在一八四八和一八四九年注意以之作根據而行動的、合法的和立憲的立場,正是維也納人民在三月十三日用極端不合法非立憲的暴動給他們爭取到的。我們並不想在這兒討論匈牙利的革命史,但我們指出這一點也許是適當的,就是聲言只用合法的手段去反抗一個對這種需要應處表示輕蔑的敵人,乃是完全無用的事。我們還要指出,如果不是為了被戈爾居(Goigeg)所攫取並用以反對政府底這種永久的統治法律,那戈爾居底軍隊對其統帥的服從以及在維勒哥斯(Villagos)的可恥的敗亡**,便是不可能的事。最後,當一八四八年十月底匈牙利人為挽救其名譽而渡過雷沙(Leitha)河的時候,那不是和任何直接的堅決的攻擊完全一樣地不合法麼?

大家都知道我們對於匈牙利沒有抱一點不友好的情感。在鬥爭中我們是援助它的;我們有資格說,我們底報紙——新萊茵報,對於在德國宣傳匈牙利獨立事業的工作,比任何其他報紙都做得更多。我們解釋匈牙利種族與斯拉夫種族之

** 高蘇斯底鼓動愉快地獲得了柯伯敦(Cobden)領導下的英國自由黨中的自由貿易論者精神和物質的援助。
—— 編輯部註

*** 一八四九年八月,戈爾居無條件地在維勒哥斯向巴斯克維契(Paskevich)投了降,他底軍隊都做了俘。—— 編輯部註

維也納的攻擊——維也納的叛變

間的鬥爭底性質，隨着匈牙利戰爭的發展連續寫了一些論文，這些論文得到了如此的榮譽，差不多一切後來出版的關於這一問題的書籍都抄襲它們，連匈牙利本國人和『目擊者』的作品也無例外。我們甚至現在也還這樣想，在歐洲將來的任何革命動亂中，匈牙利乃是德國必需的和自然的同盟者。但我們一向對於我們本國人是很嚴厲的，所以，我們也有權利批評我們底鄰人；其次我們必須在這兒以歷史的公正態度記述事實，我們必須說，在這個特殊事例中，維也納人民的慷慨英勇，不僅比匈牙利政府的小心顧慮更爲高尙，而且也更有遠見。我們更可以拿一個德國人的資格來說，匈牙利戰爭中一切光榮戰鬥的煊赫的勝利，也不能與維也納人民——我們底同胞所種自發的孤軍奮鬥的暴動與英勇的抵抗相提並論。正由於維也納人民這種暴動和抗戰，匈牙利才有時間去組織能夠得到這些勝利的軍隊。*

維也納的第二個同盟者是德國的人民。但他們也像維也納人一樣在從事作同一鬥爭。佛蘭克府、巴登和科倫，都剛被擊敗和解除武裝。在柏林和布雷斯勞，人民對軍隊已劍拔弩張，每天希望開始戰鬥。一切軍事行動底地方的中心也都是如此。到處的問題都懸在那兒，只有武力才能解決；過去德國分裂與渙散之延續所生的不幸結果，現在才第一次被痛切

* 在一八四九年春天，匈牙利的革命軍隊在獲得許多勝利之後，把匈牙利境內的奧地利軍隊完全肅淸了，使奧皇不得不乞求俄國沙皇的援助——沙皇早已向他說願意實助他了。——編輯部註

地感到。各邦、各省、各市的各種問題，基本上乃是一個問題；但它們到處都是在各種不同的形式與藉口之下提出的，而在各處成熟的程度也不同。因此就發生了這種情形，一方面每個地方都感到了維也納事變底決定的重要性，但沒有一個地方能作一次重要的打擊，希望使維也納人獲得援助或分散敵人底力量使之有利於他們。於是就只有佛蘭克府的議會和中央政權是幫助他們的。各方面都向這兩個機關呼籲但是它們做了些什麼呢？

佛蘭克府國會和它與舊德國議會亂倫姦通而生的私生子——所謂中央政權，因維也納的運動表現了它們完全的無能。這個可鄙的國會，我們前文已經說過，老早就失去了它底處女性，而且它雖還年青，但已開始鬚髮斑白，並且對於各種憑空吹牛和娼妓式八面玲瓏的藝術卻已開始熟練了。最初它曾對於政權和德國的復興與統一滿懷夢想和幻念，現在就只剩了一套條頓人的動聽的詞句，隨在重複瞎吹，還有就是每個議員都堅強地相信他自己底重要性和民衆老實易欺。舊日的質樸被拋棄了；德國人民的代表變成了一種實利主義者，這就是說，他們計算明白了，知道他們做得愈少，吹得愈多，他們作德國命運之審判者的地位就愈安全。他們並不以他們底許多議案為多餘無用；完全相反。但他們已經看出了，一切真正重大的問題，對於他們都是禁地，最好看開不談，於是他們像一羣東羅馬帝國的拜鍇庭（Byzantine）博士一樣，以尊嚴勤懇的態度（他們後來所遭受的命運正是這尊嚴和勤懇的報酬）從事討論文明世界的一切地方都早已解決

維也納的攻擊——維也納的叛變　　99

了的理論的教條，或者討論永遠得不到實際結果的顯微鏡下的實際問題。因此，這國會成了一種蘭開斯特利亞學校（Lancastrian School）＊，各議員在裏面互相教學，所以他們都自命不凡，相信這國會貢獻之大，甚至超過了德國人民所應有的希望，並且把每個擅敢向他們要求任何效果的人視為國家的敵人。

當維也納暴動爆發時，這國會裏有許許多多關於這問題的質問、奏議、動議和修正案，但這些東西當然沒有一點兒結果。中央政權決定要加以干涉。它派了兩個委員——摩斯勒（Mosle）和舊自由黨員威爾柯（Welcker）到維也納去。與這兩位德國統一旅遊俠武士底英勇事績和令人驚異的冒險比較起來，邋遢·吉訶德與山柯·般沙（Sancho Penza）這兩位的旅行記可以底為真正的奧德密（Odyssey 希臘詩人荷馬（Homer）有名的史詩。——譯者）了。他們不敢到維也納去，溫狄希格萊茨恫嚇他們，愚蠢的皇帝對著他們驚奇，內閣閣員施大迪昂（Stadion）無禮地對他們加以愚弄。他們底公文和報告，也許是佛蘭克府記事錄中要在德國文獻裏佔一席地的惟一的一部分；它們完全是一種諷刺的傳奇，陳腐而乾燥，同時也是佛蘭克府國會與其政府底恥辱的永久紀念碑。

這國會的左派也派了兩個委員到維也納去，為了維持他們在那兒的權威，——委員是弗洛白爾（Froebel）和羅伯

　＊ 是一種主要由學員互相教學的學校，較好的學生幫助較差的。

| 100 | 德國的革命與反革命 |

特·布魯姆（Robert Blum）。當危機臨近的時候，布魯姆正確地判斷德國革命的大戰鬥要在這兒進行，並且毫不遲疑地決心為此鬥爭而賭其頭顱。弗洛白爾則反是，他以為保全自己去擔當他在佛蘭克府的職務所負的重要責任，乃是他底天職。布魯姆被認為是佛蘭克府國會裏最雄辯的人，他當然是最得民眾信仰的。他底辯才在任何有經驗的國會裏都會無從施展；因為他太喜歡作德國非國教派宣教師那種淺薄的高談闊論，而他底論據既無哲學的明慧，又昧於實際的事實。在政治上他屬於『溫和民主派』，這是一種頗不明確的東西，但正由於這種原則上明確性的缺乏，許多人都信奉它。但縱有這一切短處，布魯姆卻生性是一個澈底的平民（雖然已經有點脫去平民氣了），在決定的瞬間，他底平民的本能和平民的精力便戰勝了他底不明確因而不果斷的政治意見和知識。在這種時刻，他底才幹遠超乎平常的標準之上。

因此，他在維也納一看便知道他底國家的命運要在這兒決定，而不是在佛蘭克府那些自命漂亮的辯論中決定；他立刻下了決心，放棄一切退卻的思想，掌握了革命軍的指揮，行動異常地冷靜與決斷。使維也納城陷落遲延了一個長時間，把多腦河上的太波橋（Tabor Bridge）予以焚燬使該城之一面不受攻擊，都是他底功績。每人都知道在維也納城被攻擊之後他如何被捕、被加以軍法審判和被槍殺的事。他英勇地慷慨就義。而佛蘭克府的國會則駭得發抖，反而似乎很和藹有禮地接受這血腥的侮辱。他們通過了一個決議案，這決議案措詞底軟弱和外交式的禮貌，不啻是奧地利底可詛咒的污點,而且是對被謀殺的殉道者埃遜的侮辱。但要希望這個卑劣的國會對於它底一個議員——尤其是一個左派領袖的議員之被謀殺表示憤怒,那是不會有的事。

一八五二年三月於倫敦

一三 普魯士議會——國民議會

本文發表於一八五二年四月十七日『紐約論壇報』

維也納於十一月一日陷落。同月九日，柏林立憲議會解散，表示了維也納事變怎樣立刻提高了全德國反革命政黨的氣焰和勢力。

一八四八年夏季普魯士的事變，已經很詳細地敘述過了。立憲議會，或者毋寧說『為了與皇帝商定一種憲法而選出的議會』*，和它底大多數的代表中等階級利益的代表，許久以來已經失去了一切的民眾信仰，因為他們害怕人民中更有力量的成分，便拿自己供宮廷的一切陰謀所利用。他們承認了或者毋寧說恢復了封建制度底令人憎恨的特權，因而出賣了農民的自由和利益。他們既沒有能夠草成一種憲法，也沒有能夠對一般立法作任何修正。他們差不多完全忙於細碎的理論辨別，單純的形式問題與憲法的儀式問題。在事實上，與其說這議會是一個人民能夠從其中取得一些利益的機關，

* 這議會於一八四八年五月二十二日開始活動。
——編輯部註

| 104 | 德國的革命與反革命 |

仁毋寧說它是一個供議員們學習國會醜態的學校。而且，議會中的左右兩派人數很均衡，差不多總是由動搖的中派起決定作用，這些中派分子從右到左和從左到右的搖擺，首先使甘學生內閣塌了台，後來又傾覆了奧爾華爾（Auerwald）和漢斯曼內閣*。但當自由主義者像在任何其他地方一樣坐失時機的時候，宮廷却把它在貴族中、在最不開化的農民中以及在軍隊與官僚中的力量的各種分子，進行組織了起來。在漢斯曼塌台以後，一個官僚與軍閥的內閣組成了**，這些人全是頑固的反動派，但他們似乎對國會的要求讓了步；議會呢，抱着「說其政不說其人」的便宜原則，實際上被愚弄得對這個內閣加以稱讚，同時，他們當然看不到反革命勢力之集中和被組織起來，而這等是同一內閣頗為公開地進行着的。最後，維也納的陷落發出了信號；國王把閣員都撤了職，以『行動的人物』代替他們，這些人以現任內閣總理曼託菲爾（Manteuffel）為領袖。於是做着幻夢的議會立卽醒悟了選舉的危險性；它通過了一個不信任內閣案，但立刻有一個把議會從柏林（在這兒如果發生衝突，議會大概是贊助羣衆的）遷到布蘭敦堡（Brandenburg）的命令來回答這議案（因為布蘭敦堡是一個完全依賴政府的小鄉鎭）。但議會宣

* 甘學生內閣於六月二十日被推翻，奧爾華爾內閣是在一八四八年九月中旬解散的，在這內閣中，事實上是由財政大臣漢斯曼起領導作用。　　　　　　　　　　　　　——編輯部註

** 九月二十一日成立的新內閣底首領，乃是普菲爾（Pfuel）將軍。　　　　　　　　　　　　　　　　——編輯部註

解除并得到它本身同意，它是不能被命令延會、遷移或解散的。這時候，蘭格爾（Wrangel）將軍統率四萬大軍進了柏林城。在一個市政當局與國防軍軍官的會議中，議決了不予抵抗。現在，在議會之兵選舉者——自由資產階級——任令綜合起來的反動政黨佔據一切重要地位並從他們手裏攫取了一切防衛武器之後，那『消極合法抵抗』的偉大喜劇便開始了。他們想藉此對漢普敦（Hampden）※的前例以及美國人在獨立戰爭初期的努力的前例，作一個光榮的模仿。柏林宣佈了戒嚴，而柏林仍然平靜無事；國防軍被政府解散了，國防軍的武器十二分敏速地繳了出來。在兩個禮拜中，議會被從這個集會地點驅逐到那個集會地點，到處被軍隊所驅散，而議會的議員們卻要求市民保持鎮靜。最後政府宣佈把議會解散，它才通過一個決議案，宣佈徵稅為非法，於是議員們分散全國，從事組織抗稅。但他們發現他們選擇這種手段是太錯誤了。在幾個禮拜的驅逐繼之以政府以威嚇手段對待這種反抗之後，一切的人都不願再拒絕納稅以取悅於一個甚至連自衛的勇氣都沒有的已死的議會了。

是在一八四八年十一月初企圖作武裝抵抗已經太遲呢？

※ 漢普敦是十七世紀三十和四十年代英國國會中反對派的領袖之一。他出面運動抗繳未經國會通過的賦稅。查理士一世率領數百兵士出現於衆議院，要逮捕反對派各領袖，漢普敦也在內；他遭遇了頑強的抵抗。這事對於議會法權的破壞，掀起了全國忿怒的狂潮。衆議院與國王的破裂，引起了公開的戰爭，戰爭的結果建立了以克倫威爾（Cromwell）為領袖的共和國。——編輯部註

還是一部分軍隊會在遇到腐害的反抗時，到議會方面來因而使事情的決定於議會有利呢？這乃是一個也許永遠無法解決的問題。但在革命中和在戰爭中一樣，堅決抵抗乃是必要的，而且進攻的總處於有利地位。在革命中和在戰爭中一樣，在決定的瞬間，不計成敗利鈍而拼上一切力量乃是十二分必要的。歷史上沒有一次勝利的革命不證明這種原則的真實。現在，對於普魯士的革命，決定的瞬間在一八四八年十一月來到了。公然是領導這個革命利益的議會，既沒有表示堅強的抵抗（因為敵人每向前進，它便後退），更沒有進攻（因為它甚至不願保衛自己）。當決定的瞬間來到的時候，當蘭格爾率領着四萬軍隊叩打柏林的城門時，他並沒有像他和他一切的軍官所充分預期的一樣看到每條街道都充滿着障礙物，每個窗口都變成槍眼，而看到城門大開，街道上不過充塞着和平的柏林市民，欣賞着他們對他所開的玩笑，這玩笑的開法是把他們自己底手腳都綁上隨那些吃驚的士兵去處置。不錯，議會和人民如果得經堅事抵抗，也許會被擊敗；柏林也許會被炮轟，也許會有千百人死亡，而仍然不能阻止保皇黨的最後勝利。但這並不能作為他們立刻繳械乞降的理由。勇敢善戰的失敗與輕易獲得的勝利有同樣的革命的重要性。一八四八年六月的巴黎的失敗和十月的維也納的失敗，就使這兩個城市的人民心理更革命化而論，當然比二月和三月的勝利更有作用得多。議會和柏林的人民，也許會遭受上述兩城的命運，但他們定會雖敗猶榮，定會在後死者的心裏遺留下一種復仇的志願，這種志願在革命的時期，乃是雄健狂熱的行動底最高的刺激』——。這是當然的事：在一切鬥爭中，應戰的人都有被擊敗的危險；但這就能作為他自認已被擊敗、不抽刀應戰即甘受對方壓迫踐踏的理由麼？

在革命中握有決定地位而不迫使敵人進攻以試其身手就把這地位委棄了的人，永遠應該被視為叛賊。

普魯士王解散立憲議會的同一法令，同時宣佈了一種新憲法，這憲法是以立憲議會底一個委員會所起草的憲法草案為基礎的，但在幾點上擴大了國王的權力，而在另外幾點上又使國會的權力成為模糊不清的了。這種憲法建立了兩院制，準備要迅速召集兩院開會來追認和修正它。

當普魯士的憲法運動者作『合法的與和平的』鬥爭的時期，德國國民議會在什麼地方，我們是不大用得着問的。它照常在佛蘭克府，忙於通過一些很溫和的決議，反對普魯士政府的行動，並且稱讚那『全體人民反對暴力的，消極、合法和一致的抵抗之洋洋大觀』。中央政府派委員到柏林去調解內閣與議會之爭，但他們遭受了他們底前任在阿爾米次所遭受的同一命運，被客氣地送出門去了。國民議會的左派即所謂激進派也派遣了他們底委員，但在通常地騷擾柏林議會完全無用並承認自己也同樣無用之後，他們便回到佛蘭克府報告經過，並證實柏林人民之令人驚嘆的和平行為。不僅此也：中央政府的一個特派委員巴塞爾曼先生（M. Bassermann）報告說，因為近來常看見有各種各樣形狀狂野的人物在柏林街頭徘徊，而一切無政府主義暴動之前總有這類人物出現（這種人物此後就被稱之為『巴塞爾曼式的人物』），所

| 108 | 德國的革命與反革命

以，普魯士內閣閣員們最近所採取的嚴厲手段，並非毫無理由，——當巴惡爾曼這樣報告的時候，這些左派底可敬的代議士和革命利益的有力代表便真正起而作聲，確證這報告並非實情；因此在兩個月當中，佛蘭克府議會的完全無能是顯然地證明了。再沒有比這更鮮明的、證明這機關完全無力擔負它底任務的證據了；否，這證據簡直證明這機關連它底任務究竟是什麼也沒有一星兒的了解。革命的命運在維也納和柏林都已被決定了這個事實，這兩個古都裏的重要的生死問題都已被處置了而總毫沒有把佛蘭克府國民議會的存在放在意下這個事實——單只這個事實，就足以證明這個機關不過是個辯論俱樂部，由一羣讓各邦政府利用他們作議會傀儡的蠢物所組成，當使各小邦和小城市的小店主和小商人開闊心還有一天被認為有些便利的時候，便用以取悅於他們。這事被認為有些便利還有多長時候，我們很快就可以看到。但這是一個值得注意的事實，就是，在這個議會的一切「黨」人中，沒有一個人對於人家還他來作什麼事有絲毫了解，甚至直到今天，佛蘭克府俱樂部的舊議員們，也還依然未變地具有他們所特有的歷史知覺器官。

一八五二年三月於倫敦

一　秩序的恢復——議會和議院

本文發表於一八五二年四月二十四日『紐約講壇報』

一八四九年的最初幾個月，被奧地利和普魯士政府利用來繼續發展它們在上一年十月和十一月所得到的利益。自從維也納被佔領以後，奧地利的議會，在摩拉維亞鄉下一個叫做克雷姆西爾(Kremsir)的小鎮上，繼續其僅僅名義上的存在。在這兒，曾與其選民作過扶持奧地利政府於不墜的主要工具的斯拉夫族議員們，為了他們之背叛歐洲的革命而受了特望的懲罰；政府一經恢復其力量，便立即極端輕蔑這議會及其佔多數的斯拉夫族議員；當皇帝的軍隊最初的勝利預示將使匈牙利戰爭迅速結束時，議會便於三月四日被解散，而議員們也被以武力驅散了。於是，斯拉夫人最後才看到他們是受了愚弄，便大聲疾呼：讓我們到佛蘭克府去進行我們不能在這兒進行的反政府運動去！但這時已經太遲了，他們除了沉默忍受或去參加那無能的佛蘭克府議會便無他途可循的這一事實，——單只這個事實，就盡夠表示他們完全無可奈何了。

德國的斯拉夫人恢復獨立的民族生存的企圖，就這樣會時完結而且多半要永遠完結了。許多民族的零星殘餘，他們底民族性與政治生命力早已消滅了，因此他們差不多一千年來不得不在一個較強大的民族——他們底征服者——之後亦步亦趨，好像威爾士人在英國，巴斯克人（Basques）在西班牙，下布利蛋人（Bas-Bretons）在法國一樣，就更晚近的時期說，好像西班或法蘭克利歐人（Creoles）在最近被盎格魯美利堅人種所佔領的北美洲那些地方一樣，——這些垂滅的民族，波希米亞人、加林梯亞人（Carinthians）、達爾馬西亞人（Dalmatians）等等，曾發力想利用一八四八年普遍的混亂去恢復紀元八百年時他們底政治狀況。一千年的歷史，應該告訴了他們這種開倒車是不可能的；應該告訴了他們如果愛爾比河與薩爾河以東的全部疆土有一時期曾被斯拉夫血統的人民所佔據，這事實不過是日爾曼民族征服、兼吞和同化其古老的東部鄰人之歷史趨勢與肉體的和精神的能力之明證而已；應該告訴了他們日爾曼人這種併吞其他民族的趨勢，從前一向總是、而在當時也是西歐向文明傳播到東歐的最有力的方法之一；應該告訴了他們只有當日爾曼化的進行到了那些大而緊密完整的民族底邊界時（這種民族能夠有獨立的民族生活，匈牙利人是這種民族，在某種程度上且波蘭人也是這種民族），它才能夠停止；應該告訴了他們，因此這些垂滅的民族之自然而不可避免的命運，乃是任他們底被消完成了他們底被瓦解和併吞的遠程。當然，這方旅敘——部分波希米亞人和南斯拉夫人得到了成功的大斯拉夫主義宣傳底民族野心，並不是一種很奉承的猜測；但他們能否希望對於少數患痨病的人的團體（這些人所佔領的土地到處都被日爾曼人所隔斷和包圍，從幾乎不能記憶的時候起已經是除德語而外再沒有別的語言供各種文化事業之用，而且甚至缺乏民族生存的首要條件——人數衆多和領土完整），歷史會倒退一千年以取悅於他們呢？因此，大斯拉夫主義的騷亂，在德國和匈牙利的斯拉夫人區域，到處都用恢復這所有的無數的小民族之獨立的名義作掩飾，而到處與歐洲的革命運動相衝突，同時斯拉夫人雖然假裝着爲自由而鬥爭，但實際上除了波蘭的一部分民主派而外，永遠是與專制主義和反動勢力站在一起的。在德國如此，在匈牙利如此，甚至在土耳其也到處是如此。他們是民衆事業的叛徒，奧地利政府陰謀的贊助者和主要支柱，在一切的革命的民族底眼中，他們成了罪人。雖然由於過分無知，各處的人民大衆都沒有參加大斯拉夫運動領袖所引起的關於民族問題的紛爭，但我們永遠不應忘記在普萊格那日爾曼人佔半數的城市裏，有成羣的斯拉夫族狂徒反復的歡呼這個口號：『寧受俄羅斯人的鞭笞，不享日爾曼人的自由！』在他們一八四八年枉費了氣力之後，在奧地利政府給予他們的那種教訓之後，下次遇有機會時他們大概不會再有所企圖了。但假如他們又拿相似的藉口使他們自己與反革命勢力相結合，則德國的職責是很明顯的。沒有一個在革命狀態中並捲入了對外戰爭的國家，能容忍一個溫德省（Vendee）*作心腹之患的。

至於奧皇在奧解散議會同時所頒佈的憲法，我們沒有論及它的必要，因爲它從未實際存在過，現在更完全消滅了。

112	德國的革命與反革命

從一八四九年三月四日起，奧地利已經徹頭徹尾地恢復了專制制度。

在普魯士，兩議院在二月開會，批准和修改國王所頒布的新憲法。它們開了六星期的會，它們底對政府的行為是十分謙卑恭順，但它們還沒有十分決心去徹底執行國王和他底大臣們希望它們做到的一切。因此，適當的時機一經來到，它們就被解散了。

於是，奧地利和普魯士都暫時擺脫了議會監督的桎梏。奧普兩政府現在把一切權力都集中在它們自己手裏，並且能夠把它拿到需要用的地方去用：奧地利拿它施之於匈牙利和意大利，普魯士拿它施之於德意志。因為普魯士也在準備着一種戰爭，藉以使各小邦恢復『秩序』。

現在，反革命在德國的兩個行動中心——柏林和維也納——統治一切了，僅只在較小各邦裏鬥爭還沒有決定勝負，但兩方面力量的對比在這些地方也是日漸不利於革命的。我們前面已經提過，這些小邦是以佛蘭克府國民議會為共同中心的。雖然這所謂國民議會底反動精神早已很明顯，以致連佛蘭克府的人民也武裝起來反對它了，但它底本源卻多少帶着革命性的。在正月間，它佔一個反常的革命的地位；它底權限從未規定，而它卻終於決定說它底決議要發生法律效

＊ 溫德省在法國西部，是法國第一次資產階級革命時期的反革命的策源地，保皇黨以農民中的落後階層為支柱，在溫德省一再地組織暴亂，反抗革命政府。 ——編校部註

力，但較大各邦則又從未承認這個決定。在這種情形之下，當君主立憲派看到他們底地位被漸漸抬頭的專制派所轉移了的時候，差不多全德國的自由主義帝制派資產階級，都把他們底希望寄託在這個議會的多數派身上——這乃是無足怪的事，正好像代表小商人利益的民主黨核心，在日漸困難的境遇中便圍集在這個議會的少數派周圍一樣（因為這少數派乃是民主黨在議會中最後的完整的陣容）。另一方面，較大各邦的政府，尤其是普魯士的內閣，日漸清楚地看到這樣一個不正常的民選機關與德國已經恢復的君主制度之不相容，如果它們沒有立刻強迫把它解散，那只是因為時機未到，因為普魯士希望先行利用它去推進它自己底野心的企圖。

同時，這可憐的議會本身也日漸陷於更大的混亂。在柏林和維也納，它底代表團和特派員都遭到極端的輕蔑；它底一個議員在維也納被當作一個普通的罪犯處了死刑，不管他是具有著國會議員的不可侵犯性。它底法令，到處都沒人理踩；如果較大的各邦稍微注意了這些法令，那只是用抗議書籍取消這國民議會無權通過約束各邦政府的法律和決議案。代表這議會的中央執行政權機關，幾乎與全德各邦內閣都發生了外交爭辯，但不管它們如何努力，這議會和中央政府都沒有能夠使奧地利和普魯士說明它們底最後的意見、計劃和要求。最後，這議會清楚地看到——至少看到了這一層，就是：它失去了一切權力，它底命運是在奧地利與普魯士的掌握中，如果它真打算給德國制定聯邦憲法，它就必需立刻認真地開始做起來。許多動搖的分子，也都清楚地看到，他們一向發各邦政府愚弄得太厲害了。但處在他們這樣無能的地位，現在他們能有什麼辦法呢？惟一挽救他們的方法，是迅速而堅決地轉向民眾方面，但連採取這種步驟的成功希望也是很渺茫的；其次，在這麼一羣束手無策、猶豫、淺見、自傲的東西之中，——他們在各種矛盾的謊言與外交詭詐把他們騙苦了的時候，永遠重複地說他們是德國最好、最偉大、最明智的人，說惟有他們才能救德國，以求取惟一的安慰和支持，——在這些被一年的議會生活把他們弄成了完全的白癡的人們之中，我們說，那兒能找到贊成迅速而堅決的決議的人呢？贊成勇敢澈底的行動的人更無論矣！

奧地利政府最後丟掉了它底假面具。在它三月四日頒佈的憲法中，它宣稱奧地利是一個統一不可分的君主專制國，財政、關稅系統和軍備組織完全統一，藉以消除一切日爾曼人行省與非日爾曼人行省之間的障壁與區分。它這樣宣佈，是與佛蘭克府國民議會已經通過的決議和議定的聯邦憲法條文相敵對的。這是奧地利對國民議會的挑戰，可憐的議會除了應戰而外，毫無別路可走。它作了許多誇張從事應戰了，但奧地利很明白它自己底力量，也很了解國民議會之毫無能力，很鎭靜地對這些誇張置之不理。而這個德國人民底寶貴的代議機關——它這樣自讚——為了報復奧地利對它的這種侮辱，除了自縛手足長跪於普魯士政府之前以外，再也想不出好的方法了。事情似乎令人難以置信，它向之屈膝的正是它曾經所為違背憲法和民意堅持予以撤換而沒有效力的那些閣員。這可恥行徑的詳細情形和後來發生的悲喜劇的諸事变,将作我们下一次通讯的题材。

一八五二年四月于伦敦

一五 普魯士的勝利

本文發表於一八五二年七月二十七日『紐約論壇報』

我現在講到了德國革命史之最後一章：國民議會與各邦政府尤其是普魯士政府的衝突；德國南部和西部的暴動及其最後為普魯士所壓平。

我們已經知道佛蘭克府國民議會做了些什麼工作。我們已經看到它被奧地利所踐踏，被普魯士所侮辱，被各小邦所不服從，被它自己那無能的中央『政府』所玩弄，而這政府則又是全國各邦諸侯的玩物。但對於這個軟弱、動搖、孩生氣的立法機關，事情終於顯現得威脅着它了。它被迫得出了這種結論：『德國統一這崇高的思想，在實踐中受到了威脅。』這不多不少地恰等於說，佛蘭克府議會與它做過的和正要做的一切，結果大半都要煙消雲散了。因此它認真地開始工作起來，以便盡量快地產生它底偉大作品——『帝國憲法』。但是有一層困難。要設立怎樣一個執行機關的政府呢？一個執行評議會麼？不行，那就要把德國弄成一個共和國了，他們聰明地這樣想。設一個『總統』麼？那也要產生同樣的結果。因此，他們必須恢復舊日的皇室尊嚴。但當然要使各邦

118　　　　德國的革命與反革命

諸侯之一作皇帝，應該選擇誰呢？自然也不是自勒斯（Reuss）、希萊茲（Schleiz）、格萊茲（Greiz）、羅本希太恩（Lobenstein）、愛貝斯道爾夫（Ebersdorf）以至巴華利亞（Bavaria）等小邦的諸侯之一；這是奧地利和普魯士都不能容忍的。只有奧地利皇帝或普魯士王才行。但對這二者怎樣取捨呢？毫無疑義地：假若在別種順利的環境之下，這八月的議會一定會直開到今天，討論這左右兩難的問題而得不到結論，如果不是奧地利政府快刀斬亂蔴，給他們避免了麻煩的話。

　　奧地利知道得很清楚，一旦它能夠威服一切省分，再作一個強大的歐洲巨頭國家在歐洲出現的時候，政治軍心吸力的原則就要使德國其他部分跟著它跑，不需要藉助於佛蘭克府國民議會授與它的皇冠所能給與它的任何權力。自從擺脫了那毫無權力的德意志帝國的皇冠以後，它是更強盛得多，行動也更自由得多。那皇冠只妨礙了它底獨立的政策，而在德國國內國外沒有給它增加一星兒力量。假如奧地利不能在意大利和匈牙利保持它底地位，那它在德國自然也要瓦解和覆亡，永遠不能企圖恢復它在勢力全盛時期所失去的皇冠。因此，奧地利立刻宣言反對恢復任何帝國，明白地要求舊德國議會之復活，要求恢復一八一五年各條約所承認的、惟一的德國中央政府；在一八四九年五月四日，它發表了那種憲法，這憲法除了宣佈奧地利是個統一不可分的、中央集權的和獨立的君主專制國，甚至與佛蘭克府國民議會所要承認的德國都判然不同而外，再沒有別的意義。

　　這樣公開地宣戰，使得佛蘭克府的蠢貨們除了把奧地利摒除於鋼圍之外，把德國其餘的部分造成一種『下帝國』（Lower Empire）✝、一種『小德國』，把這個小國家底頗為舊穢的皇袍加在普魯士王雙肩上而外，真正再沒有別的路可走了。我們應該囘想到，這乃是七八年前南德和中德的自由主義空論家們已經倡導過的一種舊的計劃之復活，這些人把這種每況愈下的環境視為天賜良機，藉以把他們那種的幻想貸行提出，作為挽救德國的最新的『新方策』。

因此，他們在一八四九年二月和三月，終結了關於帝國憲法以及人民權利宣言和帝國選舉法等的辯論，但却不得不在許多地方作了最矛盾的讓步，——時而向保守黨或毋寧說反動派讓步，時而又向議會中較進步的派別讓步。事實上這是很顯然的，從前屬於右派和右派中央黨（保守派和反動派）的議會領袖權，現在漸漸地（雖然徐緩）移轉向議會中的左派或民主派了。議會中奧地利代表底頗為曖昧的地位（這議會把他們底國家擯除於德國之外，而他們却仍然參加開會並有投票權），使議會中的平衡更易起變動：因此，早在二月底，左翼中央派與左派就借奧地利代表投票之助經常地成了多數派，而過了些日子，奧地利代表的保守派忽然使事情變得很可笑地投了右派的票，多數又被右派獲得了。他們想用這種突兀的變化使議會為人所輕視，但這是完全用不著的，人民大衆久已認清佛蘭克府所做的一切事都是完全空談無用的了。在此時期這樣左右來回跳躍的情形之下製造出來的憲

✝ 東羅馬帝國衰微時人們給他的名稱。 ——編輯部註

法是怎樣一種東西,是我們容易想像得到的。

議會中的左派——他們自信是革命的德國底精華和光榮——,因一磨在奧地利專制主義脅使之下活動,並爲奧地利專制主義底利益而活動的奧地利政客底好意(或者毋寧說惡意)而取得了些少輕微的勝利,便完全陶醉了。每當有一種主張僅僅接近他們自己那並不很明確的原則,因其虛發淡薄獲得了佛朗克府議會底一點批准時,這些民主黨就宜稱他們已經拯救了國家和人民。這些可憐的小器的人們,在他們底大半被擾攘的生活中,甚少遇到勝利一類的事情,以致他們真正相信他們那誘屑的修正案以兩三票的多數通過了,就會改變那個底面目。從他們底立法事業之初,他們就比議會中任何其他派別更加深染了那種無藥可醫的迷信議會萬能症,這病症,使它底不幸的患者抱定邏輯發癡的信念,就是:整個的世界,它底歷史與它底將來,都要受這個特殊的代議機關(這議會很榮幸地得了他們作議員)的多數票決所支配和決定;他們更相信,他們議院四壁以外發生着的所有一切的事情——戰爭、革命、鐵道之建築,整個新的大陸之殖民地化,加里福尼亞(California)金礦的發現,中美洲運河的開鑿,俄羅斯的軍隊,以及其他多少可以影響人類命運的事情——與當時正使他們這可敬的議會全神貫注的某些問題(不管是什麼問題)所連帶的無限的事件比起來,都是一錢不值的。因此,這議會中的民主黨團為有效地把他們底惑製良藥偷運了一點到『帝國憲法』裏,便首先不得不成為它底支持者了,雖然在一切重要問題上它簡直是與他們自己所常常宣言的原則相矛盾；最後，當這種種的憲法被它底主要作者所放棄而遺留給他們的時候，他們就接受了這份遺產，並且堅持這種『君主主義的』憲法，甚至反對『當時』主張他們自己底『共和主義的』原則的一切人。

但我們必得承認，這裏的矛盾不過是表面的。帝國憲法之不明確的、自相矛盾的、不成熟的性質，正是這些民主派紳士們底不成熟的、混亂的、矛盾的政治思想之寫照。如果他們自己所說的話和所寫的文章——就他們能寫的而論——還不能充分證明這一點，他們底行爲，也要提供出這種證據來；因爲有識之士判斷個人當然不是看他底聲明，而是看他底行動，不是看他假裝作怎樣一個人，而是看他做些什麼和實際是怎樣一個人。這些德國民主主義英雄們的事蹟，足以充分說明他們是什麼人，我們以後就可以漸漸明瞭。可是，帝國憲法及其一切的附屬物與裝飾品是明確地通過了，在三月二十八日，當得士王以二百九十票對二百四十八票棄權和二百票缺席被選舉爲德國的皇帝，而這德國是除去了奧地利的。歷史的諷刺於斯完成，一八四八年三月十八日革命後三天勝得力·威廉第四在驚愕的柏林城街道上所扮演的令人厭惜的滑稽劇*（那情形要在他處發生一定被認爲觸犯了禁酒令），恰好在一年之後，就被這自命的全德人民代表議會所

* 一八四八年三月十八日，普王在半醉狀態中乘馬奔過柏林各街道，向人民宣稱他準備親自領導那創造統一德國的運動。
　　　　　　　　　　　　　　　　　　　　——編譯部註

122	德盟的革命與反革命

批准了。這就是德國革命的結果！

一八五二年七月於倫敦。

十六 國民議會與各邦政府

本文發表於一八五二年八月十九日「紐約論壇報」

佛蘭克府的國民議會，在把普魯士王選爲德國（奧地利除外）皇帝之後，便派遣一個代表團到柏林去授他以皇冠，後來就休會了。四月二日，腓得力·威廉招待各代表。他告訴他們說，雖然他接受這次人民代表投票所賦與他的、對於德國一切其他各邦諸侯的優先權，但在他還無把握其餘各邦諸侯一定承認他底統治權以前，他是不能接受皇冠和賦他以許多權利的帝國憲法的。他接着說，應該讓德國各邦政府斟酌一下看這種憲法是否能邀他們批准。最後，他說，皇帝也好，不皇帝也好，無論如何他總是準備着以武力打擊內部或外來的敵人的。我們不久就可以看到，他實踐他底約言的方式簡直頗使國民議會吃驚。

佛蘭克府自作聰明的蠢貨們，在作過深刻的外交研討之後，終於得到結論說，這種答覆就等於拒絕皇冠。於是他們在四月十二日決議：帝國憲法乃是德國的法律，必須遵率；但爲不見他們面前有任何出路，他們就選舉了一個三十人的委員會去作用什麽方法能使這憲法實施的提案。

| 124 | 德國的革命與反革命 |

　　這個決議就是佛蘭克府國民議會與德國各邦政府之間的衝突，現在爆發了的信號。各邦中等階級，尤其是小商人階級，完全一致地宣言擁護新的佛蘭克府憲法。他們不能再久等『革命終結』的時日之來到了。在奧地利與普魯士，革命已當時被武裝勢力的干涉所終結。這兩邦的中等階級本想選擇一個較和平的方式來執行這個任務的，但他們沒有得到機會。事情既那樣做了，他們只有盡量利用它，這就是他們所採取的決定，並堅決地執行了這決定。在事情一向進行得比較順利的較小各邦，中等階級早已盡行沉入那種表面上轟轟烈烈而毫無實效（因為沒有力量）的議會鼓動中，這種鼓動是最合於他們底脾胃的。把德國的各邦個別地看起來，好像它們已經這樣子完成了一種新的鞏碊的形式，據推測，這形式是能使它們走上和平立憲發展的道路的。只有一個問題還沒有解決，即德意志聯邦新政治組織的問題。這是惟一的看來還包含着危機的問題，因此大家認為必須立刻解決它。所以中等階級就對佛蘭克府國民議會加以壓力，以便使它盡可能地趕快把憲法製成；所以上層與下層資產階級都決心接受並贊助這種憲法（不管它是怎樣一種東西），以便毫不遲延地造成一種穩定的局面。因此要求製定帝國憲法的鼓動，一開始就是從一種反動的情感中生出的，並且是從那些早已厭惓於革命的階級中生出的。

　　但其中還有另外一個特點。未來的德國憲法之首要的基本的原則，在一八四八年春天和夏天最初幾月間已經議決了——那時的民衆革命運動仍然在高潮着。當時所通過的決議在『當時』雖然完全是反動的，但現在經過了奧地利和普魯士政府橫暴的行為之後，看起來却是非常有自由主義以至民主主義的精神的。比較的標準變了。佛蘭克府國民議會如果抹煞這些曾經決議過的規定，再去依據奧地利和普魯士政府執刀在手所下的命令製造帝國憲法，就等於道德上的自殺。而且，我們已經說過，國民議會中多數派的地位已經掉換，自由主義和民主主義的黨派底勢力正在高漲。因此帝國憲法的特色不僅在於它在表面上完全出自民意，同時也在於它雖然充滿矛盾，却仍然是全德國最有自由主義性的憲法。它底最大缺點在於它只是一紙空文，它底條文沒有權力作後盾。

在這種種情形之下，所謂民主黨——即小商人階級大衆——要依附於帝國憲法，乃是很自然的事。這一階級的要求，一向是比自由主義君主立憲資產階級底要求更爲前進；它代表示過更頑強的對抗態度，並常常以武裝抵抗作威嚇，毫不吝惜地應允願在爲自由的鬥爭中犧牲鮮血與生命；但它却給了我們許多實際的證據，就是，在危急關頭，它就不見了，而且，在一個決定的失敗之後，這時一切都已失去，而它却至少因知道事情總算實在決定了而感到慰安，因此覺得再舒服也沒有。所以，當大銀行家、製造廠主和商人對於佛蘭克府憲法的擁護取一種更冷淡的態度，更像不過是一種簡單的表示贊成的時候，他們下面的階級——我們底勇敢的民主主義的小商人，却耀武揚威地挺身而出，像平常一樣宣稱他們寧願流出最後一滴血，不願見帝國憲法之墜地。

要求立卽製定帝國憲法的運動，有資產階級的君主立憲黨和多少有民主主義傾向的小商人黨這兩個政黨作支柱，很快地獲得了勢力，並在有幾邦的議會中作了最有力的表現。普魯士、漢諾孚、薩克森尼、巴登和烏爾頓堡諸邦的議院都宣言贊助這一運動。各邦政府與佛蘭克府國民議會之間的鬥爭形勢險惡起來。

可是，各邦政府迅速地行動起來。普魯士的上下兩議院被解散了，這是違反憲法的，因為，他們要得修改和批准憲法；政府有意地在柏林激起了暴動；暴動的第二天，即四月二十八日，普魯士內閣發出了一個通告，聲稱帝國憲法乃是一種毫無政府和革命的文件，全德各邦政府必須予以改造和淨化。普魯士像這樣乾脆地否認了佛蘭克府聰明的先生們所常常誇耀而從未實現的製定憲法的大權。因此就召集了一個各邦諸侯的大會，即舊聯邦議會的復活，開會評判那已被宣佈作為法律的憲法。同時，普魯士把軍隊集中於克魯茨拿哈（Kreuznach），三天的行軍可到佛蘭克府，並且號召各小邦效法它的樣子，在各該邦的議院贊助佛蘭克府國民議會時立即予以解散。漢諾孚與薩克森尼很迅速地照著普魯士的榜樣做了。

顯然地，用武力來決定鬥爭是不可避免的了。各邦政府的敵對，人民中的騷動，一天天地更趨激烈。軍隊到處受到民主派市民的運動，在南德並有很大的成功。到處舉行廣大的羣衆集會，通過決議案遇必要時以武裝力量支持帝國憲法和國民議會。在科倫，為此開了一個萊茵流域普魯士各市議會代表的會議。在柏勒替內特（Palatinate），在柏爾根（Ber-

國民議會與各邦政府

gen），在佛爾達（Fulda），在紐倫堡（Nuremberg），在奧登華爾德（Odenwald），農民成千論萬地齊集開會，熱情高漲。同時，法國的立憲議會被解散了，新的選舉正在激烈的騷亂中準備進行，而在德國的東部邊境，匈牙利人已經在一月之中繼續獲得光榮的勝利，把奧地利底侵略者從泰倚思河（Theiss）逐退到雷沙河（Leitha）＊，每天都有發攻而佔領維也納的可能。因此，人民的想像到處都達到了最高點，而各邦政府的進攻政策也一天天更加露骨，暴力的衝突是不能避免了，只有怯懦無能之徒才會相信鬥爭可以和平解決。但這種怯懦無能是最廣泛地表現在佛蘭克府國民議會裏。

一八五二年七月於倫敦

＊ 泰倚思是中分匈牙利的一條河，從北向南流。雷沙河是匈牙利西部邊境上的一條河，奧地利與匈牙利以此河為界。
——編輯者上

一七 暴動

本文發表於一八五二年九月十八日『紐約講壇報』

佛蘭克府國民議會與德國各邦政府之間不可避免的衝突，終於在一八四九年五月初爆發了公開的敵對行為。被奧地利政府所召回的奧地利代表們，已經離開了議會回奧去了，除了少數民主黨左派以外，大多數的保守黨分子，知道事情將要怎樣轉變，甚至不等他們各自底政府要他們退出議會他們就這麼做了。因此，卽令撇開前幾章所述的足以加強左派勢力的因素不論，僅只右派議員之離職，就盡夠使議會裏舊的多數而變為少數了。前此從未夢想到會獲得這種好運的新的多數派，曾經利用他反對派的地位盡情揭發過『舊多數派』及其帝國攝政之懦弱、猶豫和怠情，而『他們』現在突然之間要來代替那舊多數派的地位了。現在『他們』要表示他們能做出怎樣的事業來。當然，它們底事業一定是有毅力、有決心而充滿生氣的。他們，德國的精英，很快地就能夠推動那老朽的帝國攝政和他底動搖的閣員們前進；如果做不到的話，他們就要──這是絲毫沒有問題的──以人民主權的力量廢除那無能的政府，用一個能幹的、不屈不撓的執行機關代替它，這機關保證能挽救德國。可憐的傢伙們！「他們底」統治——如果沒有一個人服從也能稱爲統治的話——與他們底前任們底統治比起來，是一種更加可笑的勾當。

新的多數派宣告，不管一切障礙，帝國憲法必須實行，並且立即實行；它公佈說在下月即七月十五日，人民要選舉新衆議院底代表，而這衆議院將於下一月即八月十五日在佛蘭克府開會。那末，這是向未承認帝國憲法的各邦政府作一種公開的宣戰了，這些政府中最重要的是普魯士、奧地利、巴華利亞，包含有四分之三以上的德國人口；這種宣戰很快地被這各邦所接受了。普魯士和巴華利亞也召囘了由它們境內派往佛蘭克府的代表，並加緊它們反對國民議會的軍事準備；而在另一方面，議會以外的民主黨擁護帝國憲法與國民議會的示威，帶著更強烈激動的性質，勞工大衆在最極端的黨派領導之下，也準備武裝起來爲這個事業而鬥爭，這事業雖不是他們自己底事業，但至少可以因爲消滅的專制障礙物而給他們一個稍微接近他們底目標的機會。於是人民和政府到處爲了這問題而劍拔弩張；衝突之爆發是不可避免了；地雷已經裝好，只需要一點火星就可以使它爆炸。薩克森尼上下兩議院之被解散，普魯士後備軍（Landwehr）的召集，政府對於帝國憲法的公開反對，都是這種火星。火星落下了，整個的德國忽然一下成了燎原的局勢。德雷斯登（Dresden）的人民在五月四日勝利地佔領了該城，驅逐了國王，同時一切鄰近的區域都派遣援軍幫助暴動的民衆。在萊蘭普魯士和威斯華利亞（Westphalia），後備軍拒絕出發，佔領了兵工

暴　　動　　131

檄，把他們自己武裝起來以擁護帝國憲法。在的勒替內特，人民逮捕了政府官吏，奪取了公款，並組織了一個防衛委員會，把該省置於國民議會的保護之下。在烏爾頓堡（Wurttemberg），人民強迫國王承認帝國憲法。在巴登，軍隊與民衆聯合起來逼使大公逃亡，並建立了一個省政府。在德國其他地方，人民只是在等待着國民議會發一個決定的信號，就武裝起來聽從國民議會的指揮。

在做了許多可鄙的事之後，國民議會底地位現在變得如此有利，遠出乎人們意料以外。西半部的德國已經爲擁護它而武裝起來了；到處，軍隊都在動搖，在較小各邦中，軍隊無疑地是贊助這種運動的。奧地利被匈牙利人勝利的挺進所擊潰了，俄羅斯——這德國各邦政府的後備軍，則在用一切力量贊助奧地利對抗匈牙利軍隊。就只有普魯士須待制服；加以該邦已有的對革命底同情，達到這一目的的機會是當然有的。所以一切都依據國民議會怎樣措置了。

說到暴動，正像戰爭或其他事情一樣，乃是一種藝術，須遵守某些進行的規律，如果忽視這些規律；則忽視這規律的黨派就要遭受失敗。這些規律乃是從各政黨的性質與暴動時所要應付的環境得到的邏輯上的推論，它們是如此地明白淺顯，一八四八年短短的經驗已經使德國人頗爲熟習於它們了。第一，不要玩弄暴動，除非你對於你底玩弄所招致的任何結果已有了充分的準備。暴動乃是一種計算很不確定的數量的演算法，這數量底值也許是天天變化的，與你敵對的勢力有着一切組織、訓練和習慣的權力等等便利；除非你用盡

| 132 | 德國的革命與反革命 |

大的優勢力量到抗它，你就要失敗和潰滅。第二，一旦實際開始了暴動事業，就要以最大的決心去行動，並且要採取攻勢。取守勢的一切武裝暴動必被消滅；在它與它底敵人較量勢力以前它就輸定了。要在敵人勢力還在分散着的時候出其不意予以襲擊，要天天準備新的勝利，不管勝利是怎樣小；要保持第一次勝利的暴動所給與你的堅強的士氣；要把一方面受最強的衝動所支配一方面又總是尋求較安全的一邊的那些動搖分子爭取團結在你這一邊；要在你底敵人能夠集合他們底力量和你對抗以前壓迫他們退却；用我們所知道的最偉大的革命戰略大家丹頓（Danton）底話來說：要勇敢，要勇敢，要更加勇敢！（de l audace, de l audace, encore de l audace！）＊

那末，佛蘭克府國民議會如果要避免那般發着它的一定的破滅，它應當怎樣辦呢？首先要把當時的局勢分晰清楚，並且要認定現在除了無條件地對各邦政府屈服或毫無保留、毫無顧慮地實行武裝暴動而外再沒有第三條路可走；第二，要公開地承認一切已經爆發了的暴動，並號召各處的人民，武裝保衛這國民代表機關，公佈一切敢於反對有主權的人民

＊ 馬克思與恩格斯的這些名言，已經被工人階級的一切鬥爭經驗證實了，直到今天仍然保持着它們的正確性。列寧和布爾塞維克黨在一九一七年領導十月革命的鬥爭時，最光輝燦爛地實現了這些原則，這些原則由於後來的無產階級鬥爭的經驗，尤其是一九〇五年莫斯科的十二月暴動的經驗，使之更豐富了。參看列寧著：『馬克思主義與暴動』、『給旁觀者的忠告』以及一九一七年的其他論文。

編輯部註

暴　　　動

（由他們底受託者代表他們）的諸侯、閣員以及其他的人為法律的叛徒；第三，要立即廢除德意志帝國攝政，建立一個強有力的、活躍的、毫無顧忌的執行機關；要召集暴動隊伍到佛蘭克府來直接保護它，這樣子同時給與暴動以合法的藉口使之擴大；要把可由它指揮的一切力量組織成一個嚴密的整體，——總之，要迅速而堅決地利用一切有效的方法以鞏固它自己底地位而削弱其敵人底地位。*

佛蘭克府國民議會裏善良的民主黨們，對於這一切恰恰反其道而行之。這些寶貝們不滿意於事變之自然發展，甚至用他們底反對去鎮壓一切正在準備中的暴動運動。例如卡格特先生（Mr. Karl Vogt）在紐倫堡就這樣做。他們讓薩克森尼、萊茵普魯士和威斯華利亞的暴動被鎮壓下去，除了事後作一種感情的抗議反對普魯士政府那殘酷的暴行而外，絲毫不加以鼓勵。他們與南德的暴動保持一種秘密的外交關係，但永遠不公開地承認這些暴動而給它們以支持。他們知道帝國攝政是站在各邦政府一方面的，但他們却號召『他』（他從來是不動的）去反對這些政府的陰謀。帝國的閣員卽舊保守黨員們，每次開會都嘲笑這無能的議會。而他們則忍受這嘲笑。當威廉・吳爾夫（William Wolff），西萊西亞的一個代表卽『新萊茵報』的編輯之一，號召他們宣佈帝國攝政為叛

---

* 這一切的策略的指示，是馬克思與恩格斯在『新萊茵報』被封之後去到佛蘭克府時親自告訴給佛蘭克府的左派分子的。恩格斯甚至草擬了一個暴動的整個軍事戰略計劃。　　——編輯部註

| 134 | 德國的革命與反革命 |

徒的時候——他公正地說出這人是帝國第一個和最大的叛賊——，竟被那些民主主義革命黨人全場一致的道義的憤怒羞恥下台去了！總之，他們繼續清談、抗議、佈告、宣言，但永遠沒有勇氣或意識去行動；同時，各邦政府的敵軍則逐漸逼近，而他們自己底執行機關的帝國攝政，則忙於與各邦諸侯密謀盡速傾覆他們。這個可鄙的國民議會於此連它最後一滴的思考力量也失去了；那些起來擁護它的暴動民衆也不再關切它了。當最後，它那可恥的末日到來時（我們以後將要講到）沒有一個人對於它那不光榮退出政治舞台的死亡有任何注意。

一八五二年八月於倫敦

一八 小商人

本文發表於一八五二年十月二日『紐約講壇報』

在前一次的通信中，我們指出了德國各邦政府與佛蘭克府議會兩方面之間的鬥爭，終於達到了那樣一種猛烈程度，以致在五月初德國各地大部分都爆發了公開的暴動。首先在德雷斯登，接着在巴華利亞的帕勒替內特省，在萊茵普魯士的幾部分，最後在巴登。

在這一切的場合中，暴動者底真正戰鬥的團體，即首先拿起武裝與軍隊作戰的團體，乃是城市勞工階級所組成。一部分較窮的農村人民，即僱農和小農，一般地都在衝突真正爆發後才參加。資本家階級之下的一切階級的青年，有大多數至少有一時期是參加暴動軍隊的隊伍的，但這一羣頗為混雜的青年人，一當事態博變得有些嚴重時便很快地減少了。學生們，尤其是那些喜歡自稱為『知識的代表者』的學生們，首先放棄了他們底旗幟，除非因被任為官佐才留下來，但對於這種職務他們當然很少有任何才能去擔任。

勞工階級參加了這次暴動。其他任何暴動，只要可以去掉一些他們取得政權並實行社會革命的障礙物，或至少可以強制那些努力較大而勇氣較小的社會各階級取一種比他們前此所走的更堅決而革命的道路，他們也都會參加的。勞工階級拿起武器時清楚地認識了這一點，就是，就直接關係而論，這暴動並不是它自己底鬥爭；但它仍然要行它惟一的正確政策，不讓任何以它為墊腳石而爬上政治舞台的階級（如像一八四八年資產階級所做過的）鞏固該階級底階級政府，至少得給勞工階級爭取一個公正的機會，使它為它自己底利益而奮鬥；而且，無論如何得使事情走上一種危機，或者全國人民斷然而不可抵抗地走上革命的大道。否則就使革命的情況陷於鬆弛，因而使一個新的革命成為不可避免。在這兩種場合，勞工階級都是代表全國人民底最正的和深刻了解了的利益的，它完整地進行了革命的行程，這種行程對於任何一個文明的歐洲社會且變成了歷史的必然，沒有這種革命的行程任何一個下社會底較安穩復正常地發展它的力量是不可想像的。

對於參加這暴動的農村人民，他們大半是這樣被推進革命底懷抱裏的：一部分由於相當繁重的捐稅，一部分由於壓在他們身上的封建重負。

他們沒有自己底主動性，作了參加暴動的其他各階級底尾巴，在工人與小商人兩者之間搖擺著。幾乎在一切場合裏，他們所走的路向都被他們自己底私人社會地位所決定。農業勞動者一般地都支持城市手工業工人，小農則容易與小商人攜手。

這種小商人階級底很大的重要性和勢力，我們已經在

小 商 人　137

次提到過；它可以被認為是一八四九年五月暴動的領導階級。這一次，革命運動的中心裏面沒有德國的大城市，因此小商人階級（它在中等的和較小的城市裏永遠是佔優勢的）便有方法把運動的指導權操在它底手裏。而且，我們已經知道，在這次擁護帝國憲法和德國議會權利的鬥爭中，這一特殊階級的利益是受着威脅的。一切暴動區域所組成的每個臨時政府，其中多數的代表都是這一階級的人民，因此它們進行革命的程度，可以很公平地拿來作為德國小資產階級能夠作到如何程度的測量器，——我們將要看到，它除了能夠把付託在它手裏的革命運動潰敗而外，什麼地方都沒有。

○大言不慚的小資產階級，在行動上是很無力，而且在作任何冒險時是很膽怯的。它底商業交易和金錢出納底規模之『小器』（Mesquin），非常容易影響到它底階級性底為缺乏毅力和進取心，所以我們可以想到在它底政治事業上也帶着相似的性質。因此，小資產階級用大言與浮誇，說它將要如何行動以鼓勵暴動；一當暴動爆發（這實際是它所不願意的）之後，它就急於攫取權力；它使用這權力沒有別的方向，結果會用以摧毀暴動的效果。每當一個地方的武裝衝突把事情引入了嚴重的危機，那兒的小商人們就對於給他們造成的危險局勢吃驚；對着接受了它們誇大號召而認真武裝了起來的人民吃驚；對着這樣落到了他們自己手裏的政權吃驚；尤其是對着他們被迫採取的政策給他們自由、給他們底社會地位、給他們底財產招致的後果吃驚。人們不是希望他們照他們常說的那樣不惜犧牲『生命財產』以贊助暴動事業嗎？

138　　　　　　德國的革命與反革命

他們不是不得不在暴動時擔任公家職務，因而如果失敗時他們就有失去資本的危險嗎？如果勝利呢，他們不是根當一定要立即被逐離職，並且要眼看着他們底全部政策被組成他們底戰鬥部隊之主力的、勝利的無產階級所完全推翻麼？小資產階級這樣處於四面包圍着它的相反的危險中間，除了讓一切事情自然發展而外，再也不知道如何使用它底權力了，因此當然就失去了一切可能有的小的勝利機會，像這樣把暴動完全斷送了。它底政策，或者毋寧說它底缺乏政策，到處都是一樣的，所以一八四九年五月在德國一切地方的暴動，都是由同一模型鑄出來的。

在德雷斯登，鬥爭在城內市街上繼續了四天之久。德雷斯登的小商人們，即所謂『自衞隊』，不僅是不打，並且在許多事例中給軍隊對抗暴動羣衆的行動以便利。這些羣衆又完全是由周圍工業區的工人們所組成。他們有一個能幹的、頭腦冷靜的指揮者──俄國的亡命者巴枯甯，後來他被俘了，現在被囚禁在匈牙利孟卡克斯（Munkacs）監牢裏。許多普魯士軍隊的干涉把這暴動粉碎了。

在萊茵普魯士，實際戰鬥的重要性是很小的。一切的大城市都是上面有砲台的堡壘，暴動羣衆方面只能進行一些小的戰鬥。充分的軍隊一經集中在一起，武裝反抗就停止了。

在帕勒替內特和巴登則相反，一個地方富裕、出產豐饒的省份加豐饒的一邦落在暴動者底手裏了。金錢、武器、兵士、軍需品，一切都現成擺出來。正規軍士兵們自己就參加了暴動的隊伍；否，在巴登他們簡直是暴動者的先鋒。薩克森尼與萊茵普魯士的暴動犧牲了它們自己，以便爭取時間來組織遍南德的革命運動。一省的和部分的暴動從沒有得到過這樣的有利地位。巴黎也有爆發革命的可能；匈牙利人已兵臨維也納城下；在德國中部諸邦，不僅只人民連軍隊也都蠢蠢欲動，只等待一個公開加入的機會而已。可是這革命運動既已掌在小資產階級手中，從最初就已經被斷送了。小資產階級的統治者，尤其是巴登邦的小資產階級統治者（以布倫坦諾（Brentano）為領袖），永遠忘不了篡奪了『合法的』統治者即大公的地位和特權，便是犯了叛逆大罪。他們坐在他們開眼的安樂椅裏，心裏都感覺着犯了罪行。你能希望這種懦夫有什麼作為呢？他們不僅放棄暴動使它限於它自己那不集中因而無力的自發行動，並且實際上用他們力所能及的一切行為去將這革命運動的鋒芒去掉，去閹割和摧毀這個運動。得力於那深謀遠慮的政客階級即小資產階級的『民主主義的』英雄們之熱心支持，他們這樣做成功了；這些英雄們一方面被幾個較為幸辣的人如像布倫坦諾把他們牽着鼻子走，一方面卻真正以為他們是在『救國』。

至於戰鬥方面，則軍事行動從來沒有進行得像在巴登邦的總指揮西格爾（Sigel，他是一個正規軍的退伍中尉）指揮之下那樣容亂和呆笨的。由於作些誇大而不能實行的計劃，一切都弄得混亂無章，一切好機會都失去了，一切寶貴的時刻都浪費了，直到最後，當那能幹的波蘭人米拉斯勞斯基（Miraslawski）擔任指揮的時候，軍隊已經是組織殘破、送連敗北、士氣沮喪、給養惡劣，而又要對抗比他們多四倍以上

140　　　　　德國的革命與反革命

的敵人。他只能在華海塞爾（Waghäusel）作了雖未勝利而還光榮的一戰，執行一次聰明的退却。他在拉斯塔特（Rastat）城下作了最後的、絕望的一戰而陷落了。† 好像軍隊中混合着熟練的衛兵和新入伍的徵兵的一切暴動戰爭中一樣，巴登的革命軍隊裏表現了許多的英勇，也表現了許多狼狽的常是不可思議的驚慌。可是，雖然它只能是這樣地不健全，但它至少滿意地知道多於它四倍的軍隊還被認爲不足以使它戰敗，而且，十萬正規軍在與兩萬暴動羣衆對敵時，在軍事上說來，他們對這兩萬人懷着這樣大的敬意，就像他們必須與之戰鬥的是拿破倫底老近衞軍一樣。

暴動在五月間爆發；在一八四九年七月中旬，它就完全被鎭平了，第一次的德國革命於此完結。

　　　　　　　　　　　　　　　作於倫敦（無日期）

　† 這是六月底的事情，其時拉斯塔特要塞仍然在革命軍的手裏，但七月二十三日就投降了。
　　　　　　　　　　　　　　　——翻譯者註

一九 暴動的終結

本文發表於一八五二年十月二十三日『紐約論壇報』

當德國的西部和南部正在公開舉行暴動的時候，簡各邦政府費了十週以上的時間——從德雷斯登衝突的開始到拉斯塔特城的歸降——從事撲滅第一次德國革命這最後的熾燃的時候，國民議會從政治舞台上消逝了，它底退場沒有任何人予以注意。

我們上次敍述到佛蘭克府這個堂哉皇哉的機關，由於各邦政府對於它底威嚴之放肆的攻擊，由於它自己所創立的中央政權之無能和背叛性的怠惰冷淡，由於小商人階級為了擁護它和勞工階級為了更革命的最終目的而紛紛起義，使它感到了惶惑不安。悲觀和失望完全支配了它底議員們；事變立刻現出了那樣一種明確而決定的形態，幾天之內，這些博學的立法議員底對於他們底真正權力和勢力的幻夢完全破滅了。保守議員得到各政府的示意，早已退出了這個除非與各邦政權相對抗今後便不能夠再存在下去的議會。自由議員也極端絕望地放棄了這件事；他們也把代議士的任務拋掉了。可敬的紳士們離職的以數百計。議員的數目從八九百很快地減少

142　德國的革命與反革命

到法定數目為一百五十人，幾天後則為一百人。甚至這些人也很難集合，雖然全體民主黨員都還留在那裏。

議會剩餘的議員應該走怎樣的道路是很顯然的。他們只有公開而堅決地站在暴動方面，藉以給與它以合法性所能賦予它的一切力量，同時自己立刻弄一枝軍隊來保護自己。他們要得勸告中央政權立即停止一切敵對行為，如果這個政權既不能也不願這樣做（這是可預先就看得到的），就立即廢除它代以另外一個有力的政府。如果不能把暴動部隊調到佛蘭克府來（在最初各邦政府很少準備並仍然在猶豫着的時候，這層是很容易做到的），議會就可以遷移到暴動區域的中心地點去。這一切如果立刻而且堅決地在五月中或五月底以前實行，也許會給暴動和國民議會開闢許多勝利的機會。

但我們對於德國小商人階級的代議士們，是不能希望他們會採取這樣堅決的路線的。這些趾高氣揚的政治家們，一點也不能拋開他們的幻想。那些失去了他們對於議會權力與不可侵犯性之不幸信念的議員們，已經溜之大吉了。對於民主黨人，人們是不容易使他們放棄對於權力和對於偉大的夢想的，他們抱着這種夢想已經有一整年了。他們忠實於他們前此採行的路線，對堅決的行動畏縮不前，直到一切勝利的機會——否，直到一切至少可以避免潰榮的機會都逝去了。後來為了做一種矯揉造作的無事忙的活動（這種活動之完全無用加上它底高度的野心，只有使人覺得又可悲又可笑），他們繼續拿一些決議、陳情書和要求以博帝國攝政和閣員們底一盼，而帝國攝政對它們不睬，閣員們更是公開與敵人合的。當最後威廉・吳爾夫（斯特利戈（Striegau）邦的議員，『新萊茵報』的編輯之一，整個議會中惟一的眞正革命者）告訴他們說，如果他們所說的都是眞實，他們最好放棄空談，立刻宣佈德國主要的叛徒帝國攝政是一個罪犯。——當他這樣告訴他們的時候，這些議會紳士們底緊壓在心裏的全部道德的憤怒都爆發出來了，並且爆發得那麼有力，這種力量是政府一再加他們以凌辱的時候他們所從來沒有的。

當然，因爲吳爾夫底提議是聖・保羅禮拜堂（St-Pauls Church）＊四壁之內說出的第一句有意義的話；當然，因爲它正是應該做的事情，又說得那末直截了當，一針見血，所以對於那一班感情用事的傢伙只能成爲一種侮辱，這些傢伙除了對於不堅決而外，對於什麼都是不堅決的，而且他們太怯於行動，已經下了永久不變的決心說他們什麼都不做便恰恰是做了所要做的。每一句像閃電一樣把他們那種急遽而又固有意的模糊心理清除掉的話語，每一個用以引導他們走出迷津（他們定要堅持盡可能地長久停留在那兒）的晤示，每一種對於事情眞況的淸楚的槪念，當然都是冒犯過至高無上的議會之尊嚴的一種罪過。

在佛蘭克府的可敬的紳士們底地位變得不能維持了之後不久，不管他們那些決議、申訴、質問和宣言，他們退却了，但却並不退到暴動區域裏去；採取這一步驟太冤太堅決了。他們去到斯圖特嘉特（Stuttgart），那兒的烏爾頓堡邦

該禮拜堂是國民議會舉行會議的地方　——編輯部註

政府保持一種觀望的中立態度。在這裏，他們終於宣佈了帝國攝政已喪失其職權，從他們自己機關中選舉了一個五人的攝政院。這攝政院立刻進行通過了義務兵役法，以其一切應有的效力通告德國各邦政府。

它們正是議會的敵人，而它們卻命令去徵兵來擁護議會！於是便創造了——當然是在紙上——一枝保衛國民議會的軍隊。師、旅、團、營，一切都規定好安排好了。所缺乏的就只有實在東西，因為這軍隊當然從來沒有存在過。

還有最後的一個計劃可供國民議會採行。民主派的人民，從全國各地派代表團來請求受議會的指揮，來催促它採取堅決的行動。人民知道烏爾頓堡政府的意向如何，便請求議會強迫這個政府公開而積極地參加各鄰邦的暴動。但議會不允。它逃到斯特加特，已經把自己底生存託庇給烏爾頓堡政府了。議員們知道這一層，便壓抑人民中間的騷動。因此他們連他們還可以保持的最末一點殘餘的勢力也失去了。他們獲得了他們應得的輕蔑；烏爾頓堡政府受普魯士和帝國攝政所壓迫，在一八四九年六月十八日封閉了議會在那兒開會的屋子，命令攝政院的攝政們離開該邦，使那民主主義的滑稽劇告了一個結束。

後來他們去到巴登，去到那暴動的陣營裏，但現在他們在那兒已經是無用的東西了。沒有一個人理睬他們。可是那攝政院仍以最高貴上的德國人民底名義繼續牟它底努力去救國。它用發給一切願意接受的外國人以護照的方法，企圖獲得國外列強的承認。它發表宣言，派委員到烏爾頓堡某些區

暴動的終結

域去鼓動，而當為時太晚的時候，它却會懊悔把過這些區域的援助，當然，這鼓動是沒有效果的。現在在我們眼睛前有一篇報告原文，是這些委員之一羅斯勒（Roessler，阿爾斯（Oels）所選出的議員）寄給攝政院的。它底內容頗具特徵。它是一八四九年六月三十日從斯圖加特發出的。他在寫了六位這種委員底毫無收獲的徵募資金的冒險記之後，他說了一大套未曾赴任的理由，接着他陳述了一個最重要的意見，這意見是關於普魯士、奧地利、巴華利亞和烏爾騰堡各邦之間可能的意見不同和因此而生的可能的結果的。可是，在充分地考慮了這一點之後，他得到了一個結論，認為毫無可為了。其次他提議以可靠人員建立驛傳機關以傳遞消息，並組織間諜機關以偵探烏爾騰堡內閣的意向和軍隊調動的情形。這封信始終未曾寄到收信人手裏，因為在它被寫完的時候，那『攝政院』已完全搬到『外交部』即瑞士去了。當可憐的羅斯勒先生為着一個六等王國底可怕的內閣意向如何而焦慮時，十萬個普魯士的、巴華利亞的和赫斯的（Hessian）兵士已經在拉斯塔特城下最後的一戰中把整個事件決定了。

德國的議會就這樣消滅了，革命的惟一成就也隨之而消滅。這議會之召集乃是這一事實的明證，就是，在正月間真正『有過』一次革命；它一直存在到這第一次現代的德國革命完結的日子。在資本家階級的影響之下，由分裂渙散的農村人民（因為大多數剛剛正在從封建制度的黑暗中覺醒過來）選舉出來的這個議會，它底作用是把一八二〇到一八四八年之間一部有名的大人物放在一個機器裏鍛上政治舞臺，發着

| 146 | 德國的革命與反革命 |

又把他們底聲名葬送掉。一切中等階級自由主義的有名人物都聚集在一起了；資產階級常有奇蹟；但它卻給自己和它底代表們獲得了恥辱。工商業資本家階級在德國比在任何其他國家遭到了更嚴重的失敗；他們始而在德雨各邦被打敗，被擊破，被逐出官場，繼而在中部德國的議會裏遭到潰敗、被侮辱和叱罵。政治的自由主義，資產階級的統治，不管是在君主或共和政體之下，在德國都永遠成得不可能的了。

這德國議會存在的後一時期，它底作用是使一八四八年三月以後領導公開反對派的那一部分議員還受永久的恥辱，這一部分議員就是代表小商人階級的利益並部分地代表農民的利益的民主黨人。這一階級在一八四九年五月和六月，得到了一個表現它在德國建立一個鞏定政府的手段的機會。我們已經看到它是怎樣地失敗了；它底失敗與其說由於環境不利，倒不如說由於在革命迸發以後發生的一切艱苦運動中它都表示真正的和機縈的怯懦，由於在政治上表現了同樣的淺見的、胆怯的和動搖的精神，這種精神是它底商業交易中所特有的。在一八四九年五月，它已經由於這種路線而失去了一切歐洲暴動中的真正戰鬥大衆——工人階級的信任。可是它還有一個好機會。德國的國會，在反動派和自由黨退出以後，完全是屬於它的。農民也都傾向它。各小邦三分之二的軍隊，普魯士三分之一的軍隊，普魯士後備軍或民兵的大多數，都準備與它一致行動，只要它行動堅決，並有那種由於澈底認清事態而生的勇氣的話。但領導這一階級的政客們，並不比追隨在他們後面的那一羣小商人對事情有更清楚的認

騷動的終結

識。事實甚至證明他們比自由黨員更迷惑於、更熱心地留戀於那些想保持着的幻想，更易受欺騙，更缺乏堅決應付事實的能力。他們在政治上的重要性，也弄得降低到冰點以下了。他們的那沒有實行的平凡的原則，在「很」有利的環境之下，也許還能夠得到暫時的復活，但最後的這一點希望也被路易波拿巴特的政變所剝奪了，正像他們底法蘭西「純民主派」伙伴們底最後一點希望被剝奪了一樣。

德國西南部暴動的失敗，德國議會的解散，使第一次德國革命的歷史終結了。現在我們臨別時要把反革命聯盟勝利的盟員們看一下。下次通信中我們將這麼作。*

一八五二年九月二十四日於倫敦

* 這所謂下次通信未曾發現。 —— 編輯部註

二〇 最近的科倫審判共產黨案

本文發表於一八五二年十二月二十二日『紐約講壇報』

在接到這封信以前,你們將已經從歐洲的報紙上得到許多關於普魯士科倫城的共產黨員審判案及其結果的報告了。但因為這些報告沒有一種能稍稍披露事實的眞面目,而這些事實又足使我們清楚地認識把歐洲大陸束縛起來所用的種種政治手段,所以我認為有把這案件敘述一下的必要。

共產黨或無產階級的政黨,像其他的政黨一樣,由於集會結社權之被剝奪,失去了它使自己在歐洲大陸上有一個『合法』組織的方法。而且,它底領袖同事被從本國放逐於國外了。但沒有一個政黨能夠沒有一個組織而存在的;自由主義的資產階級和民主主義的小商人階級由於社會地位,由於有種種便利,由於他們個人間久已樹立的日常關係,便能夠補足這種組織的缺乏,而無產階級則沒有這種社會地位與活動資金,於是不得不設法於秘密結社中求之。因此,在法國和德國便產生了許多的秘密結社,自一八四九年以後,它們一個接著一個被警察所破獲,並控以陰謀作亂罪。但如果其中有許多眞正是陰謀團體,是意圖顛覆當時的政府而組織

| 150 | 德國的革命與反革命 |

的（在某些環境之下，不進行陰謀乃是懦夫；而在另一種環境之下，還要去進行的便是蠢牛），那除此以外，還有另外一些結社，是為了更高遠的目標而組織的，它們知道顛覆一個現存的政府只是迫在目前的偉大鬥爭底一個過渡階段，它們企圖團結在一起組織一個政黨而自作其核心，準備作最後的決定鬥爭，終有一天這戰鬥一定不饒要把『暴君』、『專制君王』和『竊奪者』底統治永遠粉碎，而且要把一種遠超乎他們以上的權力、一種比他們底權力更可怕得多的權力——即資本壓迫勞動的權力底宰治永遠粉碎。

德國的前進的共產黨的組織就屬於這一種。遵照著它在一八四八年發表的『宣言』底原則，遵照著『紐約講壇報』所發表的記『德國革命與反革命』的許多連續論文所說明的那些原則，這一政黨從未幻想它能夠隨時隨地製造實行它底理想的革命。它研究產生了一八四八年革命運動的諸因素，也研究使它們失敗的因素。他承認一切政治鬥爭在骨子裏都是社會各階級的矛盾，並從事研究在何種條件下社會的一個階級能夠而且必然被請出來代表全體國民的利益，因而要在政治上來統治全體國民。歷史告訴了共產黨：在中世紀的地主貴族之後，初期的資本家底金錢力量怎樣起來並攫取了政權；又告訴共產黨：從蒸汽機發明以後，這一部分『有錢的』資本家底社會勢力和政治統治，怎樣被『工業』資本家底新興勢力所代替；又告訴共產黨：現在更有兩個階級怎樣要求順序取得統治權，這兩個階級就是小商人階級和產業工人階級。一八四八到一八四九年的實際革命經驗，證實了這種理論之正確。這理論的結論是：在共產主義的工人階級能夠希望永久地建立它自己底政權並摧毀那使它處於資產階級壓迫之下的工資奴役制度之前，小商人階級的民主主義的統治一定要首先實現。因此，共產黨的組織不能有類似「現在的」德國各邦政府的直接目的，而是為了顛覆那遲早要取它們而代之的暴動政府而組織的。它底黨員就可以而且一定要個別地積極參加當時的反對現狀的革命運動。但除了在廣大羣衆中祕密散佈共產主義的思想以準備這一運動外，絕不能是它組織的目的。它底大多數黨員對於它底這種基本精神都非常了解，當有些人獵取地位的野心想把它變成一個作爲新革命的陰謀團體時，他們很快地就被開除出去了。*

按照世界上的任何法律，都不能把這樣一個團體叫作陰謀團體，即作爲了叛國目的而組織的陰謀團體。如果它是一個陰謀團體，它也不是一個反對現存政府而是一個反對其承繼者的陰謀團體。普魯士政府也知道這一點。十一位被告所以被個別地囚禁了十八個月，而當局方面則在這十八個月中間做了些最珍妙的司法奇蹟，其原因就在此。試想在十八個月的羈押之後，犯人們竟被命令再行羈押幾個月候審，說「還沒有發現任何犯罪的證據」！當最後他們被帶到陪審官之前時，也沒有證明他們有一點叛國性質的團體的行為。可是他們却被判罪了，是怎樣被判罪的，你們很快就可以知道。

　*　此處指一八五〇年九月從共產主義者同盟中開除出去的威里西•莎柏爾（Willich—Schapper）等一批人。——編輯部註

| 152　　　　　　　德國的革命與反革命

　　這一團體的密使之於一八五一年五月被捕，由於從他身上搜出的文件，跟着又逮捕了一些人。一個叫作斯蒂伯（Stieber）的普魯士警官，立刻被命令去探索這所謂陰謀團體在倫敦的分部的情形。他獲得了一些關於上述被開除的該團體分子的文件，這些人在被開除以後，便在巴黎和倫敦組織了一個真正的陰謀結社。這些文件，是用雙重的犯罪手段獲得的。一個叫作路透（Reuter）的人被賄買把該被害記的寫字檯打開，從其中偷了這些文件。但這還不算什麼。由於這種盜竊行為，更發現了巴黎的所謂『法德陰謀』並對其參加者予以定罪，而對那偉大的共產主義同盟仍然毫無線索。我們可以在這裏提一下，巴黎的陰謀案是在倫敦的幾個有野心而愚蠢的政治騙子指導之下進行的，這些人之中還有一個從前僞造文書被判過罪的人，他當時正在巴黎作政治偵探；雖然他們底政治的存在毫無意義，但他們過激的宣言和兇殘的狂詞也使有些人受了罪。

　　普魯士的警察後來不得不尋求新的發現。他們在普魯士駐倫敦的大使館裏建立了經常的秘密警察機關。一個叫作格雷夫（Greiff）的警官用大使館隨員的名義擔任着這可惡的職務。——這一行為簡直足以使一切的普魯士大使館羣被擯於國際公法的範圍之外。連奧地利人也還沒有敢於採取這種行動。在他下面，有一個倫敦市區的商人叫作弗羅利（Fleury）的替他工作，這人頗有財產而且有相當的身分，是一個由於天性無恥好做最卑鄙的事的下流東西。另有一個偵探，是一個名叫赫希（Hirsch）的商店員，但他一到倫敦就被公佈為

最近的科倫審判共產黨案

一個偵探。他自薦於倫敦的有些亡命的德國共產主義者所組織的團體要求加入，他們為了確認他底真正人格，准許他加入了一個短時間。他與警察間有關係的證據不久就被獲得了，這位裘爾西先生從那時起也就不見了。可是，雖然他這樣脫掉了一切獲得消息的機會（他正是被收買來作這事的），他卻並未停止活動。從他退隱到肯沁敦區以後（他在這兒從來沒有遇到一個他所要找的共產黨員），他每禮拜都製造一些普魯士警察不能捉獲的荒謬陰謀團體底虛構的中央委員會底虛構的會議底虛構的報告。這些報告的內容是最荒謬的；沒有一個人的名字是正確的，沒有一個人的姓不拼錯的，沒有使一個人發言稱有近似他發言的地方。他的主人爾履利輔助他偽造這種文件，那位『使黨證員』格雷夫是否沒有參加這無恥的行徑，也還無法證明。說來使人難以置信，普魯士政府把這些愚蠢的虛構當作頑音書一般的真實，當這種證件被拿到法庭之前作證時，你們可以想像得到它們造成了怎樣的混亂。當審判開始時，上述的那位斯諦伯先生坐在證人席上宣誓證明這一切荒謬文件的真實，並且，頗為自鳴得意地堅稱，他有一個秘密的偵探，與被認為這可怕陰謀團體的主謀者們有最密切的關係。這個秘密偵探實在是很秘密的，因為它在肯沁敦區蟄藏了八個月，從沒有遇見過那些黨人，卻他說關於他們最秘密的思想、言語、行為，是他每週做報告的。

裘爾西和爾履利更準備得有另外一項發明。他把他們所作的那些報告，做成功了那個秘密最高委員會（它底存在是普魯士警察所主持）開會的『記錄原文』；斯蒂伯先生看到這記錄簿與他已經從該兩人收到的報告密合符節，立刻把它提交法庭，並且發誓宣稱在認真地檢查之後，根據其十二分的懸念，這記錄簿確切是眞的。於是斯蒂伯所捏造的荒謬的報告大半都公佈了。你可以想像，在看到論及他們的事蹟爲他們從來所不知道時，那些被捏報的祕密委員會的委員是如何地驚詫。有些洗禮名本爲威廉，在這裏卻變成了路易或查爾斯；另外有些人當時本在英國的另一端，他們却被他在倫敦作演說；更有些，則被报告說過他們從來聞到過的信件；他們常在每禮拜三舉行懇親會，而報告上則說他們在禮拜四舉行常會；一個幾乎不會寫字的工人，也捏造為記錄之一而且這樣簽名；他們被捏造所說的語言，可以說是普魯士警察局所用的語言，絕不是一個國內知識文士佔多數的懇親會中所用的語言。最驚人聽聞的捏造是，他們又捏造一個收到若干金錢的收據，捏稱是偽造者所夢幻想中的中央委員會的所謂書記。但這虛構的書記之存在，不過是以一位惡作劇的共產黨員戲弄不幸的警察西的一個玩笑為根據而已。

這愚笨的捏造是太專斷了，不能不產生與其意圖相反的結果。雖然各被告底信敎友人被剝奪了一切將本案舉事向法庭呈訴的方法，雖然他們寄給訴訟辯護士的信所都被警署所扣留，雖然他們設法交到這些辯護士手中的文件和宣誓供述書不允提作證據，可是一般人民的憤怒是如此之深，連檢查官——否，連曾經宣誓保證那記錄簿爲真實的斯蒂伯先生，他不得不承認它是偽造了。

可是，警察所犯的罪名並不只偽造文書一種。在審判中更有兩三種同類的事件洩露了出來。透露所盜竊的文件被警察所塗改，以改變它底意義。一種內含一些過激的胡說的文件，是模仿馬克思博士的手蹟寫的，有一時期被捏稱為他所寫，到最後檢察官不得不承認它是偽造。但除了已經證明的一切警察的卑劣行為而外，還提出有五六件新的罪行，暫時還不能予以揭發，因為辯護士辦不及備，證件又須得自倫敦，但辯護士與倫敦的共產主義亡命者的一切通信，都被在法庭上公開宣為是確定了的陰謀案之同謀行為。

格寫夫與弗履利乃是我們在這兒所描述的那種人，斯蒂伯先生自己的供詞已經說明過；至於赫爾西，他已經在一位倫敦的法官面前承認那『記錄簿』是他所偽造（是由弗履利命令行事並得他幫助），後來他就逃出了英國，以避免犯罪控訴。

審判進行中這些致命的揭發是政府不大受得住的。它底陪審員們是萊茵省前所未見的：六個貴族（是純粹的反動派），四個財閥，兩個政府官吏。當他們不斷聽到這些話在他們耳邊嘈雜的時候（說被告們是一個可怕的共產黨陰謀團體的首領，這團體的目的是要根本推翻一切神聖的東西——財產、家庭、宗教、秩序、政府和法律！），這些人是不能精密地檢查那六禮拜中堆到他們面前的一堆混亂證件的。可是如果政府不使各特權階級認識到，若這案件而宣判無罪釋放，則政府即認為這是廢除陪審法庭的信號，而且認為是一

156	德國的革命與反革命

種直接的政治示威,是中等階級自由主義反對派準備甚至要與最極端的革命黨人聯合的證明,那判問一定是會無罪釋放的。這樣由於新普魯士法典的反射作用,使得政府能夠看到七個兇人被判有罪,只有四個人被判無罪開釋。判罪者被處以三年至六年不同的監禁,關於這消息,想來你們已經適時的知道了。

一八五二年十二月一日於倫敦

原版书影印

中央委員會致共產主義者聯盟的信

兄弟們！在一八四八年到一八四九年這二個革命的年頭中，共產主義者聯盟在兩方面表明了自己：第一，聯盟底盟員都很出力參加各地的革命運動，不論是在報紙上，在戰場上，在巷戰障礙物後，他們都站於唯一堅決的革命階級——無產階級——之最前列；第二，共產主義者聯盟對於革命運

在一八五〇年初，共產主義者聯盟期待著革命底新高潮，採取了一些有力的方策，以便在德國建立秘密的組織，並加强那些已有的組織。這裏所印的「中央委員會致共產主義者聯盟的信」，由一位全權代表或特使帶到德國去的。在這封信中，馬克思、恩格斯對於德國革命底遠景，給於精確的分析，並概述共產主義者底根本的策略的原則；這些原則是以一八四八年的革命經驗爲基礎的。這封「中央委員會致聯盟的信」是馬克思主義規定無產階級戰略與策略的最重要的歷史文獻之一。在這文獻中所敍述的馬克思底不斷革命論，於新的具體條件下，就是於列寧與布爾塞維克在俄國革命中所採取的戰略與策略上，得到了進一步的發展和具體化。列寧與布爾塞維克嚴格保藏馬克思底革命的戰略與策略，反對各式各樣的機會主義者。（德國的修正派，俄國的孟塞維克、託洛茨基派等等）之無數的歪曲與階級妥協的解釋。大家都知道，託洛茨基企圖用馬克思底不斷革命論來掩蓋他對俄國革命底前途、性質與動力所抱的孟塞維克主義的觀點，來掩蓋他的不斷革命論。但是，託洛茨基的「不斷革命論」，在實質上，與馬克思

> 動的見解，如在各次大會底通告、在一八四七年中央委員會
> 底通告與在『共產黨宣言』中所定下的，那已證實是惟一正
> 確的見解。在那些文件中所預料的事情，已經完全實現。而
> 對於現代社會狀況的見解，從前只由我們秘密傳播著，現在
> 已人人都在談論，並且在廣場上公開宣傳了。個同時，聯盟

的不斷革命論是絕毫沒有共通的地方的。

斯大林同志說：

> 『只有列寧這位馬克思主義者才正確地認識了和發展了不斷革命
> 底思想。在這個問題上，列寧與『不斷革命派』之間的區別，是在
> 於：『不斷革命派』曲解了馬克思底不斷革命底思想，把它變成了無
> 生氣的書本上的學說；而列寧卻採用了純粹的不斷革命底思想，把它
> 變成了自己的革命理論底基礎之一。應該記得，列寧還在一九○五年
> 的時候，就已經提出了『資產階級革命轉變成為社會主義革命』這個
> 思想；這個思想就是馬克思底不斷革命論底具體化底一個形態。列寧
> 在一九○五年關於這點所說的話，就是：
> 『從民主義的革命，我們就將立刻按照着我們的力量之大小，
> 按照着有階級覺悟的和有組織的無產階級底力量之大小，開始過渡到
> 社會主義革命。我們主張不斷革命，我們決不半途中止。⋯⋯我們並
> 不陷於冒險主義，並不違反自己的科學的良心，並不追求便宜的名
> 聲，所以，我們只能說而且只是說：我們用全力來幫助全體農民做民
> 主主義的革命，以便使我們，無產階級底黨，比較容易地盡量迅速地
> 進到新的更高的任務——『社會主義革命。』（見斯大林：『列寧
> 主義』第一卷，『列寧主義底問題』。俄文本，第二六五——二六六
> 頁）

斯大林在他底演講『列寧主義底基礎』中，指示出了布爾塞維克
與託洛芙基派對於這個問題的遠見不同底本質。他也回答了『列寧為
什麼無情地反對託洛芙基底不斷革命論』這個問題。他說：

> 『因為列寧主張『用盡』農民底革命性能，充分利用他們底革命

從前的鞏固的組織却大大減弱。直接參加革命運動的黨員，大部分都以爲秘密團體的時代已經過去，現在單是公開的活動就已足夠。個別小組與地方支部，聽任它們與中央委員會的聯繫鬆弛下來，以至逐漸斷絕了聯絡。結果德國的小資產階級黨——民主黨——日益把自己組織起來，而工人政黨則

能力，以完全消滅沙皇制度，以過渡到無產階級革命；而『不斷革命派』却沒有懂得農民在俄國革命中的重大作用，低估了農民底革命能力，低估了俄國無產階級領導農民的力量與能幹，因此便妨害了把農民從資產階級影響下解放出來的工作，妨害了把農民團結於無產階級週圍的工作。

因爲列寧主張以無產階級奪獲政權，來完成革命事業，而『不斷革命派』却想直接從建立無產階級政權開始，他們不懂得他們卽使便是不願看見像『農奴制度底殘餘之存在』這樣的『小事情』，但是在他們底估計中，忽視了俄國農民這個重大的力量；他們不懂得這樣的政策妨礙了無產階級爭取農民到它這方面來的工作。

可見，列寧當時與『不斷』革命派鬥爭，並不是爭『不斷性』底問題，因爲列寧自己也抱着不斷革命底觀點；而是因爲他們低估了農民階級——無產階級底最大的後備軍——底作用，是因爲他們不懂得無產階級領導權底概念。』（見同上書，『列寧主義底基礎』，俄文本，第三七——三八頁）

再次，斯大林同志在分析了『致共產主義者聯盟的信』之後，進而證明出：

『（一）馬克思並沒有主張十九世紀五十年代的德國革命，以直接建立無產階級的政權來開始，這和俄國的『不斷革命派』底計劃相反。

（二）馬克思只是主張以建立無產階級的國家政權來完成革命，一歩一歩地接着把資產階級底各派從政權底高峯推倒下去，以便在無

| 162 | 德國的革命與反革命 |

反變失它底惟一鞏固的地盤，最多不過保存了各個單獨地方的爲著地方目的之組織，因此在一般運動中就完全受小資產階級民主黨的支配和領導。這種狀態必須加以終止，工人底獨立性必須加以恢復。中央委員會認識這種必要，所以，在一八四八年到一八四九年的冬季，派莫爾（Nose Ph Moll）爲特使，往德國負責改組聯盟。可是，莫爾底使命依然沒有得到耐久的效果，一部分是因爲當時德國的工人還沒有充分的經驗，一部分是因爲去年五月發生起義以致聯盟底改組工作中斷。莫爾他自己拿起毛瑟槍，加入巴登・法爾茲軍隊，於七月十九日陣亡於墨格（Murg）之役。他是最老的、最活動的

產階級奪得政權之後把革命火炬燃遍於全世界。這與列寧所有的主張是完全相合；這與列寧根據着他底在帝國主義環境內的無產階級革命底理論，在俄國革命過程中所做的事，是完全相合。

可見，俄國的『不斷革命派』，不僅是低估了農民階級在俄國革命中的作用，不僅是輕視了無產階級領導權觀念底意義，而且改變了（改壞了）馬克思底『不斷』革命論，使它失去了所有的實際價值。』（見同上書，俄文本，第三八一—三九頁）

託洛茨基底不斷革命論，是基於不信無產階級底力量，基於否認無產階級底領導權與無產階級對農民階級的領導能力，基於不理解農民運動底革命性質。這一切，不可免地使託洛茨基及其信徒對俄國革命底命運採取失敗主義的觀點，否認社會主義在一國內勝利底可能；主張蘇聯的蘇維埃政權必然要傾覆與蛻化，因爲世界革命還沒有達到西方無產階級底勝利。託洛茨基主義之變成反革命資產階級先鋒隊，最有力地證明了列寧、斯大林、布爾塞維克黨與共產國際，爲保衞適用於帝國主義時代底具體條件下的馬克思底革命的戰略與策略，而對託洛茨基底不斷革命論作了無情的鬥爭，是正確的——編輯部註

中央委員會致共產主義者聯盟的信

和最可信賴的盟員之一；他很活躍地參加各次的大會及中央委員會；他以前擔負過許多的任務，都收到了很大的成功。——聯盟現在喪失這樣的一個好盟員了。在一八四九年七月德法兩國的革命歸失敗之後，中央委員會底委員差不多全體都囘到倫敦來開會，以新的革命力量來補充自己，並重新提起熱誠來進行聯盟底改組工作。

只有派一特使去，方能實施聯盟底改組，而且中央委員會認為最必要的是，代表要立刻就出發，因為在這個時候，新的革命已瀕於爆發，所以工人政黨一定要最有組織地、最統一地和最獨立地來行動，方才不會再像一八四八年那樣被資產階級所利用，被他們拉着跑。

兄弟們，我們在一八四八年早就告訴你們說，德國的自

---

* 『中央委員會致共產主義者聯盟的信』是寫於一八五○年三月，在那個時候，馬克思依然以為革命的新高潮是瀕臨了。可是，在一八五○年五月，他很仔細地分析了世界經濟情勢之後，就達到了這樣的結論，即資本主義發展的有力的上漲，已經開始。這個上漲，是『反革命底母親』，正如『一八四八年底世界的工商業危機是二月革命與三月革命底眞正的母親』一樣。馬克思與恩格斯對於革命到來時間的估計有了錯誤。關於這點，列寧寫道：

『但是，這兩位革命思想底巨人（他們努力提高並且已經提高了全世界無產階級從手頭的、日常的、瑣細的任務底水準之上）底這種錯誤，比起官家的自由主義（它歌唱、叫喊、訴求和談說着：革命的操心是白費的，革命的鬭爭是徒然的，反革命的『立憲的』高潮說是可愛的）底卑下的智慧，是要高貴一千倍，偉大一千倍，而且在意義上有更大一千倍的價值與眞理。』（見列寧：『馬克思、恩格斯與馬克思主義』，俄文本，第一一二頁） ——編輯部註

164　德國的革命與反革命

由主義的資產者不久就會握到政權，他們立刻就會用新獲得的權力來反對工人。你們已見到，我們的預料是認實了。在事實上，一八四八年三月運動之後，資產者立即握取國家權力，並即刻利用這權力，強迫他們底戰鬥同盟者工人倒退於從前被壓迫的地位。如果資產階級不與那個在三月被打倒的封建黨聯合以至在結局把政權讓給封建的專制主義政黨，就不能達到上述這點。那末，資產階級總是能夠自己取得一些條件，使得由於政府的財政困難，統治權還是能在長時期內轉入資產階級手中，並且在革命運動可能現在已經進入所謂和平發展道路的場合之上，能保證資產階級底一切利益。資產階級為著保障自己的統治，甚至沒有必要使用暴力手段以引起人民的憎恨，因為一切暴力手段已由封建的反革命來實行了。可是，發展並不採取這條和平的途徑。恰恰相反，無論引起革命的，將是法國無產階級底獨立起義，或是由神聖同盟*進攻革命的巴比倫**，可是加速這種發展的那個革命總是已經迫進了。

在一八四八年，德國自由主義資產者所扮演的出賣人民利益的叛徒角色，在將要瀕臨的革命中，將由民主主義的小資產者來扮演。民主主義的小資產者，現在正站於反對派的地位，好像一八四八年以前自由主義資產者所站的地位一樣。這個民主黨對於工人比從前的自由黨還要危險。它是由三種成分構成的：

一，大資產階級中的最進步的部分，他們目的，是要完全推翻封建主義與專制主義。這一部分底代表者是從前的柏

林妥協派拒付租稅者。***

二，民主立憲的小資產者，他們在這次的革命運動中，主要目的是要建立一個多少民主的聯邦國家。因他們底代表者，佛蘭克府國民議會中的左派****與後來的斯篤加特國會所爭取的以及他們自己在帝國憲法運動*****中所爭取的，就是這樣一個聯邦國家。

三，共和主義的小資產者，他們的理想是建立一個像瑞士那樣的日耳曼聯邦共和國。他們現在抱着一種虔誠的願望，要除去大資本對小資本的壓迫，大資產者對小資產者的

* 神聖同盟，是俄國皇帝、奧國皇帝與普魯士國王於一八一五年戰勝拿破崙第一之後，在巴黎所締結的聯盟。在一八一八年，法國也加入了。神聖同盟是歐洲的反動勢力用以鎮壓革命運動之一種工具。——編輯部註

** 革命的巴比倫，是指法國底首都巴黎。在十八世紀末葉的第一次法國資產階級革命後，巴黎就被視為革命之策源地。

*** 指柏林議會議定資產階級代表們，他們對於柏林宣佈戒嚴與武力解散憲法會議之恐嚇，不是以發動暴動來答覆，而只是以『消極的與合法的抵抗』和提議『組織拒付租稅』來答覆。見馬克思、恩格斯：『德國的革命與反革命』，第十三章。——編輯部註

**** 佛蘭克府國民議會——德國在三月革命勝利之後，全德國的憲法會議在一八四八年五月十八日召集於佛蘭克府，在那裏開會到一八四九年五月三十日。後來，移到斯圖加特開會，於一八四九年六月十八日被威登堡政府所解散。詳見馬克思、恩格斯：『德國的革命與反革命』第七章與第十九章。——編輯部註

***** 關於帝國憲法運動，見馬克思、恩格斯：『德國的革命與反革命』，第十八章。——編輯部註

| 166 | 德國的革命與反革命 |

壓迫，因此自稱為『赤派』或『社會民主派』。這一部分底代表者，是民主大會及其委員會底會員，民主協會底首領，民主主義報紙底編輯。

所有這三部分，在他們失敗之後，現在自稱為『共和黨』或『赤派』，正和法國的共和主義的小資產者現在自稱為社會主義者一樣。在像威登堡、巴瓦里亞那些地方，他們還有機會可以遵循憲法的軌道以追求其目的，他們就乘住機會，保持他們原來的言詞，並用事實證明他們是毫無變化的。並且，很明顯的，這個政黨更改名稱，絲毫也沒有變更它對工人的關係，這只是證明出他們現在已不得不反對那些和專制主義相勾結的資產階級，而且，不得不依賴著無產階級的擁護。

德國的小資產階級民主黨，是很有力量的，它不但包括著城市的有資產的居民之大部分、小工商業主和手工業主人；在它底信徒之中，還有尚未得到獨立的城市無產階級幫助之農民與農村無產階級。

革命的工人政黨對於小資產階級民主黨的態度，是這樣的：工人政黨與小資產階級民主黨攜手前進，共同反對它（指工人政黨──譯者）所要推翻的那個黨派；但當小資產者要鞏固自己地位時，工人政黨就反對他們所要藉以鞏固自己的一切事物。

民主主義的小資產者，決不願為革命無產階級變革全社會，他們只是努力企求使社會狀態變得對於他們盡可能地更為適宜和舒服。所以，他們首先要求限制官僚制度以減少國

中央委員會致共產主義者聯盟的信　　　167

費支出，並把主要賦稅底負担轉嫁於大地主與資本者。他們又要求設立公營信用機關，並頒布取締高利貸的法令，以除去大資本對於小資本的壓迫；有了公營信用機關與取締高利貸的法令，他們與農民就能在有利的條件上向國家借到現款，而用不到向資本家借貸了。他們又要求完全剷除封建制度，以便在農村中建立資產階級的財產關係。他們為要完成這一切，就需要着民主主義的——不論是立憲的或共和的——國家管理的方式，這種方式使得他們及其聯盟者——農民——能夠在國會中成為多數派；他們並需要民主主義的地方自治組織，使得他們能夠掌握公有財產底支配權，並幸選那些現在由官僚執行的許多職權。

依照他們的意見，只有部分的以限制遺產權的方法，部分的盡可能地以更多的事業收歸國有的方法來防止資本底統治及其迅速增加，至於工人呢，那末首先就確實地規定，他們還是像從前一樣做工錢勞動者；民主主義的小資產者，不過要使工人有較高的工資與較有保證的生活，他們希望用兩種方法來達到這個目的，一是由國家僱用一部分工人，一是慈善事業。總而言之，他們希望着用多少掩蓋着的佈施來收買工人，使工人暫時得到生活的改善，以毀壞其革命的勢力。我們在這裏所概述的小資產階級民主黨底要求，並不是民主黨各派全體同時提出的，這些要求，就其全體來說，只是各派中很小部分人的一定的目標。小資產階級民主派中的各個人員與派別，越是走得遠些，他們從這些要求中取為己有的數量便越是多些，而那些把上述要求作為自己網領的少數

168　　　　　　德國的革命與反革命

人，却就以爲他們所提的要求，是所裂於革命的最高限度的要求了。但這些要求是不能滿足無產階級政黨的。民主派小資產者希望把革命盡可能地趕快結束，最多只限於完成上述要求以結束革命；可是，我們底利益，我們底任務，却在於要使革命成爲不斷的，一直進行到一切大的或小的有產階級已被剝奪統治地位的時候，一直進行到無產階級已經奪取政權的時候，一直進行到無產階級底聯合不僅在一國內而且在世界一切統治國家內，已經如此長進，使各國無產階級間的競爭歸於終止的時候，一直進行到至少那些有決定作用的生產力，已經集中於無產階級手中的時候。對於我們，事情不是在於改變私有財產，而是廢除私有財產；不是在於緩和階級對立，而是在於消滅階級；不是在於改良現存社會，而是在於建立一個新的社會。德國的小資產階級民主黨，在革命往後的發展中，將暫時取得優勢的影響，這是沒有疑問的。所以，竟發生了這樣的問題：無產階級，尤其是聯盟，對小資產階級民主黨應該採取什麼態度呢？

一，當現狀繼續着，小資產階級民主派也和我們同樣被壓迫的時候，我們底態度應該怎樣？

二，在將使他們獲得優勢的下次革命鬥爭中，我們底態度應該怎樣？

三，革命鬥爭過後，他們比已被推翻的階級與無產階級都佔優，在這個時候，我們底態度應該怎樣？

第一，在現在，民主派小資產者，不論在什麼地方都受壓迫，他們一般的對無產階級宣傳團結與協調，對無產階級伸出手來，並且努力要樹立一個包含民主黨的各種傾向底強大反對黨，這就是說，他們努力要把勞動者拉入那樣的一個政黨組織，在這個政黨中一般的社會民主主義的詞句佔支配地位，可是在這些詞句背後，却掩藏着他們底特殊的利益；並且在那裏，無產階級為着可愛的和平，不能提出自己的一定的要求來。這樣的聯合，只對小資產者有利，對無產階級是完全不利的。無產階級將完全喪失它辛辛苦苦掙得的獨立地位，而重又降為公認的資產階級民主黨之附庸。所以，無產階級一定要堅決地拒絕這樣的聯合。工人，尤其是聯盟，不應再屈身為資產階級民主黨底鼓掌隊，而應努力建立一個獨立的——不論是公開的或祕密的——工人政黨底組織，與公認的民主黨並立，並使每一個地方支部都成為工人聯合會底中心與核心，在各地方支部中，能夠不受資產階級影響，而討論無產階級底立場與利益。資產階級民主黨對於他們與無產階級締結平等聯盟（無產階級與他們有同等的權力，有同等的權利）的事情，是如何的不誠懇，從勃萊斯洛民主黨底例子上就可看出來，他們在其機關報『新奧特爾新聞』上很凶惡地攻擊有獨立組織的被他們稱為社會主義者的那些工人。在反對共同敵人的鬥爭底場合上，不需有特殊的結合。當需要與共同敵人作直接鬥爭時，兩黨底利益在那時是一致的；於是只為當時所需的結合就自然形成起來了，過在以前是如此，在將來也會是這樣。很明顯地，在將近的血鬥中，正和在以前的血鬥中一樣，最主要地還是要工人憑藉他們底勇敢、決心和犧牲來爭取勝利。在這次鬥爭中，也和以前一

| 170 | 德國的革命與反革命 |

眾，小資產者的多數，將在盡可能的最長時間中，遲疑、不決、消極；到了勝利已確定，他們立即就把勝利掠為己有，叫工人們安靜，恢復工作，防止所謂過火，不讓無產階級享受勝利底果實。工人們沒有力量來禁止小資產階級民主派底這種行徑，可是工人們却有力量使小資產階級在與武裝的無產階級相較量時很難增長其勢力，並且迫使小資產者不得不接受一些條件，這些條件使得小資產階級民主派底統治一開始就包含著傾覆底種子，使得將來無產階級更易於推翻他們底統治而用無產階級底統治來代替它。工人在進行鬥爭時與鬥爭剛結束後，首先必須盡一切可能反對資產者緩和風潮的企圖，並且迫使民主黨人實行他們現在所說的恐怖主義的詞句。工人一定要努力使直接的革命的激動不於革命勝利之後立即就被鎮壓下去。相反地，他們一定要保持革命的激動，越長久越好。工人們還不應反對所謂過火，不應反對民眾對於他們所痛恨的個人抗行報復，對於那些與可恨的往事相聯繫的公共建築物實行破壞，對於這一類的事情，他們非但應加以寬容，而且一定要親自加以指導。在鬥爭時與鬥爭後，工人一有機會，就必須把自己的要求提出，與資產階級民主義底要求並列。當民主主義的資產者著手奪取政權時，工人們立即就應當要求他們給與工人以保證。在必要的場合，他們（指工人）應以武力逼出這些保證，而且，一般地說，他們應當顧到要使新統治者逼得實行一切可能的讓步與諾言，——這是使他們陷於屈辱地位之最妥當的辦法。一般地說，工人們應該用一切方法極力防止那種在每次巷戰勝利後常會

發生的『勝利底陶醉』以及『對於新情況的狂熱』；工人們應當對情勢作鎮定冷靜的了解，對新政府表示顯然的不信任。在公然的新政府之外，工人們必須樹立自己的革命的工人政府，工人政府底形式，不論是市委員會、市蘇維埃會或工人俱樂部、工人委員會都好。這樣，使得資產階級的民主政府，不單是立即失去工人底擁護，而且他們一開始就看到有全體工人羣衆所擁護的一個權力機關在監視它，在威脅它。總而言之，從勝利底第一分鐘起，工人們所表示的不信任，就不是用來反對那已被打倒的反動政黨，而是用來反對工人們的以前的同盟者，反對那個要把共同勝利據爲己有的政黨。

第二，但是工人們爲着對於那個在勝利底第一小時就要把工人出賣的政黨反對得更有力量更有威力起見，就一定要武裝起來，組織起來。工人全體立即要以來復鎗、毛瑟鎗、加農砲和彈藥武裝起來。傭時的市民軍，是反對勞動者的；勞動者一定要反對市民軍之復活。如果反對無效，工人們就一定要自己獨立組織起來，組成無產階級自衛軍，自己選出司令官，自己選出參謀部，並且不受政府當局指揮，而受工人所建立的革命的地方委員會指揮。國家所僱用的勞動者，必須武裝起來，組織成爲特別的軍團，由他們自己選出司令官來指揮，或者作爲無產階級自衛軍底一部分。不論政府藉什麼口實決不繳出武器與彈藥；任何解除工人武裝之企圖，在必要的場合都必須用武力加以抗拒。消滅資產階級民主黨在工人中間的影響；即時成立工人底獨立武裝組織；對於暫時的不可避免的資產階級民主黨底統治，造成一種盡可能最困

| 172 | 德國的革命與反革命 |

難最受屈辱的條件；——這些就是無產階級——（因而也就是聯盟）——在將來的起義時與起義後所應注意的主要點。

第三，新政府底地位鞏固到一定程度，它就要立卽開始對工人進行鬥爭。工人們在這場合上爲要能夠有力反對民主主義的小資產者起見，首先就必須使工人獨立地組織並集中於俱樂部。在現存政府被推翻之後，中央委員會就要趕快移到德國，立卽召集大會，在大會中提出必要的提案，就是：在建立於革命運動中心地的領導機關之下，把工人俱樂部集合起來。至少，要很迅速組織工人俱樂部底地方聯合會；這是工人政黨底加強與發展之最主要點之一。推翻現存政府的最近的結果，就是選擧國民議會。無產階級對此應注意下列數點：

（一）地方當局或政府委員，不能用任何詭計製爲口實去把一定數量的工人擯除於外。

（二）不論在什麼地方，工人底候選人要與資產階級民主黨底候選人並列，工人底候選人應當盡可能以聯盟的盟員充任，而且要用一切可能的手段使他們當選。就使在毫沒有當選希望的地方，工人也一定要提出自己的候選人，以保持自己底獨立性，計算自己底力量，並在羣衆面前表示自己底革命態度與澈底立場。民主黨會說，這種行動要使民主黨分裂，使反動派有勝利之可能；——工人們不要被民主黨這一類空話所誘惑。這些空話，最後的目的，都不外是要欺騙無產階級。無產階級由於採取這種獨立行動而一定能夠得到的那種好處，比起幾個反動派代表出席國民議會所能引起的那穩壞處，是需要得多了。如果民主黨自始就很堅決用恐怖手段對付反動派，那末，反動派在選舉運動中的勢力早已被剷除了。

資產階級民主黨與工人所因而發生衝突的第一個問題，將是關於消滅封建制度的問題。正如在第一次法國革命時✦一樣，小資產者把封建的土地，給予農民變自由財產，這卽是說，讓農村無產階級繼續存留，而造出一個小資產農民階級，——這個小資產農民階級必將經過像法國農民現在所經過的那樣由貧之而貧償累累的循環。

工人者，為著農村無產階級底利益，為著自己底利益，就一定要反對這種計劃。他們必須要求把沒收下來的封建財產留作國有財產，並轉為工人居留地。工人居留地由聯合的農村無產階級運用大規模農業所有的一切優點來耕種。在搖搖將傾的資產階級財產關係之下，這種共有財產的原則，立卽就獲得鞏固的基礎。民主黨人旣與農民聯合，工人就應與農村無產階級聯合。其次，民主黨或是直接努力建立一個聯邦共和國，或是，如果他們不能避免一個單一的不可分割的共和國的話，那末他們至少也企圖袋各省、各市社、鄉社，爭取最大限度的自治和獨立，以削弱中央政府。工人們一定要反對這種計劃，不單是要努力建立單一的不可分割的德意志共和國，而且還要努力使權力斷然集中於國家當局之手。

✦ 卽是，當法國大革命（起自一七八九年）時。

——編輯部註

| 174 | 德國的革命與反革命 |

他們不要被民主黨底『市社鄉社自由』、『自治』這一套花言巧語所惑，而致迷入歧途。在像德國這樣的國家中，還有許多中世紀殘餘+ 非剷除不可，有許多地方的和省的惡習非打破不可；革命的活動，只有在集中的情形之下才能發揮其全力；所以，我們不論如何，決不能容許各村、各市、各省在革命活動底路上放下一個新的障礙物。現在，德意志人在各市社鄉社及各省不得不各相分別地為同一的進步而鬥爭；這種各自為戰的現狀，決不能容許其延續。所謂自由的市社鄉社的管理，使市社鄉社財產（這種形態的財產，比近代的私有財產還落後，不論在什麼地方，它都必然要轉為私有財產）永久存在，因而使窮的與富的市社鄉社間的鬥爭永久存在，使那與『國家民法』並存的『市社鄉社民法』及其對工人的詭計永久存在；——工人們對於這些，也是決不能容忍的。現在的德國，如一七九三年的法國一樣，執行最嚴格的中央集權是真正的革命黨底任務。++

我們已經看到在下次革命運動中民主黨人將怎樣取得政權，他們將怎樣被迫而提出多少帶有社會主義意味的方案。我們要問：工人們應該提出什麼方案來答覆呢？在革命運動初期，勞動者自然還不能提出任何直接的共產主義的方案。但勞動者能：

一，逼迫民主黨去干涉現存社會制度內盡可能更多的各

+ 關於德國的中世紀殘餘，見馬克思、恩格斯：『德國的革命與反革命』，第一章。
—— 編輯部註

個領域，破壞其常態的進程，並使其自陷屈辱地位；同時要把盡可能更多生產力，交通工具、工廠、鐵路等等，集中建國家手中。

二，民主黨的行動，自然，都不是革命的，而只是改良的，工人們一定要把民主黨底建議推到極端去，並把那些建議轉變成為對於私有財產之直接攻擊。例如，如果小資產者提議收買鐵路和工廠，工人們就必須要求國家把這些鐵路和工廠簡單沒收，不給賠償，因為這些鐵路和工廠是反動派底財產。如果小資產者提議比例稅，工人們就應要求累進稅。如果，民主黨自己提出溫和的累進稅，工人們就要堅持累進

✦✦ 現在，必須回憶起這一段話是基於誤解之上的。當時因為拿破崙派與自由主義的歷史偽造家所欺，大家都以為法國底中央集權的行政機關，是大革命所始創的，是由國民議會用來作為克服帝國底動派、聯邦反動派及外敵之必需的決定的武器；大家都把這視為確定的事實，可是，現在知道，在整個的革命中，一直到拿破崙政變的二月十八日為止，各省、各區、各市社會社底行政機關，都是由各地人民自己選出官吏來負責；這些民選的官吏，在一般國家法律的範圍內，有完全的行動自由。這種與美國相類似的各省各地的自治政府，正是革命底最有力的槓桿，因為自治政府對革命有這麼大的作用，所以，拿破崙在二月十八日政變之後，立即就以縣公署行政制來加以代替。這種公署行政制，現在依然存在着，它一開始純粹是一種反動工具。但是，正如地方與各省的自治，並不與政治的全區的中央集權相矛盾一樣，這種自治也並不一定與那狹隘的各縣、各市社會社的自私主義（像在瑞士所表現的那麼令人憎厭的樣子。而南德聯邦共和主義者在一八四九年却要把它作為德國的規範）發生必然的聯繫。
——恩格斯在一八八五年單立本版上的附註

| 176 | 德國的革命與反革命 |

得很劇烈的稅率，使大資本因此遭受毀滅。如果民主黨提出清理國債，工人們就要求國家宣佈破產。這樣，工人們底要求，不論在什麼地方，都必須依照民主黨底讓步及其方案來決定。

如果德國的工人，不完全經過較長時期的革命的發展，就不能獲得政權與實現他們自己的階級利益可言。那末，在這一次，他們至少有了這樣的信念，就是：行將來臨的革命劇底第一幕，將與法國工人階級底直接的勝利相符合，因之這第一幕也就要被大大的加速起來。

但是為要爭取他們的最後勝利，他們自己必須明瞭自己的階級利益，盡可能地採取自己獨立的黨底立場，一刻也不能被民主的小資產者底花言巧語所惑而放棄無產階級黨底獨立組織。他們底戰鬥口號應當是：**不斷革命**。

一八五〇年三月於倫敦（馬克思、恩格斯合著，柯柏年譯）

共產主義同盟底史

恩格斯

　　隨著一八五二年科倫共產黨人底判決，獨立的德國工人運動底第一時期閉幕了。這一時期在今天幾乎已經被人遺忘了。而它却存續了一八三六到一八五二年的時間，隨著德國工人在國外的散佈，差不多在一切文明國家中都掀起了這種運動。而且這還不夠，今天的國際工人運動本質上就是當時德國工人運動直接的繼續，它一般地是第一次的國際工人運動，並且從那裏面產生了許多在國際工人聯合會✛✛中起領導作用的人們。而共產主義者同盟在一八四七年的『共產黨宣言』✛✛✛中，寫在旗幟上的理論原則，構成了今天歐美整

　　✛　恩格斯這篇文章，是一八八五年出版的馬克思的小冊子『科倫共產黨人訴訟案眞相記』第三版底序言。這個案件，進行於一八五二年，當一八四八年革命失敗以後，普魯士政府利用它以鎭壓工人運動，尤其是共產主義同盟。這採用了一切警察擾亂及陰險的方法，馬克思會寫了一本小冊子以反對在警察總監斯梯浦領導下根據國王底直接指示而進行的這種無恥的警察手段。

　　『在被告者之中是無產階級乎無寸鐵地與以審判法庭爲代表的統治階級對立者。被告之所以被判罪，正因爲他們站在審判庭之前。』

| 178 | 德國的革命與反革命 |

個無產階級運動最強有力的國際的聯繫基礎。

直到現在，關於那次運動底有聯貫的歷史還只有一個主要來源，那便是所謂黑皮書：威爾穆茨和史梯泊所著的『十九世紀共產黨人底陰謀』。（一八五三及一八五四年柏林出版，書共分二部）這一部由我們這一世紀最卑鄙的兩個警犬共同捏造的充滿了故意僞造的著作，至今還當做那時期一切非共產主義的著作之最後根據。

我在這兒所能給的只是一個片斷，而且這個片斷，在觀察到同盟本身時，也只限於了解『真相記』所絕對必要者；我希望我還能夠有幸運把馬克思和我所搜集的國際工人運動

————萊茵的貴族和萊茵的資產階級以他們的罪惡響應了法國資產階級在十二月二日以來喊出的呼聲：『只有偷竊才能保護財產，只有僞善才能保護宗教，只有淫亂才能保護家庭，只有混亂才能保護秩序！』

在萊茵普魯士，還流行着的對陪審制年的迷信就這樣永遠喪失了。人們了解了陪審廳是特權階級的法庭，它之所以設立是爲了用資產階級良識底寬闊來彌補法律底空隙。————』（見馬克思著『科倫共產黨人訴訟案眞相記』，拉比一九一四年版，一○九頁）關於這個案件也可參考恩格斯著：『德國的革命與反革命』第二十章。

恩格斯爲『科倫共產黨人訴訟案眞相記』所寫的序文有獨立的查發與極大的價值。它爲用德國和英國工人運動經典的一個概況並且敍述了馬克思、恩格斯在建立一個無產階級戰鬥團體————共產主義同盟————的作用。————編輯部註

** 國際工人聯合會————第一國際的正式名稱，一八六四年創立於敦。————編輯部註

*** 『共產黨宣言』 見本選集第四種。————編輯部註

底那一光榮的青春時期底豐富材料作一番整理。

× × ×

一八三六年時，從德國政治亡命者一八三四年在巴黎創立的『亡命者』底民主共和主義的『祕密同盟』中分離出了最急進的、大多是無產階級分子，他們組織了新的祕密的『正義同盟』，只剩下了最不活動的亞可泊斯·維內第派的分子的那個舊同盟不久便完全沒有聲息了：當一八四〇年警察在德國破獲它底一些支部的時候，它只是一個影子了。但是新同盟却發展的相當地快。它原來是這時在巴黎形成的帶巴貝夫*傾向的法國工人共產主義底一個德國分枝；他們要求貨物公有以爲『平等』底必然歸結。它底目的，也卽是巴黎同時的祕密團體底目的：半宣傳組織，半陰謀活動的組織，這中間，巴黎一向被當做革命行動底中心，雖然在德國準備偶然的盲動並不是不可能的。但是，因爲巴黎是一個有決定意義的戰場，這個同盟當時事實上實在不過是法國祕密結社底一個德國支派而巴。特別是與勃朗基及巴爾貝所領導的季

* 巴貝夫主義——法國大革命時代之法國空想主義者與共產主義者格拉庫斯·巴貝夫（一七六〇——一七九七）的學說。巴貝夫是所謂『平等主義者底陰謀暴動』（一七九五——一七九六）的首領。參加者主張以陰謀暴動實現共產主義，取消私有財產，而代以集體產業，實行貨物底平均分配。

巴貝夫的空想——『平等共產主義』——發生於封建制度崩潰時代，是『無產階級本身未成熟及其解放底物質條件之缺乏』的結果。（馬克思語）
　　　　　　　　　　　　　　　　　　　　——編輯部註

節社* 有密切的關係。法國人在一八三九年五月十二日**起事了，這個同盟底各支部也共同行動，因而也就遭受了共同的失敗。

德國人方面，卡爾・沙配（Karl Schapper）和亨利・鮑爾（Heinrich Baner）被捕了；路易腓立浦*** 底政府將是在比較長期的拘禁後，把他們驅逐出境。兩人都到了倫敦。沙配是拿騷省威爾堡人，基森（gissen）大學森林科學生，一八三二年參加畢士內爾**** 所組織的陰謀活動的組織。一八三三年四月三日參與襲擊佛蘭克府警察廳的暴動*****，逃

* 季節社——爲勃朗基一八三七年所組織的專進陰謀暴動之共產主義秘密團體。　　　　　　　　　　　　　　　—— 編輯部註

** 一八三九年五月十二日暴動爲季節社所組織，佔領了市政廳，宣佈了臨時政府，勃朗基被選爲總司令。因爲他們未與廣大羣衆聯繫，這少數的陰謀暴動者不久便被警察與國民軍擊散。
　　　　　　　　　　　　　　　　　　　　　　—— 編輯部註

*** 路易腓立浦（一七七三——一八五〇）　法國國王，『七月王朝』時期代表銀行家及財政貴族的利益。一八三〇年的七月革命使他登上皇位，一八四八年二月革命把他推翻。　—— 編輯部註

**** 係指德國詩人喬治・畢士內爾（George Buchner一八一三——一八三七）在黑森省農民中所進行之革命宣傳的嘗試。一八三四年畢士內爾與黑森自由派領袖魏地希牧士共同創立了一個資產階級革命的組織『人權社』，除了作爲這個組織的核心的學生大衆及左派資產階級分子之外，這團體空前地也吸收了德國手工業者。該社活動於農民中，喬治・畢士內爾的口號是『保衛農舍的和平，反對皇宮』，因此這運動一開始便被政府鎭壓下去了。　　　—— 編輯部註

***** 向佛蘭克府警察廳的進攻——是少數激烈分子（約五十人，多數是學生）的一次失敗了的冒動企圖。警察那前已經知道這次反對在佛蘭克府舉行聯合議會的冒動計劃，因而用這次冒動企圖爲藉口，以便加緊對德國資產階級自由運動的鎭壓。　—— 編輯部註

亡國外後，參加一八三四年二月馬志尼向沙沃耶的進軍*。他，身材魁漢，堅決而幹練，時時準備把素質的生存與生命孤注一擲，他是一個職業革命家底典型，一如他在三十年代所表現的作用，雖然有思想上的某些運鈍，但是，正如他從『煽動家』**到共產主義者的這一發展所已經證明的一樣，他決不是缺乏較好的理論的認識力的，並且他堅持他一經認識了的理論。正因為這個緣故，他底革命熱情有時超過他底理智；但是，事後他總是看到了自己底錯誤，並且公開地認識了錯誤。他雖是一個全人，他對於創立德國工人運動所作的是不會被遺忘的。

亨利·鮑爾，法蘭克人，是一個鞋匠；一個活潑、敏捷、富於詼諧的小個子；可是在他那矮小身材裏也同樣藏着不少機警和果斷。

到了倫敦以後，在巴黎曾作過排字工人的沙配現在在倫敦當語文教員以維持生活，他們兩個把割斷了的線索重新聯結起來，現在把倫敦做成同盟底中心了。

約瑟夫·莫爾，一個科倫的鐘錶匠，一個中等身材的壯士，在這兒（如果不是他以前在巴黎就已經是的話），加入

* 馬志尼向沙沃耶的進軍——是意大利資產階級共和派革命者及統一意大利以及為從奧大利與教王之壓迫下解放意大利所進行的一次無效果的革命征伐。——編輯部註

** 德國政府當局當時稱十九世紀二十年代至四十年代的自由主義與民主主義思想的代表者為『煽動家』。一八一九年曾為檢查『煽動活動』在德意志各邦設立專門委員會。——編輯部註

| 182 | 德國的革命與反革命 |

了他們底團體。莫爾——他和沙配曾經幾多次（！）勝利地把守了大廳門抵擋住幾百個來勢兇兇的敵對者。——在精力和果斷上，至少和他底兩個同志相等，而在智慧上更勝過他們兩個。他不僅是一個天生的外交家，如像他許多次宣傳旅行底成功所證明了的，並且在理論底認識上，他也比較容易領略。一八四三年我在倫敦認識了他們三人，是我最初遇見的革命的無產者；雖然在當時我們的見解在個別上有分歧——因為，正像他們有著狹小的平等共產主義✢一樣，我當時還帶著好大一些同樣狹小爲哲學的高傲——但是我永遠不會忘記這三個眞正的人物所給我們的深刻的印象，而我那時剛剛開始想成長一個人。

在倫敦，以及瑞士，在較小的程度內，集會、結社底自由便利了他們。早在一八四〇年二月七日，公開的德國工人教育會已經創立了，它直到今天還存在。這個會作了同盟徵收新盟員的地方，因為共產主義者總是最活動的最有知識的會員，很自然地，教育會底領導便完全在同盟底手中。同盟在倫敦不久便有了許多支部，或者如像當時所叫作的「祕窩」（Lodges）；同樣的明顯的策略也在瑞士和其他地方運用著。只要能夠建立工人會的地方，便以同樣的方式利用了它。在法律禁止這個的地方，便改用歌詠團、體育會等等。聯繫大部分靠不斷來往旅行的會員來保持，這些會員在必要時也充任密使。在這兩點上，同盟都被各政府底愚蠢熱烈地

✢ 我對於平等共產主義了解爲那些全部或大部根據了平等之要求的共產主義。　　——（恩格斯註）

支持着，因為，它們把每一個討厭的工人——而這種人十個有九個是同盟底盟員——驅逐出境變成爲一個密使。

這個再建立起的同盟底擴大，是很顯著的。尤其是在瑞士，魏特林・白克（一個絕頂能幹的人，但是他由於內在的弱點而沒落了，如同許多德國人一樣）和其他的人創立了一個或多或少爲魏特林共產主義系統而宣聲的強大組織。這裏不是批評魏特林共產主義的地方，但是對於他的作爲德國無產階級最初的獨立的理論的活動的這一意義，我到今天還要重用馬克思在一八四四年巴黎底『前進報』※上所說的話：

「德國資產階級——他們的哲學家和著作家都算在內——關於資產階級底解放——政治解放——可曾在什麼地方能夠得出像魏特林底「大同與自由底保證」類似的著作來？把德國政治文獻之無味的、無聲氣的庸俗與德國工人底這一部無限的燦爛的處女作來比較一下，把無產階級底這一巨大的童靴與資產階級底已長成的政治靴韃底渺小比較一下；那末，我們可以預言神話中的女英雄將會長成一個魁偉的大力士。」

這個大力士今天已經站在我們面前了，雖然他還遠沒有長成。

在德國也成立了許多支部，它們本質上是暫時的性質，但是新成立的遠勝過衰落下去的。警察直到七年以後，即在

※ 『前進報』———一種在巴黎出版的急進的新文紙，德國亡命者底機關報。馬克思也該報撰稿人之一，因爲他在德『前進報』中反對德國反動政府的文章被驅逐出法國。　　——編輯部註

一八四六年年底，才在柏林（孟特爾Mentel）和馬格得堡（白克）發現了同盟底一些蹤影，但是無能繼續追尋下去了。

在巴黎，一八四〇年還住在那兒的魏特林在他到瑞士去以前，也同樣把分散的分子重新聚集起來。

同盟底中心部隊是裁縫工人。德國底裁縫在瑞士，在倫敦，在巴黎，到處都有。在巴黎德語竟成了這一行業中的主要語言。一八四六年，我在那兒認識了從德龍海姆繞海到法國來的一個挪威裁縫，他在十八個月裏面幾乎沒有學一個法國字，然而學會了很好的德國話。巴黎底那些支部中，有兩個主要是裁縫工人，一個主要是傢具工人。

自從重心由巴黎移到倫敦以後，出現了一個新的因素：同盟從一個德國的逐漸變成一個國際的了。在工人會裏除了德國人、瑞士人以外，也有了一切那些主要以德語作爲與外國人談話之媒介的各種國籍的人，卽如斯坎的那維亞人、荷蘭人、匈牙利人、捷克人、南斯拉夫人，還有俄國人和亞爾薩斯人。到一八四七年，除了別人以外，有一個穿制服的英國近衛軍底士兵也成了經常的顧客。工人會不久便命名爲：『共產主義工人敎育會』，在會員證上寫着：『人人都是兄弟！』這句話至少用二十種文字寫着，雖然這兒或那兒不免有些文法上的錯誤。一如公開的團體，秘密的同盟不久也帶上了更多的國際性；起初這種國際性還只限於狹義的，實際上由於會員中的各種國籍，理論上由於每一革命要得到勝利便必需是歐羅巴的這種認識。還沒有更進一步，但是基礎是已經有了。

通過倫敦的亡命客，即一八三九年五月十二日底戰友，同盟和法國的革命者保持着密切的聯繫、和急進的波蘭人也是如此。但是公開的波蘭流亡者們，馬志尼也如此，與其說是戰友，毋寧說是敵對者。英國的憲章運動派＋則因為其運動之特殊的英國性質是認為不革命的而被摒棄。同盟底倫敦領導者後來經過我才和他們發生了聯繫。

此外，同盟底性質也隨着各種事件而變更了。雖然人們仍然把巴黎看做革命底策源地——而這在當時是有充分道理的——但是已經從對巴黎的陰謀活動者底隸屬性中解脫出來了。同盟底擴大提高了它底自覺性。人們感覺到在德國工人階級中漸漸打下了根基，而這些德國工人負着歷史的使命，在東歐與北歐底工人前面舉起旗幟。在魏特林身上我們看到一個共產主義的理論家，可以把他勇敢地和與他同時的那些法國的競爭者列在一起。人們終於從五月十二日底經驗學會了，用盲動底嘗試目前是得不到什麼的。假使現在人們還繼續把每一個事變解釋為行將爆發的革命底標誌，假使人們還完全保留着舊的半陰謀性的規約；那末，這是老革命者固執的過失，這種固執現在已經和新興起的更好些的認識發生衝突了。

＋ 憲章運動——英國三十年代至四十年代間『第一次真正廣大的無產階級的、革命的、有着政治性的羣衆運動』。（列寧）憲章運動者鬥爭方法之一便是在工人『憲章』下徵求簽字，這種憲章包括一些工人的要求，要求的目標在得到選舉權的保證及奪取政權。

——編輯部註

| 186 | 德國的革命與反革命 |

另一方面，同盟底社會教義——它是這樣的不確定——却有一個很大的、然而是在環境自身中造成的錯誤。盟員們，當他們一般地是工人時，幾乎全體是固有的手工業者。剝削他們的人自己在大都會裏也多半是一個小業主。究是裁縫業中大規模的剝削，由裁縫手工業轉變為家庭工業而算作大資本家的現在所謂的製衣業，當時就是在倫敦也還只是萌芽。一方面這些手工業者底剝削者是一個小業主；另一方面他們自己隔了也是希望當一個小業主。此外，當時德國底手工業者還帶著許多遺傳的行會觀念。他們自己還不是完全的無產者，而只是小資產階級底一種正在過渡到近代無產階級的附庸；他們還沒有站在直接反對資產階級（即大資本）的敵對地上——對於他們最高的榮譽，便是他們能夠本能地預料到他們將來的前途，雖然他們還不是完全自覺的組成為無產階級底政黨。但是，他們當著對現存社會縝密地批判的時候，即是分析經濟事實時，他們的德的手工業者也數不可免地隨時障礙著他們。我就不相信當時在整個同盟裏，有一個人讀過一本經濟學的書。但是這沒有多大關係，『平等』、『博愛』、『正義』一時地助他們渡過任何理論的高山。

這時候，旁者同盟底和魏特林底共產主義，構成了一個有二種的本質上不同的共產主義。我在最微弱的段程到了，在過去的歷史著作中完全沒有作用或只有一個被忽視的作用的經濟事實，至少在近代世界上，它是一個有決定意義的歷史力量；它形成了產生今天的階級對立底基礎；而這種階級對立在那些由於大工業而充分發展了的國家裏，例如英國，又是形成政黨、政黨鬥爭以及全部政治歷史底基礎。馬克思不但達到了這同樣的認識，並且他在『德法年鑑』*（一八四四年）裏已經把這個認識普遍化了，根本上不是國家決定與支配資產階級底社會，而是資產階級社會決定與支配着國家；那末是政治及其歷史應該從經濟關係中及其發展中來解釋，而不應該反之。當我一八四四年夏天在巴黎訪會馬克思時，表現了我們在一切理論領域內的完全一致，從那時起便開始了我們底共同工作。當我們在一八四五年春天在布魯塞爾再相遇的時候，馬克思已經從上述的基礎上發揮了他底唯物史觀底主要部分，於是我們便努力把這種新獲得的見解向各個不同的方面細密地整理出來。

這個歷史科學上劃時代的發現，如上所述，主要地是馬克思底功績，我在這裏面只能附加了一小部分；但是這個發現對於當時的工人運動卻有直接的重要性。法國人和德國人中的共產主義，英國人中的憲章運動，現在不再是什麼偶然的事了，同樣不能說是也可以不發生的事。這些運動表現為近代被壓迫階級、無產階級底一種運動，表現為他們反對統治階級（資產階級）的歷史上必然的鬥爭之或多或少發展了的形態；表現為階級鬥爭底形態；但是它和過去的一切階級鬥爭有一個區別，即是：今天的被壓迫階級——無產階級如果不同時把整個社會從階級分化，因而也從階級鬥爭中解放

---

* 『德法年鑑』——一個由馬克思和黑格爾左派恩格斯在巴黎共同出版的急進派的刊物。　　　　——翻譯部註

| 188 | 德國的革命與反革命 |

出來，是不能實行它自己的解放的。因此，共產主義底意思現在不再是：以幻想來計劃一種盡可能完善的社會理想，而是洞察無產階級所進行的鬥爭底性質、條件，及其由此產生的一般目的。

我們在當時決不想把新的科學的結果專爲『學術』世界寫在厚厚的書裏。正相反，我們兩人已經深入政治運動中了，在知識界中，尤其是在西德意志底知識界中我們已經有了某些贊同者；並且和有組織的無產階級有了充分的接觸。我們的義務在於科學地建立我們底見解，但是對於我們同樣重要的是：取得歐洲底、首先是德國底無產階級對我們的確信。當着我們自己決定了時，便立刻着手工作。我們在布魯塞爾創立了一個德國工人會，領導『德意志布魯塞報』+，一直到二月革命++我們把它當做機關報。和英國憲章運動者底革命部分，我們通過這個運動底中央機關報『北方明星』底主編哈尼發生來往，我正是該報的撰稿人之一。同樣地，我們和布魯塞爾底民主主義者（馬克思是民主社+++底

+ 『德意志布魯塞報』——一八四七年年初以來在比利時出版的德國亡命者底報紙。該報反對德國反動勢力爲德國的資產階級民主革命而鬥爭。普魯士政府要求比利時政府禁止該報。——編輯部註

++ 係指在法國一八四八年二月二十四日所爆發之革命。詳細情形，參攷馬克思所著『拿破崙第三政變記』，及『法蘭西階級鬥爭』。——編輯部註

+++ 民主社——比利時民主主義者與在布魯塞爾居留的外國政治亡命者所聯合組織的一個國際性的團體。該社成立於一八四七年九月。——編輯部註

副社長），和『改良報』*（我供給該報關於英國和德國運動的消息）這一派的法國社會民主主義者有一種聯合；總之，我們和急進的以及無產階級的組織的聯繫是恰如所願的。

我們和正義同盟的關係如下：不用說，這個同盟底存在我們自然是知道的。一八四三年沙配提議我加入，這我在當時不必說是拒絕了。然而，我們不僅和倫敦底盟員保持着經常的通訊，並且和巴黎各支部底現在的領導者愛維爾貝克博士有着更加密切的來往。我們不參與同盟底內部事務，但是我們是知道每個重要事件的。另方面我們口頭地、書信地或通過報紙來影響最主要的盟員底理論見解。為了這個我們也以各種互印的傳信，在正在形成中的共產黨內部事務的特殊場合上，寫給我們全世界的朋友們和通訊員。在這上面有時同盟自己去作。例如有一個威斯伐倫（Westphalen）的青年學生克利格到美洲去，在那兒以同盟底密使出現，和那個瘋狂的哈羅·哈林（Harro Haring）結合起，以便經過同盟，啟發南美洲。他創辦了一種報紙，在那報紙上他以同盟底名義鼓吹一種基於『愛』的、充滿着愛的、過於溺愛的共產主義。我們於是在一個優旨上反對它，這不是沒有效用的。克利格離開了同盟底舞台。

後來魏特林到布魯塞爾，但是他已經不是天真的青年裁縫了，他驚奇於自己的天才，想自己弄明白，究竟共產主

* 『改良報』——法國小資產階級的急進民主黨的機關報，它的發佈自稱社會民主主義者。 ——編輯部註

| 190 | 德國的革命與反革命 |

嶄新社會是什麼一個樣子。他現在是一個因為他的卓越而被崇嘉者追逐着的大人物了，到處他都遇有競爭者，隱秘的敵人和陷穽；這位到處都在鼓動的預言者，在口袋裏有着一付開好了的、使天堂在地球上實現的藥方，並且他以為，誰都想偷取他的這付藥方似的。他在倫敦時已經就和同盟中人不和，在布魯塞爾（在這兒特別是馬克思夫婦，用幾乎超人的忍耐來招待他），他還是和任何人不能相容。此後不久他就到美國去，預備到那邊去嘗試他的預言術。

所有這些情形都協助着那在同盟內部，尤其是在倫敦的領導人當中，所實現的寂靜的轉變。他們已逐漸明白共產主義底過去的見解——法國的單純的平等共產主義，以及魏特林底共產主義底見解——底不完整性了。那種由魏特林所倡導的返元到原始基督主義的共產主義——雖然在他的『可憐的犯罪者的福音』一書中也有些天才的片斷——在瑞士使這運動大部分斷送在首先是阿爾白西（Albrecht）這樣的傻子手中，以後又斷送在枯爾曼（Kullmann）那樣一個剝削人的騙子預言家的手中。至於那種由一些文人所進行的『眞實的共產主義』，翻譯為陳腐的黑格爾德文和感傷的愛情調子的法國社會主義傾向（參考『共產黨宣言』中關於德國的或眞實的社會主義一節），這是由克利格和此類著作的讀物輸入同盟中來的，這些東西就因為它那種令人發嘔的膽怯已經引起同盟中老革命者厭惡了。由於這些過去的理論觀念的薄弱，由於由此而生的實際的錯誤，在倫敦漸漸看到馬克思和我底新理論是正確的；這種認識無疑地更被促進了。因為在倫敦的領導者中現在有了兩個人，他們在認識理論的能力上大大地勝過上述的幾個人，這便是海布隆底鉋工書匠卡爾・芬德和裕林根的成衣匠喬治・愛卡留斯*。

足夠了，一八四七年春天奠爾到布魯塞爾馬克思那裏，接着又到巴黎我那裏，代表他的同志們，再三請求我們加入同盟。他們不但已經相信了我們的觀點底一般的正確性，並且認為有把同盟從陳舊的陰謀的傳統及形態中解放出來的必要。如果我們願意加入，他們便給我們一個機會在同盟底大會上用宣言的形式發揮我們底批判的共產主義，以後這便可以作為同盟底宣言來發表；同樣地我們可以用我們的宣言協助著，以一個新的合乎時宜的與目的的組織來代替同盟過時了的組織。

就是為了宣傳，在德國工人階級當中有一個組織已經是必要的，這個組織——只要它不僅是地方性的——卽使在德國境外只能是秘密的，這我們是毫不懷疑的。然而現在在同盟中已經恰好有這樣一個組織了。我們以前對這個同盟所非難的，現在已經由同盟底代表自己承認是錯誤的了；我們現在被請求去做幫助改組的工作，我們能說不嗎？當然不能。我們於是加入了同盟；馬克思在布魯塞爾從我們的密切朋友

*芬德約在八年前（一八七六）死於倫敦。他是一個特別細密思想的人；詼諧、幽默、辯證的人。愛卡留斯是大家知道的後來國際工人聯合會許多年的總書記。在它的總委員會裏除其他人以外有下列的老盟員：愛卡留斯、芬德、來斯那、雞黑爾、馬克思，我。愛卡留斯後來完全獻身於英國勞工運動。——（恩格斯註）

| 192 | 德國的革命與反革命 |

中成立了一個同盟底支部，而我便訪問在巴黎的三個支部。

一八四七年夏季在倫敦舉行第一次同盟大會，吳爾夫代表布魯塞爾底支部，我代表巴黎底支部。在這裏首先執行了同盟底改組。從陰謀時代遺留下來的舊的神祕的名稱，現在也被取消了；同盟底組織變成支部、區部、領導區部、中央委員會以及大會，而從現在起稱做『共產主義同盟』。『同盟底宗旨是推翻資產階級，無產階級底統治，消除舊的建築在階級對立上的資產階級社會，以及建立沒有階級、沒有私有財產的新社會。』——這是規約的第一條。組織底本身是完全民主的，委員是經過選舉的，而且隨時可以罷免的；僅僅這樣便阻止了要求獨裁的一切陰謀狂；而同盟——至少在平常的和平時期——轉變成為一個純粹的宣傳團體了。這個新的綱草提交各支部討論——現在一切都要這樣民主地進行了——然後經過第二次大會再提審查，而在一八四七年十二月八日才最後通過了。這綱章在威爾穆和斯梯泊底書上第一部二三九頁，附錄（十）裏面刊印出來。

第二次大會舉行於同年十一月末至十二月初。這次馬克思也出席了，他在長時間的爭論中——大會至少開了十天——代表了新的理論。所有的疑問和非難終於都被解決了，一致通過了新的原則，馬克思和我被委託起草宣言。這在事後很快就脫稿了。二月革命前的幾個星期，它被送到倫敦付印。自此以後它週遊了全世界，差不多翻譯成一切文字，直到今天在各國中它還被當做無產階級運動底指南。同盟底舊箴言『人人都是兄弟！』被新的戰鬥口號『一切國家無產者，聯合起來呵！』所代替了，它公開地宣佈了鬥爭底國際性。十七年以後，這個戰鬥口號作為了國際工人聯合會的戰號響遍了全世界；今天一切國家中鬥爭的無產階級把它寫在他們底旗幟上。

二月革命爆發了。一向在倫敦的中央委員會立刻把它的職權讓給布魯塞爾底領導區部。然而這個決議是在布魯塞爾事實上已經宣佈了戒嚴狀態，德國人已經不能在任何地方集會的時候才達到的。我們大家正急於到巴黎去，這樣便決定新中央委員會也同樣解散，而把它底一切權力委任給馬克思，並且授權他在巴黎立刻成立一個新中央委員會。決定這個決議的五個人剛剛分開手（一八四八年三月三日），警察便擁進馬克思底住宅來，逮捕了他，強迫他翌日就動身去巴黎，而那是他正要去的地方。

在巴黎，我們不久又大家找到一塊。在那兒並且決議了下列由新中央委員會各委員簽字的文件，這文件傳遍了全德國，這裏面直到今天還有許多可學習的：

共產黨在德國的要求*：

一，全德國應宣佈為統一的、不可分的共和國。

三，人民代表應有薪俸，以便工人也能出席德國人民的

四，普遍的人民武裝。

* 此處恩格斯只錄『要求』之一部，其全部要求見『馬克思恩格斯全集』德文版，第五卷。　　——編輯部註

194　德國的革命與反革命

七，貴族的地產和其他封建的地產，一切礦山、礦坑等應變爲國家財產。在這些地產上應以最科學底最近代的輔助工具大規模地經營農業以利全體社會，

八，農民地產之抵押權應宣佈歸國有；此種抵押權之利息由農民向國家交付。

九，在地租制度發達的地域，地租與佃金應付予國家作爲捐稅。

十一，一切交通工具：鐵路、運河、輪船、公路、郵政等應歸國有。它們應轉爲國家財產以供無資產的階級之用。

十四，限制承繼權。

十五，實行高度累進稅，取消消費稅。

十六，建設國家工廠。國家應保證一切工人之生活，並救濟不能勞動者。

十七，普遍的免費的國民教育。

爲德國無產階級、小市民階層及農民階層底利益，應用一切毅力爲上述制度底實現而工作。因爲只有這些制度的實現，過去在德國被少數人剝削的並且企圖繼續維持在他們壓迫之下的千百萬大衆，才能得到他們底權利與力量；而這些力量是他們以一切財富生產者的資格，所應該得到的。

委員會：

馬克思　　　沙配　　　鮑爾
恩格斯　　　莫爾　　　吳爾夫

當時在巴黎盛行着革命的客籍隊狂熱。西班牙人，意大

共產主義同盟史 195

利人，比利時人，荷蘭人，波蘭人，德國人都爲了解放他們各自的祖國大批地集合在一起。德國的客籍隊是由海維(Herwegh)、邦倫斯特和別倫斯坦所領導的。因爲革命以後，一切外國工人不但立刻變成失業者，並且還被社會所苦惱，於是這些客籍隊有了強大的來源。新政府看到一個遣散外國工人的辦法，於是便允許他們e'e'tape du Soldat，即行軍宿營費和行軍津貼每日五十生丁至邊境爲止，以後那位常常感動得落淚的外交部長，雄辯家拉馬丁便找到了機會，把他們出賣給他們的各個政府了。

我們最堅決地反對這種革命的兒戲。因爲，在德國的當時的激動中送進一支兵力去，把革命從外面強制地輸入進去，這就是說給德國國內的革命加上一層阻難，加強各政府，而將這些客籍隊無抵禦地送給德國軍隊底手裏，像拉馬丁所保證了的一樣。當後來在維也納和柏林革命勝利了的時候，✝這些客籍隊就變得更無用處了；但是既然開始做了，就只好做下去。

我們創辦了一個德國共產主義的俱樂部，在這裏面我們勸告工人不要接近兵團，而應個別地回到家鄉去，在那兒去進行運動。當時在臨時政府裏的我們的老朋友佛洛空，給了我們送出去的工人，同樣的如像所允許給客籍隊的旅行上的便利。我們就這樣送了三百至四百個工人回到德國去，其中

✝ 關於一八四八年三月十三日維也納革命及一八四八年三月十八日柏林革命，見本書前文。　　　　　——編輯部註

大部是同盟盟員。

一如預先容易見到的，同盟在人民大衆底現在爆發的運動前面表現爲太脆弱的槓桿。以前在外國居住的四分之三的盟員，現在因爲回國去而改換了他們的住址，他們以前的支部大部分解散了。和同盟間的一切關係對於他們是失掉了。他們中間的一部分野心家也不想再獲得他們，即各自在自己那個地方按照自己底打算開始了一種小規模的分裂運動。終於在各個小國，各個省，各個城市的情形，又是這樣的不相同，以致同盟除了給些完全一般的指示以外，不能做更多的事情；而這些最好是通過報紙來宣佈。總而言之，隨着這祕密同盟必要存在的原因消失的時候，祕密同盟也就停止了它的這種作用。可是，這對於剛剛解脫掉這個祕密同盟底陰謀性質之最後跡影的人們，是最不足爲奇的。

然而，同盟是革命活動底一個優秀的學校，這現在是已證明了。在萊茵河流域，那兒是『新萊茵報』*鞏固的中心地，在拿騷，在萊茵黑森等等地方，同盟底盟員處處都站在急進民主主義運動底最前列。在漢堡也是如此。在南德國，小資產階級民主主義底優勢阻礙住了路。在布勒斯勞，吳爾夫直到一八四八年夏天，活動得很有成績，並且他當選爲出席佛蘭克府議會**的士勒西亞（Schlesien）底代表。最後在柏林，以前在巴黎和布魯塞爾同盟底積極分子排字工人邦恩

* 『新萊茵報』——一八四八年六月一日至一八四九年五月十九日出版於科倫。該報主編爲馬克思，恩格斯爲編輯之一。參攷本叢書恩格斯著『馬克思與新萊茵報』。　　——編輯部註

（Stephau bom）創立了一個『工人兄弟會』，曾經傳佈得相當地廣，這個組織一直存在到一八五〇年。邦恩是個有天才的青年；但是他太急於想變成一個政治上的大人物，他就不管張三李四『結交了』各色各樣的人，目的只在弄到一大堆人。但是他決不是一個能夠在各樣衝突的傾向中得到統一，在混亂中給與光明的人。因此在兄弟會底正式文獻中，便使『共產黨宣言』中所代表的見解，而五顏六色的與行會傾向，行會願望，路易勃朗和普魯東底殘餘以及保護關稅等等交錯著。總而言之，他想一切都兼而有之。他們特別是進行了罷工，職工會與生產合作社，而且忘記了主要的是在於通過政治上的勝利取得一種領域，而只有在這上面才能持久地實行這些物事。後來，當反動派底勝利使兄弟會底領導者認識了直接參加革命鬥爭的必要性的時候，不必說，他們是被拉攏在他們周圍的烏合之眾所背棄了。邦恩參加了一八四九年德勒斯登底五月暴動，僥倖逃脫出來。工人兄弟會在無產階級底偉大的政治運動面前，變成了一個純粹分離派的組織，它大部分是有名無實的，只是有着一個這樣極不重要的作用，所以反動派直到一八五〇年才覺得有取消它的必要，而於數年以後才取消了它的繼續存在的支派。邦恩（他本來叫做布特米希）沒有變成政治上的大人物，現在却成了瑞士底一個小教授，他不再把馬克思翻譯成為行會的語言，而却

** 關於佛蘭克府議會見本叢書恩格斯著『德國的革命與反革命』
———編輯部註

把穩健的瑞南（Reuan）翻譯成他所特有的頻絮的德文。

隨着一八四九年巴黎底六月十三日*，隨着德國五月暴動**底失敗以及俄國人對於匈牙利革命的鎭壓，一八四八年革命底大時代結束了。然而反革命底勝利，還決不是最後的勝利，從新組成分散了的革命力量，以及從新組織同盟底力量是必要的。情況又如一八四八年以前一樣，禁止無產階級底任何公開的組織；因此又必須重新秘密地來組織。

一八四九年秋天，以前的中央委員會和大會底大多數會員又聚集在倫敦；只還少數配，他在米蘭巴登坐牢，可是到一八五○年春天被釋以後，他也來了。還有項爾，在他完成了幾次最危險的宣傳和鼓動旅行以後——他最後在萊茵省的普魯士軍隊中替伐爾茨炮兵隊***徵得了炮手——他加入了威里契軍團底白桑空工人中隊，後來在木格戰役、紅石橋前線彈中頭部而亡。然而，威里契現在是加入了。威里契是自

* 一八四九年六月十三日小資產階級的「山嶽派」爲反對法國慈軍武力推翻羅馬共和國在巴黎舉行了一次非武裝的抗議遊行。遊行幾乎完全不費力地被鎭壓了，這只證明了法國小資產階級革命的民主派的破產。——編輯部註

** 在反革命屢次勝利之後，一八四九年五月因爲普魯士及奧大利拒絕承認在佛蘭克府國民大會上擬就的憲法，在德勒斯登（撒克遜），巴登以及其他德意志的中等國及小國中又爆發了新的暴動。由於小資產階級領導底錯誤與動搖，暴動被鎭壓下去，國民大會被解散了。詳細情形見本書前文。——編輯部註

*** 係指一八四九年五月在巴燕代爾茨暴動中與普魯士政府軍鬥爭的革命軍底炮兵隊。——編輯部註

一八四五年以來在西德意志是這樣衆多的感情共產主義者之一，因此他對我們批判的方向已經有本能上的隱秘的對立。但是他不僅如此，他且是一個完全的預言家，他確深信自己的使命是德國無產階級宿命的救主，並且在軍事獨裁或政治獨裁上他自以為是這樣一個直接的王位爭求者。這樣，在過去魏特林所鼓吹的原始基督教共產主義之外，現在又來了一種共產主義的伊斯蘭教（Islam），可是這種新宗教底宣傳起初還只限於威里契所指揮的逃亡者的營房裏。

同盟重新組織起來了，發表了刊印在附錄中的一八五〇年三月的演詞，亨利·鮑爾被派到德國去作密使。馬克思和我起草的那篇演說詞直到今天還是有意義的，因為小資產階級的民主主義直到今天也還是這樣不久的一個政黨。它要在不久就要到來的歐洲革命中（歐洲革命底經過時期：一八一五，一八三〇，一八四八——五二，一八七〇，在我們這一世紀內持續了十五年到十八年），在共產主義工人們前作為社會底救星而在德國首先獲得政權。因此在那裏面所說的話對今天也還是適用的。亨利·鮑爾底宣傳旅行得到了完全成功。短小快活的鞋匠是個天生的外交家。他把從前的一部分消極了的一部分為自己的打算的盟員們，特別是工人兄弟會現在的領袖們，又復放回到積極的組織裏來。同盟開始在工會、獎會、體育會裏比一八四八年以前更廣泛地起着主導作用。因此，在一八五〇年六月的下一季對各支部的報告中已經可以指出：那位為了小資產階級民主主義底利益而週遊德國的邦恩，大學生蘇爾茨（後來他是美國的部長），「發現一切有用的力量都已經集中在同盟手中了』。無疑地，同盟是當時德國唯一有意義的革命組織。

然而這個組織應該做些什麼事，這主要決定於在革命底新的高漲上的前途是否實現。而這種前途在一八五〇年底過程中越來越不一定，簡直越不可能了。準備了一八四八年革命之一八四七年的工業危機，被克服下去了；一個空前未有的工業繁榮底新時期展開了；誰如果有眼睛看見這些事實，並且懂得利用它們，他應該明瞭一八四八年底革命風暴是正在漸漸地消失着。

馬克思和我在『新萊茵報政治經濟評論』中的『一八五〇年五月至十月的回顧』一文中（第五，第六冊，一五三頁，漢堡一八五〇年出版），這樣地寫着：

『在這種一般的繁榮中——在這裏面資產階級社會底生產力是這樣繁盛地發展着，這在資產階級社會關係內，——一般地是可能的——談不到眞正的革命。這樣的革命只有在近代生產力和資產階級生產形態這兩個因素互相矛盾的時期內才是可能的。現在大陸秩序黨底各派代表人間所熱衷的以及互相攻擊的種種爭執，這還不能引起新的革命；相反地，這些爭執之所以可能，正因爲社會基礎在目前是這樣的鞏固和這樣的「資產階級的」（這是反動派所不懂得的）。在這基礎上，一切阻止資產階級發展的反動企圖，將和一切道德的憤慨及一切民主主義者狂熱的宣言，同樣有把握地得到反響。』但是，對於情況底這種冷靜的理解在當時卻被許多人視爲邪說，在那時候雷都維林、路易・勃朗、馬志尼、科蘇茨，和比較不大著名的德國人中底魯格、金科爾、房戈以及其他許多人，都聚集在倫敦，他們不但爲自己的各個祖國，而且要爲全歐洲組織將來的臨時政府。在他們看來，只要以革命公債從美國弄來必要的錢，那末便卽刻可以實現歐洲的革命，並且可以卽刻實現自然與之同來的各個共和國，像威里契這樣一個人掉在裏面，沙配由於他多年革命底衝動也被欺騙了，倫敦底多數工人，其中大部分是亡命客，也都跟着這些資產階級民主革命底製造家後面跑，這些事情還能使誰驚奇呢？總而言之，我們所主張的自制不是根據這些人們底意思的；加入革命底製造；我們是最堅決地拒絕了。分裂✢發生了，此後的事情可以在『眞相記』✢✢中讀到。緊接着便是逮捕，首先是諾茨客格，接着是豪甫（Heuyh）在漢堡的被捕，他變成了叛徒，告發了科倫中央委員會底名單，並且在訴訟案中作了主證。可是他底親戚不願經歷這種恥辱，就把他送到里奧德・亞內羅去了，後來他在那邊做了商人，爲了獎勵他底功勞他開始做了普魯士底後來做了全德國 總領事。現在他又在歐洲了。✢✢✢

爲了容易了解下文起見，我列出科倫案被告底名單來：

✢ 威里契・沙配派底分裂開始於一八五〇年九月。
——編輯部註
✢✢ 『科倫共產黨人訴訟案眞相記』——見柏林一九一四年版及『馬克思恩格斯全集』第十卷（一九三五年出版）。關於科倫訴訟案並見本書前文第二章。
——編輯部註

| 202 | 德國的革命與反革命 |

一，茹寒，煙廠工人；二，黑格爾，後來死去的進步的省議員；三，諾茨容格，裁縫，數年前爲攝影員，在布勒斯勞逝世；四，萊爾；五，白克博士，現在是科倫市長兼上議院議員；六，丹尼爾博士(S. Rolaud thujls)，醫生，訴訟案後數年死於獄中所染的肺癆；七，奧托，化學師；八，亞可必博士，現在在紐約行醫；九，克蘭因博士，現在是科倫底醫生兼市議員；十，弗萊里格拉****，可是他當時已經在倫敦了；十一，愛爾哈德，會計員；十二，萊斯奈爾，裁縫，現在在倫敦。經過一八五二年十月四日到十一月十二日的公審，這些人以叛國罪被判決；茹寒、黑格爾和諾茨容格六年；萊爾、奧托、白克五年；萊斯奈爾三年有期徒刑；丹尼爾、克蘭因，亞可必和愛爾哈德宣告無罪。

隨著科倫的訴訟案，德國共產主義工人運動底第一時期結束了。緊接　這次判決後我們解散了我們的同盟；幾個月以後，威里契．沙配分裂出去的組織也永遠地消沉下去了。

　　　　×　　　　×　　　　×

從那時到現在已過了一代人的歲月。那時德國是一切手

***　沙配一八七〇年死於倫敦。威里契極有成績地參加了美國內戰；他在穆非布羅之役當旅團長胸部中彈，但是被醫好了，約在十年前（一八七八）在美國逝世。——在前面提到的人之中我還願說及，亨利·鮑爾在澳洲失踪，織特耳及愛尼白克在美國逝世。
　　　　　　　　　　　　　　　　　　　　——（恩格斯註）

****　德國著名詩人。　　　　　　　　　　——編輯部註

工業的和以手工業爲基礎的家庭工業的國家；現在它是一個在不斷的產業變革中的大的工業國家。那時必須個別地煥結那些了解他們的作爲工人的地位和他們的反對資本的歷史經濟的對立的工人們，因爲那時這種對立自身還剛才在開始成長中。今天，把整個德國無產階級置於非常法令＊之下，以便使它發展到作爲被壓迫階級地位的完全覺悟稍許延遲下來。那時已經認識了無產階級歷史使命的少數人，只能秘密地聚集在一起，只能三個到二十個人偷偷地集合。今天，德國無產階級不需要正式的組織了，無論公開的或秘密的；同思想的階級同志底單純的自然的聯繫，即使無有一切章程，委員會，決議案以及其他具體的形式，已經足夠動搖整個德意志帝國了。在國境外面，俾斯麥是歐洲底裁判官，但是在裏面，德國無產階級這個魁偉的大力士一天一天更危俏地長大了。馬克思在一八四四年就已經預見到這個，按照俗物底尺度測量的狹小的國家建築已經對於他太不夠了，他那

＊　社會主義者法令壓制社會主義者的非常法令——一八七八年十月十九日德國國會通過一條反對「社會民主黨人危害公益之企圖」的法律，根據該法律，一切與社會主義宣傳有關的組會團體及機關報均應禁止。由於一條特殊的條文，授權於官憲得宣佈戒嚴等等。俾斯麥政府希望借這一法令之助鎮壓社會主義運動。但是，雖然有這一法令，德國社會民主黨在馬克思與恩格斯的領導之下，經過合法與秘密工作的聯繫以及反機會主義的兩策戰線鬥爭，而更擴大與鞏固了它的影響。其結果則在一八九〇年一月二十五日這法令在國會內否決。（按該法令每十二年應該重新規定一次）此後政府對工人運動採用了頻送秋波的「溫和」策略。　　　　　　　　　　——編輯部註

| 204 | 德國的革命與反革命 |

魁偉的體格和寬闊的兩肩正在迎向這個時機，只要他從座位上一站起來整個帝國底憲法建築就會炸為廢墟。不僅如此，歐、美無產階級底國際運動現在已經這樣的壯大，不但它第一個狹窄的形式——秘密同盟——並且就是它第二個無限廣泛的形式——公開的國際工人聯合會——，對於它也成了桎梏了，聯帶一致底單純的蒙放階級地位之同一性的認識，已經足夠在一切國家底和一切語言底工人中創立和團結一個統一的無產階級底偉大政黨了。同盟在一八四七至五二年所代表的學說，在當時被一班自作聰明的蠢才當做極端瘋狂人底幻想，當做分散的少數人底秘教，用最輕視的態度所看待的，而這種學說今天在全世界一切文明國家裏，無論是在西伯利亞礦山的被詛咒者以及在加利福里亞金礦中，都有了無數的信仰者；而這個學說底首創者，那時代最被憎恨，最受誹謗的人，卡爾·馬克思，當他已去世以後，他是兩個世界底無產階級之被企望的親切的顧問。

倫敦·一八八五年十月八日
愛林譯。徐冰校

馬克思與『新萊茵報』+

一八四八——一八四九

恩格斯

當二月革命爆發的時候，我們所稱爲德國『共產黨』的還只是一個小組織，即是組織爲祕密的宣傳團體的『共產主義同盟』。同盟所以是祕密的，只是因爲當時在德國還沒有集會和結社的自由。除了在國外的工人會做爲它底補充之外，在國內它大約有三十個支部式小組，再加上許多地方的個別同盟。然而這個不甚大的戰鬥力却有一個一切分子願意服從的領袖，一個第一等的領袖——馬克思；並且由於他，有了一個直到今天還完全適用的原則的與策略的綱領：『共產黨宣言』。

+ 恩格斯一八八四年所著『馬克思與新萊茵報』一文，有特殊重要意義，因爲他敍述了馬克思在一八四八年德國革命中的作用與策略。關於馬克思在一八四八年革命中的策略，列寧說：『在德國，馬克思一八四八與一八四九年曾經支持最革命的民主主義者，他從來不曾違背自己對於策略所說過的話。』（『列寧全集』第十八卷，四十二頁）馬克思和恩格斯之支持急進民主主義黨，只有當他們還起着革命作用的時候，而同時他們一刻也不忘記強調與擁護無產階級在革

德國的革命與反革命

⋯⋯察到綱領底策略部分。這部分一段地寫著：
⋯產黨人並不是與其他工人政黨對抗的一個特別⋯
⋯。他們沒有與整個無產階級利益相分歧的利益。
⋯沒有提出特殊的原則，拿來塑造無產階級的運動。
⋯產黨與其他的無產階級政黨不同的，只是由於他們一
⋯面在各個民族的無產階級的鬥爭中主張並堅持整個無
產階級底量出民族的共同利益，另一方面由於他們在無

的特殊任務。

與這一問題相聯繫著，恩格斯一八八九年十二月八日致丹麥社會民主黨人特里爾的信有著非常重要的意義。在這一文件中，恩格斯曾說明馬克思主義之創始者對於無產階級政黨底作用及其與其他革命政黨或反對的政黨間之關係的立場：

「⋯⋯至於無產階級沒有暴力革命就不能奪取它底政治統治，進入新社會底唯一門戶，關於這一點我們是一致的。為了在決戰之日無產階級能是夠強大地獲得勝利，那末它就必須組成一個特別政黨，與一切其他政黨分離而且與之對立，一個有階級意識的階級黨，這是馬克思和我自一八四七年以來所始終堅持著的。

然而，這裏面並不是說，這個政黨不能暫時為自己的目的而利用其他政黨。這裏面同樣也未說，這個政黨不能在或是直接有利於無產階級，或是在經濟發展或政治自由有進步的保證下暫時擁護其他政黨⋯⋯我們只有在這個情況下才加以擁護就是，如果這些利益對於我們是直接的，或國家底歷史發展是無可爭辯地向著經濟的與無產階級的革命底方向而值得努力時。而且還應以這一政黨之無產階級的階級性不能因此而發生問題為前提。這對於我是絕對的限度。這個政策在一八四七年『共產黨宣言』上你已經發揮了我們在一八四八年、在國際中以及到處都遵守了它。」

——編輯部註

產階級向資產階級進行鬥爭所經過的各個發展階段上經常代表着全部運動底利益。——所以，共產黨實際上是各國工人政黨中最先進的、最堅決的、總是推動他人前進的一部分；在理論上，他們比無產階級底其他羣衆長於了解無產階級運動底條件、進程與一般結果。」
而爲德國的黨，特別地寫着：

「在德國，當着資產階級還革命的時候，共產黨與資產階級共同去反對專制君主，封建的土地佔有與小市民。然而，共產黨人一刻也不放鬆地在工人中間造成對於資產階級與無產階級間敵對矛盾之盡可能更明白的認識，使德國工人能夠立刻利用資產階級所不能不與它底統治一同帶來的社會條件做爲極多的反對資產階級的武器，以使在德國反動階級被推翻之後立即開始反對資產階級本身的鬥爭。共產黨人把他們底主要注意力轉向於德國，因爲德國正處在資產階級革命底前夜…」等等。（『共產黨宣言』第四章，中文本解放社版五九頁）

從沒有一個策略綱領像這個這樣的確切。在革命底前夜提了出來，受到了這個革命底試驗；從那個時期以來如果有一個工人政黨離開了它，每個傾向都受到了自懲；而在今天，差不多四十年以後，它構成了從馬德里到彼得堡一切有決定意義的、自覺的歐洲工人政黨底準繩。

巴黎底二月事變提早了將要到來的德國革命，因此也變更了德國革命底性質。德國資產階級，本應用自己的力量取得勝利，而却在法國工人革命底拖牽中勝利了。還在它潛底推翻它的舊敵人、專制君主、封建的土地佔有、官僚、懦怯的小市民以前，它已經必須展開陣線反對它底新敵人——無產階級了。但是這裏，遠常在法國和英國之後的經濟狀況和因而同樣非常落後的德國階級狀況底那些影響便立刻表現了。

才剛剛開始建立它底大工業的德國資產階級，既沒有力量，又沒有勇氣，更沒有迫切的需要來爭取國家底絕對統治；無產階級也是同一比例地不發展的，它生長在完全的精神的奴役狀態中，無組織的，還不能夠建立獨立組織的能力，它們對於和資產階級間深刻的利益對立只是有着一個模糊的感覺。這樣，雖然實際上它是資產階級底威脅的敵人，而另一方面卻是它政治上的附庸。不是害怕德國無產階級的當時，而是由於害怕它的恫嚇着的將來，像法國無產階級已經是的那樣，資產階級看到只有和君主與貴族甚至進行最懦弱妥協，才能得救；還沒有認識自己的歷史使命的無產階級廣大羣衆最初只能負起資產階級底前進的極左派底使命。德國工人首先必須爭取那些爲組織自己獨立的階級政黨所不可少的權利：言論、集會和結社底自由——這些權利是資產階級爲了它本身統治底利益本應爭取的，但是它由於害怕而現在卻與工人們鬥爭起來。幾百個零散的同盟盟員散失在異常廣大的突然捲入運動中來的羣衆中。因此，德國無產階級在政治舞台上首先以最民主主義的政黨出現了。

因而，當我們在德國創辦一種新報紙的時候，旗幟對於我們是很自然的。它只能是民主主義的旗幟，但是它是一處處個別地強調無產階級特殊性質的民主主義旗幟（這些特性還不能一下子全部寫在旗幟上面），如果我們不願意這樣做，如果我們不願意在現有的、最前進的、真正無產階級的目標中來進行運動，那末對於我們無有別的，只是在地方小報上空談共產主義，只是創立一個小的宗派而不是一個大的行動的政黨。成為曠野中的說教者那就把我們毀滅了；同時我們已經很好地研究過空想者啊。我們是不會那樣就定我們底綱領的。

當我們到科倫的時候，那裏已經從民主黨人方面，部分地從共產黨人方面有了出一份大報紙的準備。他們想把它變成純粹科倫地方性的報紙，想把我們趕到柏林去。可是在二十四小時內我們，特別經過馬克思，征服了這個領域，報紙變成我們的了；我們把亨利．別格爾加入編輯部內做為交換條件。他寫了一篇文章（在第二期上）就再沒有寫第二篇了。

我們正應該到科倫來，而不是去柏林，第一，科倫是萊茵省底中心，是經歷過法國革命*的地方，它在拿破崙法典**中有着近代的法律觀，是發展了最主要的大工業，無論從那一方面說來，都是當時德國最進步的一部分。當時的檢

* 在拿破崙敗下中萊茵省一度併入法國，那裏的封建結構被消滅了。——編輯部註

** 拿破崙法典——拿破崙執政時代所頒佈之法國民法，施行於一八〇四年。在民法底領域內，拿破崙法典充分應用了資產階級個人主義的原則。——編輯部註

林我們從自己的見地上是認識得太淸楚了，它有着剛在形成的資產階級，大言不慚的實際上儒弱的卑鄙的小市民層，完全未發展的工人，成羣的官僚，貴族與宮廷惡漢，它底整個性質只是一個『帝都』而已。然而主要的是：在柏林是貧困的普魯士的國法統治着，政治案件要到職業法官處去解決；而在萊茵則有拿破崙法典，因爲它先定下了檢査制度，所以這兒是無所謂新聞案件的，如果有人沒有政治的罪狀，而只有過失，那末他就只要到檢査官那裏去；革命以後年青的施樂佛在柏林爲了一點小事被判了一年徒刑，而我們在萊茵却有着絕對的出版自由——我們是徹底地利用了它。

這以我們便在一八四八年七月一日以很有限的股本開始了，其中只有很少人繳股，而股東們本身是不可靠的。第一期出版後就用去了一半；到月底我們就一無所有了。

編輯部的狀況是馬克思單純的獨裁。因爲一份在一定鐘點必須編輯完畢的大日報，在任何其他情况下是不能保持一貫的立場的。同時馬克思底獨裁在這兒是理所當然的，是無庸爭辯的，是我們大家樂於承認的。主要是馬克思明晰的觀察與堅定的立場便這一日報成爲革命年月中最著名的德國報紙。

『新萊茵報』底政治綱領包括下列主要點：

統一的、不可分的、民主的德意志共和國以及包含對俄宣戰與恢復波蘭。

小資產階級的民主主義當時分爲兩派：北德意志派希望要一個民主的普魯士皇帝，南德意志派，當時這一派幾乎完全就只是巴登一邦的，希望把德國變成一個像瑞士型的聯邦共和國，二者我們都是應該反對的。無產階級底利益不允許德意志底普魯士化，同樣地也不允許小國政體的長存，他們底利益要求德國終於統一成爲一個民族國家，只有它才能夠建立一個掃清了一切過留的小障礙的戰場，在這個戰場上資產階級和無產階級可以測量他們底力量。然而，它同樣不允許建立一個普魯士的霸主，因爲普魯士邦和它底全部結構，它底傳統及它底王朝正是德國革命所要掀翻的唯一的嚴厲的內在的敵人；況且普魯士只能經過德意志底分裂，經過日耳曼、奧大利底擯棄，才能統一德國。普魯士王國底瓦解，奧大利王國底崩潰，德意志之真正統一成爲共和國——除此之外，我們再不能有其他革命最近綱領了。但這一切都要經過對俄戰爭來實現，並且只有經過它。關於後一點我以後還要講到。

此外，報紙底語氣決不是莊重、嚴肅、或激昂的。我們有許多卑鄙的反對者，我們就無例外地用最大的輕蔑對付他們。陰謀叛亂的發佐，寵臣，貴族，十字報，市民們道義上所憤慨的整個的「反動」——我們只有用諷刺和嘲笑對待它們。但是，那些革命以後爬上台去的新偶像們，即如三月部長+們，佛蘭克府和柏林國民大會+中的左派和右派——我們也同樣輕蔑地對待他們。我們從第一期底一篇文章開始，便

+ 係指三月革命後在普魯士掌握政權的甘普霍生與漢塞曼自由主義內閣。　　　　　　　　　　　　——編輯部註

譏誚了佛蘭克府議會之無意義，它那冗長的演說詞之無用，它那懦怯的決議案直之多餘。這花費了我們一半的股東。佛蘭克府議會連一個辯論俱樂部都夠不上；在那兒差不多根本沒有辯論，而大多只是把現成帶了去的學術論文抬出來，通過一些鼓舞德國的蠢才們的決議，此外再沒有人理會這些的。

柏林底國民大會已經有意義些了，它與一個現實的政權對立著，它不是平空地也不是在佛蘭克府底空中機關裏討論和決議。因此它也就受到更週密地評論。可是，這裏的左派偶像們，如蘇爾茨、德里奇、柏仁斯、愛爾斯諾、斯坦（Stein）等等，也和佛蘭克府底那些偶像們一樣尖銳地被批判了，無情地揭露了他們底無決斷、畏縮和小算盤，並且證明了他們是怎樣在出賣革命中一步一步地妥協了。這樣，在民主派的小資產階級中間當然引起了恐慌，因為這些人已是為了自己要用這些偶像才製造了它們的。而這種恐懼正是一個標誌，表示我們已擊中了要害。

同樣地，我們起來反對那些小資產階級所熱心傳佈的歌謠，好像說革命已經由於三月事件結束了，現在只是收獲已得的果實了。然而，在我們看來，二月與三月只有這樣才能有真正革命底意義，如果它不是革命底終點，而相反地是長期的革命運動底起點，在這個革命運動中，像在法國大革命中一樣，人民經過他們自己的鬥爭繼續發展起來，政黨也更

†† 關於佛蘭克府國民大會見本書前文第七及第十九章；關於柏林大會見本書第十三章。——編輯部註

尖銳地分化，直到它們和各個大的階級、資產階級、小資產階級、無產階級完全一致，並且無產階級在這次革命中逐漸地在一系列底鬥爭時日中佔領個別的位置。所以當着民主派的小資產階級用這種愛好的話：『我們大家底希望是一樣的呀！一切的差別只是出於單純的誤會呀！』想模糊他們反對無產階級的階級對立的時候，我們便也要反對他們。我們越是不允許小資產階級誤解我們無產階級的民主，他們對我們便越是溫願與馴服。對他們越是銳利與堅決，他們便越是誠心誠意地屈服，對工人政黨便越能做更多的讓步。這都是我們已看見了的。

最後，我們揭發了各種所謂國民大會底『議會政治的瘋癲』（如馬克思所稱的）。這些先生們放棄了一切權力手段，把一部分又自願地交還了政府。對着各新加強了的反動的政府，在柏林以及在佛蘭克府還站着毫無權力的國民大會，它們還是幻想着，以為他們的無力的決議案將會啓發世界。直到最左派都盛行着這種瘋癲的自欺。我們向他們說：『你們在議會中的勝利，是與你們實際上的失敗是一致的。』

在柏林和在佛蘭克府都這樣實驗了。當『左派』獲得多數的時候，政府把整個大會解散了；它能夠這樣做，是因為大會把自己的信用在人民中輕率地抛棄了。

後來當我讀到布迦關於馬拉的書時，我覺得我們在好幾方面只是不自覺地摹倣了那位真正的（不是被保皇黨人所偽造了的）『人民之友』底偉大榜樣；至於那整個的辱罵以及整個的歷史偽造——由於這，人們幾乎在一個世紀中只認識了一個完全被曲解了的馬拉——只有這樣一個原因：馬拉無情地揭破了當時偶像拉法耶脫，拜雷和其他的人底假面具，揭發他們是已經成熟的革命叛徒；他，如像我們，不是認為革命已經結束，而是革命在永續中。

我們公開說出：我們所代表的方面，只有當着德國現存合法政黨中最左派掌握政權的時候，才能進入爭取我們黨眞正目的底實現的鬥爭，即是到那時，我們將與他們對立着，形成反對派。

但是，這些事件除了對德國反對者的嘲笑之外，同時也帶來了燃燒的熱情。一八四八年六月的巴黎工人暴動** 我們是站在崗位上從第一顆子彈起，我們便無條件地站在暴動者方面。他們失敗以後，馬克思在他的一篇最有力的論文上向戰敗者致敬。

於是，最後剩下的幾個股東也離開了我們。但是，正當一切國家底資產階級和小市民用他們的種種誹謗底汚穢壓迫戰敗者的時候，我們成為全德國，甚至幾乎全歐洲唯一高擧起被踐踏的無產階級底旗幟的報紙，這我們得到了滿足。

外交政策是很簡單的：贊助一切革命的民族，號召革命的歐羅巴進行反對歐洲反動底強大的支持者——俄國——之一般的戰爭。我們從二月二十四日以來就認識淸楚，革命只

* 布迦著『馬拉，人民之友』共二册，巴黎一八六五年出版。
——編輯部註

** 關於一八四八年巴黎六月暴動見馬克思著『法國一八四八——五〇年的階級鬥爭』第一章。 ——編輯部註

有一個真正可怕的敵人——俄國，運動越是採取全歐洲的範圍，這個敵人便越是被迫着參加進戰鬥中來。維也納、米蘭、柏林各事變曾經延遲了俄國底進攻，但是，革命愈是進一步地進攻俄國，它最後之到臨便愈是一定的。然而，如果達到使德國對俄作戰，那末，哈布斯堡，霍亨楚倫這些王朝就都會塌台，革命將在全線上得到勝利。

這一政策貫通了報紙底每一期，直到俄國人眞正進軍到匈牙利時，這便完全證實了我們底預見，並且決定了革命底失敗。

當一八四九年初季決定的戰鬥接近的時候，報紙底論調便一期比一期更熱烈激昂起來。恩格夫在『士勒西亞底十萬萬』一文中（一共八篇文章）喚醒士勒西亞農民底記憶，當他們解除封建負擔時他們曾經怎樣地被地主們藉政府之力，欺詐去了金錢和地產，他要求賠償十萬萬塔勒（德國十九世紀所用銀幣——譯者註）。

同時在四月間以連續登載的社論形式發表了馬克思關於『僱傭勞動與資本』的論文，做為我們政策之社會目的的一個明顯指示。每一期報，每一專號，都指示出在準備中的偉大戰鬥，指示出在法國、意大利、德國和匈牙利各種矛盾底尖銳化。尤其是四月和五月底專號中同樣有許多對人民準備戰鬥的號召。

全國人民覺得奇怪，為什麼我們在一個第一等的普魯士堡壘裏，對着八千人的衞戍兵與對着衞戍總部，能夠這樣毫無顧慮地行動呢？可是因為編輯室內有八枝帶刺刀的來福槍和二百五十顆銳利的子彈，以及排字工人底紅的甲可賓帽，我們底報館在軍官們眼中也同樣是一個堡壘，它不是單純地一揮手所能消滅的。

一八四九年五月十八日，戰鬥終於到來了。

德勒斯登和愛泊伐爾得底暴動被鎮壓下去了，伊瑟隆底暴動被包圍了，萊茵省和威斯伐倫困處在刺刀下面，它們在完全控制了普魯士萊茵省之後決定向伐爾次和巴登進軍。政府終於有胆量向我們攻進了。編輯部底半數被法庭檢舉了，其餘的人當作非普魯士人而驅逐出境。當着整個軍團站在政府後面的時候，那是沒有什麼可以作的。我們必須放棄我們底堡壘；但是我們是帶着武裝和行李撤退的，我們是奏着軍樂，舉着最後一期紅報的飄颺的旗幟撤退的，在這一期上，我們警告科倫底工人不要做無希望的盲動，我們向他們喊道：

『新萊茵報』底編輯們在臨時敬謝你們過去對他們所表示的同情， 他們的最後一句話無論何時何地永遠是：工人階級底解放。』

這樣，『新萊茵報』在它未實現第一週年的時候就結束了，它是由差不多沒有資金而創辦的——允許給它的那一小部分也離開了它，如前面所說的——到九月間它已經差不多發行到五千份。科倫底戒嚴狀態使它一度中斷，到十月中旬它又復從新開始。可是，到了一八四九年五月，當它被封閉時，它已經又有了六千定戶，而『科倫日報』在當時根據他們自己的承認還未超過九千定戶。無論以前或以後，沒有一

馬克思與『新萊茵報』　217

原德國報紙有過『新萊茵這樣的勢力與影響』。這樣懂得鼓舞無產階級大衆。

而它首先應該感謝馬克思。

戰鬥失敗以後，編輯部四散了。馬克思跑到巴黎去，那裏正準備着一八四九年六月十三日*舉行的決鬥；吳爾夫這時接受了佛蘭克府議會裏的位置——這時，國民大會正是在或是被上面解散或是與革命攜手兩者之間選一條路的時候，我自己到伐爾茨去，在威里契底志願軍團中作了副官。

景林譯・徐冰校

* 參攷馬克思著『法國一八四八——五〇年的階級鬥爭』第三章　——編輯部註

后记

"马克思主义经典文献传播通考"丛书经过三年多的立项、写作、编辑，终于呈现在广大读者面前。

"十月革命一声炮响，给我们送来了马克思列宁主义。"从此，以李大钊为代表的中国先进分子选择了这一思想并积极推动马克思主义政党的建立。中国共产党成立后，坚定地把马克思主义作为指导思想和理论基础，推动着中国革命、建设和改革事业不断胜利，推动着中华民族复兴伟业不断前行。2018年是马克思诞辰200周年，2020年是《共产党宣言》第一个完整中译本出版100周年，2021年是中国共产党成立100周年。在这样的背景下，我们推出了"马克思主义经典文献传播通考"，就是要探寻马克思主义经典文献是如何传入中国的；在传播过程中，无数前辈付出了怎样的努力和牺牲；这些经典思想又怎样与中国实际相结合、与中国文化相融合，从而成为指导中国革命和建设的强大思想力量。

辽宁出版集团和辽宁人民出版社秉承出版理想，担当出版使命，以强烈的主题出版意识，承担了这一重大出版工程的编辑出版工作；积极组建工作团队，配备优秀编辑力量，为此项出版工程的顺利推进提供了多维度保障。

在出版项目实施过程中，杨金海、李惠斌、艾四林三位主编以高度的责任意识、严谨的治学态度、扎实的学术功底和深厚的专业素养，为丛

后　记

书的研究方向、学术内容、逻辑结构、作者选择、书稿质量把关等贡献了大量的智慧，是这套丛书得以顺利出版的根本保证。王宪明、李成旺、姜海波三位副主编全力配合丛书主编工作，为丛书的编写付出了大量心血。特别是常务副主编姜海波全身心投入丛书的编写工作，从丛书所附影印底本资料的搜集，到书稿编写的整体协调和联络，都精心负责，其认真的工作精神和勤奋的工作态度，令我们感动。原中央编译局的领导和研究人员为本丛书的出版作出了积极贡献。原副局长张卫峰在选题立项、主编人选的推荐和丛书的设计上给予热心指导；中央编译出版社原社长和龑先生和我们一起全力推动丛书的出版，贡献了智慧和力量。清华大学马克思主义学院作为项目的主持方，为项目的平台建设和未来学术发展提供了强有力的支持。每本书的作者都殚精竭虑、勤奋写作，奉献了自己的学术和研究成果，成就了如此大规模丛书的出版。我国理论界和翻译界的著名专家陈先达教授、赵家祥教授、宋书声译审等对丛书的出版给予鼎力支持，为丛书的出版立项积极推荐，给我们以巨大鼓舞。我们出版行业的老领导柳斌杰对丛书的出版给予大力支持，提出许多宝贵建议，提升了其出版价值。辽宁出版集团专家委员会的许多成员对该丛书的出版给予了智力和业务上的支持帮助。作为丛书的出版方，我们向他们表示深深的谢意！

一项浩大出版工程的背后，必定有一批人的智慧付出和竭诚奉献。今天，当出版成果摆在读者面前之时，我们由衷地向每一位对本丛书问世作出贡献的人致以崇高的敬意和诚挚的谢意。由于我们水平有限，在编辑出版过程中难免出现疏漏，还望广大读者批评指正。

编　者

2019年7月